21世纪高等院校税收系列精品教材

地方公债学
理论与实务

毛 捷◎编著

Local Public Debt:
Theory and Practice

清华大学出版社
北京

内 容 简 介

本书共分为理论基础、政策实践和热点专题3篇。第1篇侧重介绍地方公债的理论基础，包括公债的产生与作用、公债的分类、公债的经济学分析和地方公债的理论分析。第2篇分地区和国别介绍地方公债的政策实践，分别阐述美国、欧洲国家、日本、中国和其他发展中国家的地方公债实务。第3篇为地方公债的热点专题，覆盖地方公债与区域经济发展、地方公债增长的制度分析、地方公债的结构分析、地方公债的风险分析和地方融资平台公司的市场化转型。

本书结合国内外案例，在各章节设置引例和专栏，将专业知识与现实情况联系起来，帮助读者由基础理论到前沿应用，从发达国家地方公债管理的经验与教训到我国地方公债制度建设的重点和难点，循序渐进地掌握地方公债的相关知识。同时，每章设置本章拓展、小结和思考题，引导读者主动开展延伸性阅读和思考、及时总结和归纳学习内容。

本书可单独作为"地方公债学"课程的教材，也可作为财政学、公债学和地方财政学等课程的辅助教材。

本书封面贴有清华大学出版社防伪标签，无标签者不得销售。
版权所有，侵权必究。举报：010-62782989，beiqinquan@tup.tsinghua.edu.cn。

图书在版编目（CIP）数据

地方公债学：理论与实务 / 毛捷编著．—北京：清华大学出版社，2021.2
21世纪高等院校税收系列精品教材
ISBN 978-7-302-57347-0

Ⅰ．①地… Ⅱ．①毛… Ⅲ．①地方财政—债务管理—中国—高等学校—教材 Ⅳ．①F832.4

中国版本图书馆 CIP 数据核字（2021）第 017987 号

责任编辑：杜春杰
封面设计：刘　超
版式设计：文森时代
责任校对：马军令
责任印制：丛怀宇

出版发行：清华大学出版社
网　　址：http://www.tup.com.cn, http://www.wqbook.com
地　　址：北京清华大学学研大厦A座　　邮　编：100084
社 总 机：010-62770175　　邮　购：010-62786544
投稿与读者服务：010-62776969, c-service@tup.tsinghua.edu.cn
质量反馈：010-62772015, zhiliang@tup.tsinghua.edu.cn
印 装 者：三河市铭诚印务有限公司
经　　销：全国新华书店
开　　本：185mm×260mm　　印　张：15.25　　字　数：348 千字
版　　次：2021 年 4 月第 1 版　　印　次：2021 年 4 月第 1 次印刷
定　　价：59.00 元

产品编号：086996-01

前　言

自 20 世纪 90 年代以来，地方公债经历了融资平台负债、省级政府债券试点发行和全面实施省级政府自主举债的制度递嬗。地方政府借助各类举债方式筹集建设资金，促进当地经济社会发展，为更好地推进中国特色社会主义事业做出了重要贡献，但也积累了不少问题和风险。如何用好地方公债，既能促进经济社会高质量发展和国家治理现代化，又能有效防控债务风险、保障财政可持续，是我国中长期经济社会发展要面对的一个重要的现实问题，同时也是快速发展中的一个理论问题。地方公债涉及面广，利益主体多样，包括地方政府、融资平台公司、金融机构和社会投资者等，是财政和金融的联结点，是经济学、管理学和法学等多门学科的交汇处。如果理论认知和制度建设跟不上实践发展的需求，易引发重大风险。

认知进步和制度创新离不开掌握相关专业知识的人才。现有教材偏重国债或企业债等方面的教学，不能满足地方公债理论研究和政策实践的需要。公债学的教材主要介绍国债（中央政府公共债务）的相关内容，以公债的基础理论、国别比较和管理制度等为主，用于介绍地方公债的篇幅十分有限。而有关地方公债的论著多从某个特定视角或专题进行研究，或介绍地方公债的制度变革历程，或测算地方公债规模与风险，或检验地方公债的形成机制和经济社会效益等。对地方公债的相关理论和实务进行系统介绍，并能辅以热点专题研究的教材十分缺乏。本书的出版旨在为高等院校、科研机构和政府相关部门等培养精通地方公债知识和了解相关政策实践的专业人才提供帮助。

全书分为理论基础、政策实践和热点专题 3 篇，共 14 章（不含导论）。第 1 篇侧重介绍地方公债的理论基础，各章节包括公债的产生与作用、公债的分类、公债的经济学分析和地方公债的理论分析。第 2 篇分地区和国别介绍地方公债的政策实践，各章节分别阐述美国、欧洲国家、日本、中国和其他发展中国家的地方公债实务。第 3 篇为地方公债的热点专题，各章节覆盖地方公债与区域经济发展、地方公债增长的制度分析、地方公债的结构分析、地方公债的风险分析和地方融资平台公司的市场化转型。

本书结合国内外案例，在各章节设置引例和专栏，将专业知识与现实情况联系起来，帮助读者由基础理论到前沿应用，从发达国家地方公债管理的经验与教训到我国地方公债制度建设的重点和难点，循序渐进地掌握地方公债的相关知识。同时，每章设置本章拓展、小结和思考题，引导读者主动开展延伸性阅读和思考、及时总结与归纳学习内容。

本书可单独作为"地方公债学"课程的教材，也可作为财政学、公债学和地方财政学等课程的辅助教材。

感谢对外经济贸易大学国际经济贸易学院提供的良好科研教学环境，感谢中国社会科学院财经战略研究院杨志勇研究员、中国人民大学财政金融学院吕冰洋教授和东北财经大学吕炜教授对笔者的鼓励，感谢清华大学出版社对本书出版的支持。

作　者

目 录

第1篇 理论基础

0 导论···2
   0.1 现实中的地方公债问题··2
   0.2 地方公债的参与者··6
   0.3 地方公债学与相关学科··10
   0.4 地方公债学的研究方法与本书框架··14

1 公债的产生与作用···18
   1.1 公债的基本概念···18
   1.2 公债的产生与发展···20
   1.3 公债的作用··27

2 公债的分类··31
   2.1 中央政府公债和地方政府公债··31
   2.2 国内公债和国外公债··32
   2.3 短期公债、中期公债和长期公债···35
   2.4 特种公债和一般公债··35
   2.5 自由流通公债和非自由流通公债···37
   2.6 强制公债、准强制公债和自由公债··38
   2.7 政府债务风险矩阵下的公债分类···38

3 公债的经济学分析···43
   3.1 李嘉图等价定理··43
   3.2 税收平滑理论···47
   3.3 财政可持续理论··50
   3.4 公债的政治经济学理论···54

4 地方公债的理论分析 59
4.1 地方公债增长的基础因素 59
4.2 地方公债的风险理论 63
4.3 最优地方公债理论 68

第2篇 政策实践

5 美国的地方公债实务 74
5.1 美国的政府层级和市政债券 75
5.2 美国地方公债的管理体制和机构 80
5.3 美国地方公债的资金运行管理 81
5.4 美国地方公债的风险控制 83
5.5 美国地方公债的危机化解 88
5.6 美国地方公债管理改革的展望 90

6 欧洲国家的地方公债实务 94
6.1 欧洲国家管理地方公债的常见模式 94
6.2 英国地方公债的管理体制与政策实践 95
6.3 德国地方公债的管理体制与政策实践 100
6.4 法国地方公债的管理体制与政策实践 103
6.5 意大利地方公债的管理体制与政策实践 105
6.6 北欧国家地方公债的管理体制与政策实践 107
6.7 欧洲地方公债的管理经验总结和未来改革展望 109

7 日本的地方公债实务 113
7.1 日本地方公债发展简史 113
7.2 日本地方财政管理体制概述 116
7.3 日本地方公债的举借和资金运行管理 121
7.4 日本地方公债的风险控制 126
7.5 日本地方公债的发展与展望 131

8 中国的地方公债实务 134
8.1 中国地方公债的体制变革 135
8.2 中国地方公债的管理体制 141

9 其他发展中国家的地方公债实务 ... 149
9.1 巴西地方公债概述 ... 149
9.2 墨西哥地方公债概述 ... 155
9.3 哥伦比亚地方公债概述 ... 159
9.4 印度地方公债概述 ... 162

第3篇 热点专题

10 地方公债与区域经济发展 ... 170
10.1 经济学家眼中的公债与经济发展 ... 170
10.2 地方公债与区域经济发展的整体关系 ... 172
10.3 地方公债影响区域经济发展的传导路径 ... 174

11 地方公债增长的制度分析 ... 179
11.1 财政分权的延伸与间接金融分权 ... 179
11.2 地方公债与体制压力 ... 184

12 地方公债的结构分析 ... 189
12.1 地方政府债券的构成 ... 189
12.2 地方融资平台公司债务的构成 ... 196

13 地方公债的风险分析 ... 202
13.1 地方公债风险指标和我国地方公债风险概况 ... 203
13.2 地方政府一般债券的风险分析 ... 205
13.3 地方政府专项债券的风险分析 ... 206
13.4 城投债的风险分析 ... 209
13.5 地方融资平台公司非标准化债务的风险分析 ... 211

14 地方融资平台公司的市场化转型 ... 218
14.1 地方融资平台公司的科学界定和债务构成 ... 218
14.2 地方融资平台公司的功能与风险 ... 225
14.3 地方融资平台公司市场化转型的难点与方向 ... 228

后记 ... 233

理论基础

0 导论
1 公债的产生与作用
2 公债的分类
3 公债的经济学分析
4 地方公债的理论分析

0 导　　论

- 了解地方公债的现实问题；
- 了解地方公债学的研究对象；
- 了解地方公债学的研究方法。

0.1　现实中的地方公债问题

地方公债是指地方政府对内、对外举借的一切直接债务和间接债务。清朝末年，清王朝为了挽救自己的统治，实施了一系列"新政"，包括创办实业、增加军费支出等，导致地方政府各类支出激增。于是，各省开始募集内债和外债，拉开了近代以来中国地方公债发展的序幕。例如，光绪三十一年（1905 年）二月，为扩充北洋军备，直隶总督袁世凯募集地方公债 480 万两白银。[①]

中华人民共和国成立初期，部分省份（如东北三省）发行过地方经济建设公债，但由于金额不大，而且不久之后我国进入了"既无外债，又无内债"的时期，因此并未引起重视。1998 年，我国实施积极财政政策应对亚洲金融危机影响，发行长期建设国债，通过"国债转贷地方"的方式支持地方财政，使得地方公债开始受到关注。2008 年，伴随"4 万亿"财政刺激计划，出现了多种形式的地方政府债务，使得如何管理地方公债并防范和化解债务风险成为重要的现实问题。

现实生活中，公债（包括国债和地方公债）[②]与一个国家或地区经济社会各方面的发展紧密相关，甚至会通过全球化影响其他国家和地区。从政府债券的发行到公债市场的波动，从显性债务到隐性债务，从债务风险到债务危机，对现实中的公债问题进行分析，有助于我们认识与理解地方公债学的研究范畴和主要内容。

公债对人类历史有深远影响。例如，公债与战争之间存在紧密关联，在历史上不

[①] 参见徐义生（1962）。
[②] 公债按发行主体的不同可分为中央政府公债和地方政府公债。由中央政府发行的公债称为国家公债，也称"国债"；由地方政府发行的公债称为地方公债，有些国家（如美国）也称为市政债。

少著名战争中都能发现公债的影子。解决军费支出的途径有多种，如增加税收、发行货币、寻求捐助、调整财政预算和举借公债等。相比而言，战时采用公债筹资更具优势。英国在17世纪至19世纪中期发行战时公债，将公债分摊给个人、公司和殖民地。这些公债的本息主要由英国政府海外投资获得的收益或利息偿还。英国认为发行战时公债不仅有助于在战争中取胜，而且是国家信誉稳定的重要标志。甲午战争失败后，为偿还巨额战争赔款，清政府责成地方政府举借债务，分担赔款。同样，美国在第一次世界大战、第二次世界大战（以下简称"二战"）和"9·11"反恐战争中也大量采用举借公债的筹资方式。但是，一旦战争失败，公债就会无法偿还，对一国的国家信用产生巨大损害。

公债与各国经济发展也密不可分。例如，市政债券①是推动美国经济发展的重要融资工具。1870年，美国纽约州首次采用发行债券筹资的方式开凿伊利运河，随后其他各州纷纷仿效纽约州的做法，依靠举债进行基础设施建设以发展经济。再如，德国州政府以及地方政府可以根据州宪法、州法规自行发债，而在2008年全球金融危机爆发后，为刺激经济发展，德国的州政府举债力度进一步加大，使得2009年德国债务的增长速度远高于其国内生产总值和税收收入的增长速度。

然而，公债既可能成为一国或地区经济增长的重要推动力，也可能成为影响经济发展的"枷锁"。过去五十年，全球经历了四个债务大规模增长的时期，其中前三个时期分别发生在1970—1989年、1990—2001年以及2002—2009年，而最近一次的债务增长始于2010年，也是规模最大、增速最快、范围最广的一次。此次债务增长使得多个国家处于债务持续恶化的轨道上，造成政府财政不堪重负。

这种高负债的发展模式是发展中国家实现经济高速增长的重要动力，但也使得一些发展中国家陷入"债务危机"。专栏0-1对拉丁美洲的公债危机做了简要介绍。值得警惕的是，在全球化背景下，公债危机将会在地区与地区之间、国家与国家之间蔓延传播，因此各个国家的政府应通过增加债务透明度来提高资本配置效率，防范和化解系统性债务风险。

专栏 0-1

拉丁美洲的债务危机

1982年8月12日，墨西哥财长席尔瓦·埃尔索格向美国财长唐纳德·里甘、美国联邦储备委员会主席保罗·沃尔克和国际货币基金组织执行总裁雅克·德拉罗西埃通报："墨西哥几乎耗尽全部外汇储备，再也无力偿还到期的债务本息。"翌日，埃尔

---

① 市政债券是指美国各州、市、县、镇及其授权机构或代理机构发行的债券。美国拥有发达的市政债券市场，每年的发行规模在2000亿～3000亿美元。具体内容见本书第5章。

索格率墨西哥政府经济代表团赴华盛顿进行谈判。通过谈判及各方努力，西方债权国提供紧急贷款以帮助墨西哥偿付上述债务的全部利息和部分本金，同时商业银行债权者同意推迟偿债期，才使墨西哥债务危机得到暂时缓解。

然而，债务危机如同瘟疫一样迅速向其他第三世界国家蔓延，拉丁美洲"地区性的金融危机，从此开始"。为了支付巨额债务本息，第三世界最大债务国巴西不得不削减进口并大量动用外汇储备。至1982年11月，巴西的外汇储备只剩下维持一个月的进口数额，而这一数额已低于国际公认的外汇储备不少于两个月进口额的最低标准。尽管巴西从商业银行、国际金融机构和美国政府那里获得了数十亿美元的救急贷款，也未能清偿全部到期债务（1982年年底巴西外债总额达922.21亿美元，还本付息额达190.78亿美元）。同年12月底，巴西宣布无力偿债。发展中国家第四大债务国阿根廷在马尔维纳斯群岛战争（1982年4—6月）之后，由于本国经济状况恶化，出口减少，国际收支逆差扩大，外汇储备干涸，也于当年12月提出与西方债权国进行谈判，重新安排债务。据不完全统计，自墨西哥宣布推迟偿债起至1984年年底，全球有约40个债务国同债权方进行了推迟偿债的谈判，而涉及的债务金额近1500亿美元。在这40个左右的国家中，拉美国家占15个，其他为亚洲、非洲和东欧国家。

此次债务危机的爆发终结了拉美地区在"二战"后所经历的经济持续增长。公共债务问题成为发展中国家乃至世界经济发展的沉重包袱，而由其引发的经济增长持续衰退使整个20世纪80年代成为拉美地区"失去的十年"。

资料来源：陈拥军，张桂萍，肖敏译. 成百万美元的飘荡——拉丁美洲债务危机[M]. 太原：山西经济出版社，1992.

在我国，公债直接或间接影响经济社会的方方面面，无论以消费者还是生产者的角色出现，都将受到公债政策的影响。改革开放以来，中国由计划经济转型为社会主义市场经济，而财政政策成为调节宏观经济发展的重要工具，其中，公债成为政府弥补财政赤字的重要手段。这一时期，我国公债的政策实践大致经历了六个阶段：① 1981—1986年，社会主义市场经济体制下开展公债实践的政策探索；② 1987—1993年，公债成为财政筹集建设资金的重要手段；③ 1994—1997年，公债规模快速扩张；④ 1998—2003年，积极财政政策背景下运用公债政策；⑤ 2004—2007年，稳健财政政策背景下运用公债政策；⑥ 2008年至今，积极财政政策再度发挥重要作用，出现各种形式的地方政府债务，而且地方公债规模逐步超过国债规模。

图0-1绘制了近几年我国地方公债（不含隐性债务）和国债余额的变化情况。[①]从图0-1中可以看出地方公债余额逐年增长，到2019年年末，国债余额为168 038亿元，地方政府债务余额为213 072亿元，地方公债的规模超过国债的规模。随着我国地方公债规模不断扩大，其对资源配置、收入分配及经济稳定增长等的重要性也不断增强。专栏0-2对我国地方公债的基本情况做了进一步介绍。

---

① 数据来自财政部官网（http://www.mof.gov.cn）公布的地方政府债务数据。

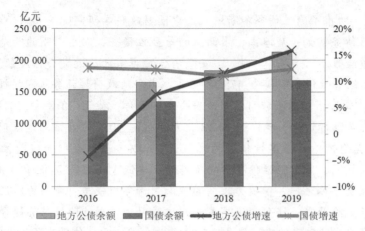

图 0-1 2016—2019 年我国地方公债和国债余额的变化情况

资料来源：中国财政部网站、审计署全国地方政府性债务审计报告。

专栏 0-2

中国地方公债的基本情况

中国的地方公债分为显性债务和隐性债务。就显性债务而言，财政部数据显示，截至 2019 年 12 月末，全国地方政府债务余额为 213 072 亿元，控制在全国人大批准的限额之内。其中，一般债务余额为 118 694 亿元，专项债务余额为 94 378 亿元；地方政府债券余额合计为 211 183 亿元，非政府债券形式的存量地方政府债务为 1889 亿元。

令人担忧的是隐性债务。为了摸清中国地方政府债务状况，审计部门和财政部门先后对地方政府各类举债进行清理与甄别。以 2014 年修改的《中华人民共和国预算法》（以下简称《预算法》）及国务院《关于加强地方政府性债务管理的意见》（国发〔2014〕43 号）的出台为标志，地方政府债务管理进入规范期，逐步将地方融资平台公司信用与政府信用进行剥离。伴随地方政府融资行为的进一步规范，增加法定债务的规模成为防范与化解隐性债务的必要手段。地方政府发债融资纳入地方财政预算管理，规范引导隐性债务显性化，有利于防范化解债务风险。以项目收益专项债为主的新增专项债务具有明确的资金偿还来源，立项、发行和还款过程均纳入现行的预算收支，能更有效地隔离风险。未来，在持续防控隐性债务风险的背景下，专项债将逐渐替代以往融资平台在基建和公共服务等领域的地方政府融资功能，对缓释地方政府隐性债务风险有重要意义。

但要彻底消除地方政府的隐性债务，任重道远。近些年，一些地方官员过度举债谋"政绩"，超出财力上项目，继续通过融资平台公司、PPP（政府和社会资本合作）、政府投资基金、政府购买服务等方式违法违规或变相举债，不利于遏制隐性债务的增长。一些金融机构认为地方政府不会破产，基于业绩考虑也为地方违法违规举债提供"弹药",助推了隐性债务不断增长。中国财政科学研究院院长刘尚希认为,"当前地方政府性债务就如一座冰山,水面上的是显性债务,而水面下的就是隐性债务。隐性债务的危险性不言自明"。例如,安徽省合肥市审计局近期公开披露,截至 2017 年年末合肥市级隐性债务规模为 475.38 亿元,占当地政府性债务(即显性债务)的比重约为 72%。青海省黄南藏族自治州政府公布数据称,截至 2018 年 5 月底,当地隐性债务(主要是银行贷款)规模达 24.18 亿元,远超 2017 年年底当地政府性债务余额 6.72 亿元,其隐性债务与显性债务的比值近 360%。虽然合肥市级隐性债务规模较大,但其财力较强,算上隐性债务后的政府债务率低于 67%,远低于 100% 的国际警戒线,债务风险整体可控。但财力较弱的黄南州债务规模与自身财力不匹配,债务负担沉重,债务风险凸显。诸如青海省黄南州这类财力较弱但隐性债务规模较大的地区并非个案,这些地区酝酿的隐性债务风险是当前我国地方公债风险的集中表现。

资料来源:笔者根据财政部官网(http://www.mof.gov.cn)相关资料整理。

0.2 地方公债的参与者

弥补地方财政赤字是产生地方公债的首要原因,因此地方公债的筹措、使用、偿还和管理离不开公共部门。同时,地方公债不仅是地方政府获取财政收入的一种工具,也是一种金融商品,因此地方政府举借地方公债需要金融体系的配合与支持。本节介绍地方公债的主要参与者,以便于读者更好地理解后续章节的内容。

0.2.1 公共部门

公共部门是开展公共经济活动的主体,主要包括政府、公共企业和非营利性经济组织(如基金会)、国际组织、民间社会团体等。作为提供地方公共服务的一种重要融资方式,地方公债离不开公共部门的参与。

1. 政府

政府是指国家进行统治和社会管理的部门。政府的概念一般有广义和狭义之分,广义的政府是指行使国家权力的所有机关,包括立法、行政和司法机关;狭义的政府是指国家权力的执行机关,即国家行政机关。国家行政机关是为社会和居民提供基本服务,并对社会各类活动进行管理的组织,也是公债发行的主体。政府提供公共服务的资金来源主要有税收收入、国有资产收益和举借债务等。政府既提供公益性服务,如公园、马路等,也提供部分收费性服务,如高速公路、水电服务等。

中央政府,简称"中央",是最高国家行政机关,负责统一领导全国的行政工作,集中掌握国家的国防、外交、财政和内政等行政职权。地方政府是相对中央政府而言的,是指中央政府之下的各级地方行政机关。在我国,依据《中华人民共和国宪法》规定,地方政府是地方层面的国家行政机关,对本级人民代表大会和它的常务委员会以及上一级国家行政机关负责并报告工作,受国务院统一领导,负责组织和管理本行政区域的各项行政事务。我国地方政府具体包括中央政府以下的省(直辖市、自治区)、地市(地区)、县(县级市、市辖区)、乡(镇、街道)等各级政府。

地方政府是地方公债的关键参与者。与中央政府相比,地方政府在提供地方性公共品方面具有信息优势。地方公共品的支出中有相当一部分属于资本性支出。对于这类公共支出,用举债方式筹集资金相比于税收更为合理,因为它将项目建设成本分摊到项目受益的各个时期,实现了成本和收益相匹配。

地方政府拥有举债权是财政分权的重要特征之一。在联邦制国家中,美国、加拿大、德国等建立了专门的地方政府债券市场。只要存在财政分权和地方自治权,单一制下的地方政府也可以发行地方政府债券,如日本、英国等。在中国,由于1994年颁布的《预算法》对地方政府举债的限制,2015年以前,地方政府主要靠融资平台公司等方式举借债务。省、地市、县及以下等不同层级的地方政府通过融资平台公司举债存在差异,相对于市、县层级的融资平台公司,省级融资平台公司经营的多元化、市场化程度较高。市、县层级的融资平台公司也存在区域差异,其中东部沿海地区的融资平台公司规范化程度更高。本书第14章对不同类型的融资平台公司市场化转型问题做了介绍。2015年新《预算法》生效后,省级政府可以通过"自发自还"的方式发行地方政府债券。本书第8章介绍了不同类型的地方政府债券的差别。

2. 公共企业

公共企业也是公债发行的主体之一。公共企业是指以提供公共服务为宗旨、并不以营利为目的的企业,既包括国有企业也包括非国有企业。公共企业主要提供水、电、燃气、医院、学校、公共交通、公共设施等服务,其收入主要来自销售收入和财政补贴,提供的服务具有自然垄断的特征。我国地方公债的一类重要参与者——地方融资平台公司(也称城投公司),即为公共企业。地方融资平台公司具有地方国企属性,并承担地方政府的公共项目投融资职能,是地方政府举债的重要载体。本书第8章和第三篇相关章节介绍了地方融资平台公司的相关内容。

0.2.2 金融体系

地方公债离不开金融体系的支持。金融体系主要包括金融市场、金融中介、投资人、资本使用者和金融支持机构等。地方公债的发行既需要金融市场作为交易场所,也需要信用评级机构等金融支持机构的参与。在金融体系的支持下,地方政府能够通过直接融资或者间接融资的方式举借债务,发挥公债优化资源配置、分散金融风险和提供流动性的作用。

以省级政府发行专项债券和地方融资平台公司发行短期融资券为例,说明金融体系在地方政府举借公债中发挥的作用。在我国,地方政府专项债券实行限额管理,但债务额度的分配由财政部门负责管理,并不涉及金融体系。某省份一旦取得债务额度并具有发债意愿,就需要按相关金融法律法规着手债券发行工作。首先,需要准备第三方评估材料,包括信用评级报告(由信用评级机构撰写)、财务评估报告(侧重于项目预期收益和融资平衡情况评估,一般由会计师事务所撰写)和法律意见书(由律师事务所撰写)等。而后,需组建承销团,由承销团将债券销售至投资者手中。承销团成员是在中国境内依法成立的、具有债券承销业务资格且各项指标达到监管标准的金融机构，一般是银行和证券公司。债券发行前，该省份需公开当地经济社会发展指标、政府预算情况、已有债务情况、拟发行专项债券信息及对应项目信息和第三方评估信息等。债券发行定价结束后，需通过中国债券信息网等网站公布债券发行结果。专项债券需要在中央国债登记结算有限责任公司办理总登记托管，在国家规定的证券登记结算机构办理分登记托管。专项债券发行结束后，符合条件的还应按有关规定及时在全国银行间债券市场、证券交易所债券市场等上市交易。专项债券存续期内，该省份还需公开债券资金使用情况、项目建设运营情况、项目收益及资产情况等，并由相关信用评级机构发布债券跟踪评级报告。①

地方融资平台公司发行短期融资券，首先要根据公司内部章程规定做出发行短期融资券的决定，然后聘请中介机构并准备相关发行材料。中介机构包括承销商（负责债券承销，往往还会帮助公司撰写募集说明书等文件）、信用评级机构（撰写信用评级报告）、会计师事务所（出具审计报告）和律师事务所（撰写法律意见书）。短期融资券发行前，公司需在中国银行间市场交易商协会（以下简称交易商协会）注册；注册被接受后，方可进行发行工作，并在交易商协会认可的网站公布短期融资券发行相关文件。短期融资券需在银行间市场清算所股份有限公司办理登记托管。短期融资券存续期内，公司还需定期披露财务报告，并由信用评级机构发布跟踪评级报告。②

地方公债的发行涉及金融体系中的众多主体，有银行、证券公司等金融中介机构，信用评级机构等金融支持机构，中央国债登记结算有限责任公司等金融基础设施。此外，还需要会计师事务所、律师事务所等专业服务机构提供财务、法律方面的辅助性服务。

0.2.3 社会投资者

社会投资者既是地方公债的债权人，同时也是纳税人。从债权人角度来说，社会投资者通过购买地方公债，充分利用手中闲置资金。从纳税人角度来说，公债在某种程度上是税收的补充，而税收又是偿还公债的主要资金来源。不少学者认为公债是延期或变相的税收，因为地方公债的本息偿还最终依赖当地未来的税收。本书第 3 章将讨论上述问题。

我国地方公债的社会投资者主要包括各类银行、证券公司和保险机构等。表 0-1 展示了 2019 年年末，各类投资者持有的在中央国债登记结算公司登记托管的地方公债的情况。托管的地方公债合计为 21.12 万亿元。其中，商业银行是第一大投资者，持有 86.18%的地方公债；其次是政策性银行；再次是"其他"类投资者和非法人产品③。

---

① 相关文件参见：《关于印发〈地方政府专项债券发行管理暂行办法〉的通知》（财库〔2015〕83 号）；《关于印发〈地方政府债务信息公开办法（试行）〉的通知》（财预〔2018〕209 号）。
② 相关文件参见：《关于修订〈银行间债券市场非金融企业债务融资工具信息披露规则〉的公告》（中国银行间市场交易商协会公告〔2017〕32 号）；《关于公布实施〈非金融企业债务融资工具公开发行注册工作规程（2020 版）〉〈非金融企业债务融资工具公开发行注册文件表格体系（2020 版）〉等有关事项的通知》（中市协发〔2020〕42 号）。
③ 非法人产品是指并不具备法人身份的投资产品，包括证券投资基金、全国社会保障基金、信托计划、企业年金基金、保险产品、证券公司资产管理计划、基金公司特定资产管理组合、商业银行理财产品等。详见《中央国债登记结算有限责任公司非法人产品账户管理规程》（中债字〔2014〕57 号）。

就不同类型投资者的投资倾向而言，政策性银行最青睐地方公债，它持有的地方公债在其持有的债券中占比高达 86.44%；商业银行次之，它持有的地方公债在其持有的债券中比重为 43.89%。从持有量同比增长看，2019 年，其他金融机构和保险机构增持地方公债最为积极，较 2018 年年末分别增持了 8 倍和 2 倍；其他投资者也略有增持；唯有政策性银行小幅减持地方公债。

表 0-1　2019 年年末在中央国债登记结算公司登记托管的地方公债的持有者结构

单位：亿元

	持有的地方公债金额	持有的地方公债同比增长	合计持有的债券	持有的地方公债/地方公债合计	持有的地方公债/该类机构合计持有的债券
政策性银行	16 765.28	-5.47%	19 394.66	7.94%	86.44%
商业银行	181 996.31	18.74%	414 623.49	86.18%	43.89%
信用社	1241.41	5.81%	7599.38	0.59%	16.34%
保险机构	1353.67	284.72%	17 233.99	0.64%	7.85%
证券公司	846.48	5.94%	6649.99	0.40%	12.73%
其他金融机构	188.62	826.87%	1650.99	0.09%	11.42%
非法人产品	4131.36	16.78%	113 025.36	1.96%	3.66%
非金融机构	—		11.43	—	—
境外机构	25.30	0.80%	18 707.26	0.01%	0.14%
其他	4634.51	22.42%	35 481.66	2.19%	13.06%
债券合计	211 182.94		634 378.21		

资料来源：中国债券信息网，2019 年债券市场统计分析报告。

表 0-2 展示了 2019 年年末，各类投资者持有的在上海证券交易所托管的地方公债的情况。上海证券交易所的地方公债托管量为 4431 亿元，数量较中央国债登记结算公司的托管量少很多。保险和券商等金融机构是这些地方公债的主要投资者，一般法人也持有一定数量的地方公债。同 2018 年相比，保险机构增持地方公债最积极，其次是自然人。

表 0-2　2019 年年末在上海证券交易所托管的地方公债的持有者结构

单位：亿元

	持有的地方公债	持有的地方公债同比增长	合计持有的债券	持有的地方公债/地方公债合计	持有的地方公债/该类机构合计持有的债券
信托	3.30	-90.41%	3747.87	0.07%	0.09%
券商资产管理	385.37	-9.84%	12 485.01	8.70%	3.09%
自然人	0.13	85.71%	175.53	0.0029%	0.07%
一般法人	446.16	-21.68%	48 704.15	10.07%	0.92%
其他	59.01	-45.37%	286.73	1.33%	20.58%
基金	110.08	-77.67%	7459.05	2.48%	1.48%
保险	2077.76	291.99%	13 275.29	46.89%	15.65%

续表

	持有的地方公债	持有的地方公债同比增长	合计持有的债券	持有的地方公债/地方公债合计	持有的地方公债/该类机构合计持有的债券
社保	14.20	−43.09%	2103.79	0.32%	0.67%
券商自营	1334.65	−5.11%	7817.37	30.12%	17.07%
QFII	—	−100.00%	547.53	0	0
专户理财	—	−100.00%	555.67	0	0
年金	0.19	−86.33%	4220.15	0.0043%	0.0045%
债券合计	4430.85		101 378.14		

资料来源：上证债券信息网。

在地方政府债券设立之初，财政部便提出要鼓励个人投资者在符合相关规定的情况下投资地方公债，但此后并未配套相关制度，因此地方政府债券的投资者也多为商业银行等机构投资者。2019 年，《财政部关于开展通过商业银行柜台市场发行地方政府债券工作的通知》发布，标志着地方政府债券可以直接面向个人和中小机构投资者发行。在商业银行的协助运营下，个人投资者认购地方政府债券十分便利，可通过网上银行、手机银行等渠道认购，且起投金额仅为 100 元，投资门槛低。此外，地方政府债券风险低、收益稳定，且变现能力强，个人缺乏流动性时，可以将其向承办银行卖出或进行质押以获取资金。因而，地方政府债券获得了个人和中小投资者踊跃认购，首批在商业银行柜台市场发行地方政府债券的六省市销售额合计 68 亿元。[①]

0.3 地方公债学与相关学科

公债学涉及财政学、金融学、管理学和法学等多学科，而地方公债学是公债学的发展，因此也具有交叉学科背景。将地方公债的相关问题置于多学科中进行全面、系统的研究与探讨，具有重要意义。

0.3.1 地方公债学的研究范畴

地方公债学是公债学的延伸和拓展，是一门研究地方公共部门举债活动及其对经济社会影响的学科。由于仍处于快速发展中，这门学科具体应该包含哪些内容尚无定论。由于不同国家或地区的发展阶段和发展环境不同，地方公债学的构成和重点也应有所差别。

综合现有的地方公债学相关资料，本书首先介绍公债的产生、发展、分类和经济效应，为展开地方公债学的核心内容打好基础；其次，梳理国内外关于地方公债的相关理论，包括最优债务规模理论、最优债务结构理论等，加深对地方公债学相关理论

---

① 详情参见：中华人民共和国财政部. 2019 年一季度财政收支情况新闻发布会文字实录[EB/OL]. http://www.mof.gov.cn/zhengwuxinxi/caizhengxinwen/201904/t20190416_3226338.htm, 2019-04-16.

的认识和理解；再次，介绍不同国家的地方公债实务，有助于读者从政策实践层面理解地方公债；最后，介绍地方公债的热点专题，帮助读者了解当下地方公债的重要现实问题。全书力求做到理论与实际相结合，兼顾国内外地方公债的历史沿革与发展动态，并体现对地方公债的思考，帮助读者对地方公债学有一个系统和全面的把握。

0.3.2 地方公债学与宏观经济学

宏观经济学是以整个国民经济作为研究对象，解决国民经济整体协调稳定问题的一门学科，国民收入决定理论、就业与通货膨胀理论、经济周期与经济增长理论和宏观经济政策等是宏观经济学的重要组成部分。与之相关联，公债不仅是政府的一种筹资手段，还是国家调节宏观经济的重要手段之一。作为公债的一种主要形式，地方公债的举借、使用和流通等会对宏观经济运行产生重要影响。公债政策与财政货币政策配合使用，对宏观经济的调控作用是显而易见的。

在货币政策方面，地方公债可以调节货币流量，从而影响总供给和总需求，具体表现如下：① 一级市场中地方公债的发行会影响货币流量，无论是中央银行还是商业银行认购地方公债，都会导致货币供给增加，但社会公众认购公债一般不会引起货币供应量的变化。② 地方政府债券二级市场的买卖活动也能调节货币流量。中央银行从商业银行或非银行部门买入债券会增加货币供应量，卖出则意味着货币紧缩。③ 政府还可以通过适时安排地方公债的发行和偿还以达到宏观调控的目的。例如，在经济过热时期，延缓旧债偿还，发行长期地方公债，提高发行利率，降低发行价格，以降低货币供给量；在经济衰退时期，加速旧债偿还，发行短期地方公债，降低发行利率，提高发行价格，缓解通货紧缩。

在财政政策方面，地方公债的影响表现如下：① 地方公债作为地方基础设施建设的重要资金来源，可以通过对建设施工量进行调节以达到调节宏观经济景气的目的。基础设施建设被认为是经济发展的基础，但由于基础设施的具体建设任务通常需要落实到某个地方，地方政府往往需要自行发债融资，并将地方公债收入用于基础设施建设，以达到优化地方经济结构的目的。② 地方公债可以将居民和企业的闲置资金有偿转移至政府手中，缓解经济发展过程中资金供求不平衡的状况，优化各类资源在政府和市场之间的配置。③ 当地方公债作为应对公共风险的重要财源时，可以在不打乱国家财政总体计划的情况下缓解地方财政压力。例如，2020 年全国两会指出要适当提高财政赤字率、发行抗疫特别国债、增加地方政府专项债券规模，以应对新冠肺炎疫情的影响。其中，新增地方政府专项债券 1.6 万亿元，规模超过了新增财政赤字（1 万亿元）和抗疫特别国债（1 万亿元），是积极财政政策的主要构成。

本书第 4 章、第 8 章和第 11 章较多地从宏观经济学的视角，阐述地方公债的增长、风险以及地方公债的制度框架等。

0.3.3 地方公债学与微观经济学

微观经济学是以单个经济单位作为对象，通过价格理论、消费者行为理论、生产者行为理论和分配理论等，研究市场经济的特点和规律，从而说明市场机制如何实现资源的优化配置问题的一门学科。沿用微观经济学的分析范式，地方公债学把公共部门视为独立的社会经济单位，对其举债行为的效率和效益进行分析，考察其是否实现效用最大化。此外，微观经济学常用的边际效用理论、成本与价格理论以及成本收益分析等构成了地方公债学的基本分析工具，为评价地方政府举债行为提供了科学方法。

在微观层面上，地方公债会通过影响储蓄和资本的形成、要素价格等经济变量影响居民消费和企业投资。在一体化的资本市场中，地方公债的发行几乎不会影响当地的私人投资和消费，增加的公债存量将由全国各地的投资者持有，由此导致的私人投资挤出也将是全国范围内的。相反，如果资本市场存在分割，那么地方公债对投资和消费的影响将呈现本地化的特点。例如，如果地方公债的发行最终只被当地银行吸收，那么增加地方公债的发行，将减少当地银行对本地私人投资者的信贷供给，从而挤出当地的私人投资。

地方公债影响居民消费的途径主要有以下三类：① 地方公债通过影响家庭收入制约个人消费。一方面，个人认购地方公债会减少当期可支配收入；另一方面，地方公债到期还本付息又会增加地方公债持有者的收入。② 地方公债通过影响消费品价格制约个人消费。地方公债会引起购买力的转移，使一部分消费需求转化为生产需求，进而改变消费品市场和生产资料市场的供求关系，使消费品价格发生变化，从而影响个人消费。③ 地方公债还可以通过影响社会生产制约个人消费。地方公债收入在各个部门进行分配有助于调节国民经济结构，而产业结构的调整会影响商品和劳务的供给，进而影响消费。

本书第14章较多地从微观经济学视角，利用已发债的地方融资平台公司数据，分析中国地方融资平台公司市场化转型的难点和可能方向。

0.3.4 地方公债学与公共管理学

公共管理学是从管理科学的角度研究一国或地区公共领域管理的一般特点、规律、原则、方法和手段等问题的学科。地方公债能否为地方政府筹集财政资金提供切实帮助，并促进当地经济的协调发展，很大程度上取决于政府部门能否有效地管理地方公债。如若管理不当，地方公债不但不能发挥公债的积极作用，反而会酿成债务危机。因此，将地方公债学与公共管理学相结合，加强对地方公债的科学、规范管理，对防范与化解地方债务风险和提高地方公债使用效益等有重要意义。

为了使地方公债的相关活动更科学、高效地开展，应当明确地方公债的管理目标，以指导地方公债的政策实践，并对开展地方公债相关活动的效益进行评价。由于地方公债兼具财政和金融等多重效应，地方公债的管理目标须综合考虑多方面因素，并兼顾效率与公平。具体包括但不限于：① 维护地方政府债券市场的稳定；② 降低地方政府举债成本；③ 建立合理的地方政府债券期限结构；④ 保证地方政府债券顺利售出和按期偿还；⑤ 债务资金合理配置资源；⑥ 改善收入分配；⑦ 促进经济稳定增长。

随着我国地方公债规模不断扩大，债务风险也快速累积。在此背景之下，发展地方公债的管理理念和方法具有重要的现实意义。为加强地方公债的管理，我国出台了一系列政策，如 2014 年国务院《关于加强地方政府性债务管理的意见》（国发〔2014〕43 号）。该意见作为地方政府性债务管理的顶层设计文件，为地方政府性债务管理工作建立了明晰的政策框架。此后，关于地方公债管理的若干政策文件大多延续了该意见的精神，逐步建立起我国管理地方公债的政策体系。但目前地方公债的管理中仍存在不少问题，包括地方政府债券的利率市场化程度较低、地方政府债券资金使用的监管有待加强等。

本书第 2 篇各章节主要是从公共管理学的视角，对市场经济发达国家和发展中国家（包括中国）的地方公债政策实践展开介绍，阐述不同国家和地区地方公债举债方式管理、债务资金管理、风险控制等方面的管理制度。

0.3.5 地方公债学与法学

地方公债的发行和管理离不开法律法规的支持。对地方公债的基本性质和经济效应等进行分析、研究，乃至于实务中举借地方公债，都需要具备一定的法律知识。首先，国家对地方政府举借公债做出的总体规定是通过法律落实的，这些文件涉及地方政府发债权、地方融资平台公司的清理整顿和市场化管理、银行贷款风险控制等方面。从法律分类来看，各部门发布的文件属于法律、行政法规、部门规章和其他规范性文件等，如《预算法》（属于法律）、《财政部关于印发〈地方政府一般债务预算管理办法〉的通知》（财预〔2016〕154 号，属于其他规范性文件）。上述法律法规的发文机关和效力等级不同，在规制地方公债中发挥的功能也存在差异。

其次，各地举借公债时，需要遵循相关金融市场法规和民法的相关规定。例如，地方政府公开发行政府债券或地方融资平台公司公开发行公司债时，须遵守《中华人民共和国证券法》，具备发债的相应资质，按募集用途使用募得资金，及时依法履行信息披露等义务；地方融资平台公司向银行进行贷款时，须符合《中华人民共和国合同法》[①]的规定，按照约定的用途使用借款、约定的期限返还借款；地方政府为举债提供保证或地方政府以土地等不动产作为融资抵押物时，须遵守《中华人民共和国担保法》，保证人需具备保证资格，抵押物需为可抵押的财产并办理抵押物登记。此外，地方融资平台往往采用公司这一组织形式，其设立、决策、股权转让、注销等都需要遵循《中华人民共和国公司法》的规定。

地方公债学的研究成果若要真正作用于实际工作，一般而言，须将相关成果转化为法律法规等。此外，从法学角度考虑地方公债的性质、规则等问题，也能为地方公债学的研究打开思路。本章第 2 篇对各国地方公债政策实践的介绍以及第 3 篇对地方公债热点专题的介绍，穿插了大量法学视角的分析。

[①]《中华人民共和国民法典》已经全国人民代表大会表决通过，于 2021 年 1 月 1 日施行。《中华人民共和国合同法》及《中华人民共和国担保法》被废止，由《中华人民共和国民法典》对相关行为进行规制。

0.4 地方公债学的研究方法与本书框架

0.4.1 研究方法

1. 实证研究与规范研究

实证研究（Positive Analysis）和规范研究（Normative Analysis）是经济学科的基本研究方法。实证研究主要用来回答"是什么"的问题，侧重解决资源配置合理性，是对现有的经济发展规律进行的客观挖掘，寻找变量之间的因果关系。实证研究法分为广义的实证研究和狭义的实证研究。广义的实证研究是以经验为基础，重视一手资料，尊重资料反映的客观事实，包括所有经验研究的方法，如实地调研访谈研究法、统计分析法等，也包括狭义的实证研究。狭义的实证研究是指通过计量或者数量分析法，研究相关变量之间的关系，尤其是因果关系。本书第 3 篇的地方公债热点专题，既包括来自实地调研的研究成果，也包括采用计量经济学方法的研究成果。例如，本书第 10 章介绍了在控制影响经济增长的其他因素条件下，采用实证研究方法考察地方公债对区域经济增长的影响。值得一提的是，本书第 14 章对地方融资平台公司转型的研究中，使用了依据客观事实手工搜集的一套地方融资平台公司相关数据，充分体现了实证研究的核心思想——结合数据对现实进行科学与客观的分析。

规范研究是指采用一般均衡分析、局部均衡分析或定性分析等方法，对理想社会中的资源配置问题进行研究。规范研究往往采用经济人的基本假设，即假设市场主体是拥有完全信息的行为理性人，并往往假设市场是完全竞争的。地方公债学的规范研究考察地方政府"应该怎么做"，提出地方政府举债活动的价值判断标准。例如，地方政府举债规模多大时，效率最优？地方政府采用何种举债方式较为公平？当然，规范研究与实证研究并不是相对立的，规范研究为实证研究提供指导，而实证研究又为规范研究提供证据或参考。例如，本书第 8 章采用规范研究与实证研究相结合的方法，介绍我国地方公债的体制变革和制度设计。

2. 国别研究和比较研究

国别研究是指综合社会科学、人文科学、自然科学等多学科的知识，专注于某一个国家或地区相关问题的研究。国别研究综合各个维度的信息，有助于全面、深层地分析某一国家或地区的地方公债问题。地方公债的国别研究包含以下四个维度：一是空间维度，包括地理、环境、网络等维度；二是历史维度，即基于各个国家和地区历史经验的维度；三是文化维度，包括语言文字、宗教、文化等人文科学领域的研究；四是社会维度，包含政治、经济等社会科学领域。本书第 2 篇根据地域分布划分不同区域，选择区域内的代表性国家，在梳理这些国家的地方公债发展历程的基础上，从政治体制和财经制度等角度分析各国地方公债政策实践的现状，体现了上述的空间维度、历史维度和社会维度。同时，为深入分析各国地方公债政策实践，本书第 2 篇各章节搜集了大量相关外文资料，体现了文化维度。

地方公债学研究中的比较研究法是根据一定标准，找出不同国家和地区地方公债的特殊性与普遍性。地方公债的比较研究法分为专题比较法和综合比较法。专题比较法是把各个国家和地区的同一问题进行比较。例如，对中国和日本的地方公债制度进行比较；对中国和美国的地方公债规模进行比较；等等。综合比较法是对世界各国地方公债的现状和趋势做全面综合的比较。例如，比较市场经济发达国家和发展中国家地方公债风险防控体系的优劣；等等。本书第 2 篇各章将灵活使用以上两种比较研究法，介绍不同国家在地方公债政策实践上的异同。

3. 案例研究

地方公债学关系每一个人，具有丰富的实践性。研究现实生活中的案例是其他任何研究方法都无法替代的。严格来讲，案例分析是实证分析的一种，但其可以将实证分析和规范分析结合起来，形成独具特色的研究方法。在地方公债学的研究中，案例分析得到广泛应用。本书结合地方公债的大量现实案例，借助专栏这种形式，通过对客观事实的深入描述，阐述地方公债的理论基础、政策实践和热点专题中存在的问题，揭示其背后的思想和规律。

0.4.2 本书框架

全书共分为三篇、十四章（不含导论），分别如下。

第一，理论基础篇。包括导论、第 1 章公债的产生与作用、第 2 章公债的分类、第 3 章公债的经济学分析、第 4 章地方公债的理论分析。

第二，政策实践篇。包括第 5 章美国的地方公债实务、第 6 章欧洲国家的地方公债实务、第 7 章日本的地方公债实务、第 8 章中国的地方公债实务、第 9 章其他发展中国家的地方公债实务。

第三，热点专题篇。包括第 10 章地方公债与区域经济发展、第 11 章地方公债增长的制度分析、第 12 章地方公债的结构分析、第 13 章地方公债的风险分析、第 14 章地方融资平台公司的市场化转型。

0.4.3 本书特色

近年来，中国地方公债规模不断扩大，且地方公债的风险隐患备受关注，这是撰写本书的现实基础。本书特色主要有以下四个方面。

（1）本书系统介绍了公债学和地方公债学的理论基础。

（2）本书详细介绍了各国地方公债的政策实践，为了解当前国内外地方公债管理制度提供了全面借鉴。

（3）本书穿插了大量案例，帮助读者深刻理解地方公债的现实问题。

（4）本书采用理论与实证相结合的方法，分析了我国地方公债实践中存在的若干实际问题，为读者了解或研究与地方公债相关的经济社会效应提供了指引。

本章拓展

地方公债学是现代财政学的组成部分，是财政学或公共经济学在公债方向的延伸，是公债学在地方政府层面的拓展。为顺利开展对本书各篇和各章节内容的学习，建议读者先学习《财政学》（陈共，2020）、《公共经济学》（杨志勇和张馨，2018）和《地方财政学》（钟晓敏，2017），熟练掌握赤字、公债、财政政策和财政体制等相关知识点；继而学习《公债学》（陈志勇和李祥云，2012）、《公债经济学》（李士梅和李安，2019）和《公债学教程》（郑春荣，2020）等，了解公债学的基础理论和内容框架。也可延伸阅读《地方政府债务融资可持续性研究》（林勇明和张长春，2017）等地方公债相关书籍，以及 Ambrose 等（2015）、Bai 等（2016）、Huang（2016）和 Zhang 以及 Barnett（2014）等英文文献对我国地方公债的相关介绍，了解地方公债的基本现状和学术前沿。

小结

- 地方公债的相关问题与现实生活紧密联系。
- 地方公债的参与者包括公共部门、金融体系和社会投资者。其中，公共部门包括政府、公共企业；金融体系主要包括金融市场、金融中介、投资人、资本使用者和金融支持机构等；社会投资者包括银行、证券公司、保险公司和个人投资者等。
- 地方公债学是公债学的延伸和拓展，是一门研究地方公共部门举债活动及其对经济社会影响的学科。
- 地方公债学与经济学、公共管理学和法学之间关联紧密。
- 地方公债学的研究方法包括：实证研究与规范研究；国别研究与比较研究；案例研究。

思考题

1. 举例说明地方公债的参与者。
2. 能否举出更多公共企业举债的例子？哪类公共企业举债属于地方公债？
3. 地方公债对经济社会产生什么影响？试举例说明。
4. 地方公债的研究方法有哪些？

阅读与参考文献

[1] 陈共. 财政学[M]. 10版. 北京：中国人民大学出版社，2020.
[2] 陈志勇，李祥云. 公债学[M]. 北京：中国财政经济出版社，2012.

[3] 付传明. 中国地方公债发展研究[M]. 武汉：武汉大学出版社，2016.

[4] 李士梅，李安. 公债经济学[M]. 北京：清华大学出版社，2019.

[5] 林勇明，张长春. 地方政府债务融资可持续性研究[M]. 北京：人民出版社，2017.

[6] 潘国旗. 近代中国地方公债研究：以江浙沪为例[M]. 杭州：浙江大学出版社，2009.

[7] 魏加宁，土居丈朗. 地方债问题研究[M]. 北京：中国国务院发展研究中心，2004.

[8] 徐义生. 中国近代外债史统计资料1853—1927[M]. 北京：中华书局，1962.

[9] 杨志勇，张馨. 公共经济学[M]. 4版. 北京：清华大学出版社，2018.

[10] 张雷宝. 公债经济学[M]. 杭州：浙江大学出版社，2017.

[11] 赵志耘，郭庆旺. 论公债融资对经济增长的影响[J]. 财贸经济，199（2）：14-19.

[12] 郑春荣. 公债学教程[M]. 上海：上海财经大学出版社，2020.

[13] 钟晓敏. 地方财政学[M]. 4版. 北京：中国人民大学出版社，2017.

[14] AMBROSE B W, DENG Y, WU J. Understanding the risk of China's local government debts and its linkage with property markets[J]. SSRN Working Paper, 2015(2557031): 1-45.

[15] BAI C E, HSIEH C T, SONG Z M. The Long Shadow of a Fiscal Expansion[J]. NBER Working Papers, 2016(22801):1-26.

[16] HUANG Y, PAGANO M, PANIZZA U. Public Debt and Private Firm Funding: Evidence from Chinese Cities[J]. SSRN Electronic Journal, 2016: 1-67.

[17] ZHANG Y S, BARNETT S A. Fiscal Vulnerabilities and Risks from Local Government Finance in China[J]. IMF Working Papers, 2014(14/4): 1-28.

1 公债的产生与作用

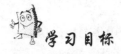 学习目标

- ▶▶ 掌握公债的基本概念和主要功能;
- ▶▶ 掌握公债的产生条件;
- ▶▶ 了解中西方的公债实践。

 引例

2020年上半年,新冠肺炎疫情对中国经济社会平稳发展产生了较大的负面冲击。为应对疫情防控和促进复工复产,各地持续投入大量财政资金,而财政收入增速明显放缓甚至负增长,维持财政收支平衡的压力加重。公债是提振经济的重要手段。2020年3月27日,中共中央政治局召开会议,明确将研究推出包括提高财政赤字率、发行抗疫特别国债、增加地方政府专项债券规模、引导贷款市场利率下行和刺激消费等一揽子宏观政策措施。在2020年5月下旬召开的全国两会上,《政府工作报告》明确提出当年将财政赤字率提高至3.6%以上,发行1万亿元的抗疫特别国债和3.75万亿元的地方政府专项债券。在财政收支矛盾加剧的背景下,国债、特别国债和地方政府专项债券等公债成为财政政策积极有为的发力点。

1.1 公债的基本概念

地方公债是公债的一种。为深入了解和学习地方公债的理论、政策和专题,首先需要掌握公债的基本概念。根据财政学的基础知识,财政赤字是当期财政收不抵支的结果,而公债是弥补财政赤字的重要方式。那么什么是财政赤字?有哪些手段可以弥补财政赤字?如何界定公债?公债有哪些特征?本节将围绕以上问题展开阐述。

1.1.1 财政收支对比关系与财政赤字

从财政收支对比关系来看,财政活动往往存在着盈余、赤字和平衡等多种结果。大多数国家都以一个年度作为一个财政周期(或财政年度)。在该财政周期内,财政收

入大于支出,形成财政盈余;财政支出大于收入,产生财政赤字。若财政收入和财政支出持平,则称之为财政收支平衡。在现实生活中,财政收入和财政支出往往不会恰好相等,因此当政府财政收支相差不大或基本持平时,往往也被认为财政处于收支平衡状态。

财政赤字是一种统称,具体可以分为以下两种情况:一种情况是编制预算时人为留有一部分收支缺口,是事先有计划地安排的赤字,称为预算赤字。这种预算也被称为赤字预算。另一种情况是在编制预算时没有安排赤字,但是在预算执行中由于各种原因最终出现了收不抵支的现象。这种预算执行中出现的赤字被称为决算赤字。一般而言,决算赤字是由个别年份的突发性事件(如自然灾害等)或预算执行中出现的偏误等因素所导致,而预算赤字往往和政府的财政政策相联系,例如有计划地安排赤字的规模和使用方向,以达成刺激经济发展、促进就业等政策目标。

在相当长的历史时期,实现收支平衡是政府财政工作的基本准则。但随着凯恩斯主义的产生和兴起,政府的财政年度平衡的观念趋于淡化,转而追求周期性预算平衡,即更多地从调控经济的角度制定赤字政策,而非固守财政收支平衡的原则。

1.1.2 公债的定义与基本特征

公债是公共部门(主要是各级政府)为了满足资金需求以履行其职能,以国家或政府信用为基础,按照合同的约定或法律的规定,向国内外筹集资金时所形成的债权债务关系。公债是政府获得收入的特殊形式,其自愿性、有偿性和灵活性的基本特征与税收的强制性、固定性和无偿性形成了鲜明对比。

第一,公债的自愿性。公债的发行依托政府信用,以借贷双方自愿互利为基础。金融机构、非金融企业及居民个人等公债认购者基于利益最大化的原则,综合考虑自身效用偏好及预算约束,自主认购公债。政府理论上无法强制认购者购买公债,只能由其自主决定是否认购及认购多少,这便是公债的自愿性。区别于公债的自愿性,税收具有强制性。税收的课征依托国家强制力保证实施,政府辖区内的任何纳税人(包括居民和企业)必须依法纳税,否则将受到法律制裁。

第二,公债的有偿性。政府通过举借公债筹集到的财政资金,必须按照举债时约定的债务期限按期偿还本金,并向公债认购者支付一定的利息,作为认购者暂时让渡资金使用权的报酬。相比之下,政府无须偿还通过税收取得的财政收入。虽然税收在一定意义上可以看作纳税人为享受公共服务而付出的代价,但政府提供的公共服务与纳税人支付的税款不存在一一对应的关系。而公债收入的取得与政府按照约定向公债认购人还本付息的行为具有必然和直接的联系。公债的有偿性也使得公债的成本和风险控制成为公债学中重要的研究内容。

第三,公债的灵活性。政府可以根据自身财政收支情况及政策目标,灵活决定是否举借公债及举债的具体规模。相比而言,纳税主体、征税对象和税率等税制要素由法律法规严格规定,不经立法机关或其授权机构批准不能随意变动,此即税收的固定性。事实上,正是由于公债的灵活性这一特征,政府可以利用公债与税收等多种财政收入形式互相配合,以灵活应对宏观经济环境的波动,实现特定政策目标。

公债的上述三个基本特征紧密联系、互为因果。公债的自愿性决定了公债的有偿性。如果政府试图举借公债而拒绝偿还，那么公债自然无人认购。公债的自愿性和有偿性决定了举借公债必须具有灵活性。如果政府不顾财政收支和经济环境等实际情况，连续地按照某一额度持续举借公债，有可能出现公债金额难以满足财政需要，或者过度举债导致资金闲置或偿债压力过重等情况。因此，公债是自愿性、有偿性和灵活性的统一体，三者缺一不可。

1.2 公债的产生与发展

国家借贷行为存在了数千年，但现代意义上的公债大规模出现只有几百年的历史。本节将分析现代公债的产生条件，并通过介绍中西方公债实践呈现现代公债的发展历程。

1.2.1 公债的产生及其必要条件

早在古希腊和古罗马时期就出现了政府向行商、寺院及高利贷者借债的情形。在这一时期，公债作为一个财政范畴出现在历史舞台上，其规模较小，而且往往以高利贷的形式出现。因此，当时的公债与其说是一种成熟的财政收入形式，不如说是一个偶然的经济现象。随着欧洲进入封建社会，各封建领主、国王及城邦共和国在财政入不敷出时（尤其是战争时期）往往会举借债务，因此举债现象较奴隶制社会时期的古希腊或古罗马更为频繁，但整体规模仍有限。

现代意义上的公债，必须建立在国家或政府的信用之上，具备自愿性、有偿性和灵活性三个基本特征，其真正发展始于资本主义时期。14—15 世纪，佛罗伦萨、热那亚和威尼斯等地中海沿岸城邦国家普遍通过发行国库券以满足财政支出需求。17 世纪，荷兰成为"海上马车夫"，通过自身在国际贸易中的支配地位，积累了大量的社会闲置资本。但由于荷兰的工业基础相对羸弱，这些资本难以找到理想的投资对象，于是资本所有者纷纷将资金贷给本国和外国政府。与此同时，荷兰政府为满足海外扩张的军事支出需要，大量发行公债，公债制度随之在荷兰确立。第一次工业革命促使资本主义工商业快速发展，而英国逐步取代荷兰成为公债发展的中心。此后，公债作为一种成熟的财政收入形式迅速流行于欧洲。

可以看到，从最早古希腊、古罗马国家借债行为的出现，到现代公债制度的正式形成，公债的产生经历了一个较长的历史发展阶段。这是因为产生现代意义上的公债依赖于一定的经济社会基础条件，主要包括以下三个方面。

第一，社会存在足够的闲置资本是产生现代公债的必要条件。在奴隶制社会及封建社会时期，自然经济是最主要的经济模式，工商业落后，社会上的剩余产品与闲置资本有限，直接制约了政府举债的规模。随着人类社会进入资本主义发展阶段，生产力水平大幅提高，社会再生产过程中游离出充足的闲置资金，这为现代公债制度的产生奠定了基础。

第二，金融系统和现代法律制度的发展为现代公债的产生和不断成熟提供了技术条件。公债举借、流通与偿还的全流程依赖于现代金融机构和统一金融市场的有效参与,而基于成熟民商法律体系的信用制度更是现代公债制度的重要技术支撑。

第三,政府职能的扩展是产生现代公债的直接原因。资本主义工商业的快速发展促使生产关系趋于复杂化,从而促使政府的职能不断扩大,并深度参与到国民经济运行中。政府仅靠税收收入往往难以应对日益增长的公共支出需求,需要在税收之外寻找其他能够稳定筹集资金的途径,因此现代公债制度应运而生。

1.2.2 西方国家的公债实践概述

在自由资本主义时期,西方资产阶级普遍对政府干预经济持否定态度,崇尚自由竞争。在这一时期,政府充当"守夜人"的角色,主要职能在于维持国家安全、社会秩序稳定及保证司法制度的正常运转等。自由竞争的经济思想深刻地影响了当时的财政管理制度,主要表现为对平衡预算原则的尊崇,即政府尽力维持每年财政预算的收支平衡。因此,公债规模增长相对平缓,但在如战争等特殊事件冲击下公债规模会出现快速增长。

20世纪30年代,"大萧条"席卷欧美,以美国为代表的西方国家纷纷采取扩张性政策大力干预经济,以应对经济衰退。政府对经济的干预在财政方面主要体现为赤字政策,即增加政府开支、减少税收。为弥补增支减收带来的财政赤字,各国政府大量发行公债。以美国为例,在20世纪30年代的十年间,联邦政府的债务总额从162亿美元增长到404亿美元,增长接近150%。"二战"期间,美国的公债更是以超常速度迅速膨胀。仅从美国参战后的1941年到1945年,其发行额累计达到了1857亿美元。

20世纪50年代到60年代,受凯恩斯主义影响,西方资本主义国家在逆周期调节的思想指导下,广泛使用财政政策与货币政策等政策工具以熨平经济的周期性波动。当经济萧条时,政府往往通过发行公债以实施扩张性的财政政策,刺激总需求。20世纪70年代至90年代,欧美发达国家开展的福利国家建设使得如养老、失业救济、公共健康等转移性支出的规模逐步扩大,但在人均寿命普遍延长和退休年龄提前等多重因素影响下,多国为此背负了沉重的社会保障负担,不得不持续扩大公债规模以缓解社保负担。这一时期欧美发达国家的公债规模整体呈上升趋势。20世纪90年代中后期到2008年美国次贷危机发生前,各国公债水平保持平稳变动。但受美国次贷危机和欧洲主权债务危机(见专栏1-1的相关介绍)的影响,各国政府普遍采取了更为积极的财政政策,而随之而来的是近十余年欧美各国的公债规模普遍上升至较高水平。

专栏1-1

欧债危机深刻影响世界经济

欧元区经济陷入温和衰退,减债困难增大,并拖累世界经济复苏。为取信于资本市场,尽快改善政府财政状况,向外界表明政府解决债务问题的决心,危机爆发后欧盟成员国把采取财政紧缩作为应对危机的首要举措,争取尽快减少赤字,恢复财政平衡。这些措施导致各国失业率上升、社会福利下降，有效需求萎缩。而虚拟经济的危机和银行信贷收紧也开始向实体经济传导压力。

目前，欧元区面临着促进经济增长和缩减财政赤字的两难处境。同时，为修补货币联盟关键性的制度缺陷而提出的改革倡议，如建立财政联盟、强化经济治理、发行共同债券等，或遭遇严重分歧而搁浅，或涉及旷日持久的谈判，或面临充满变数的修改联盟条约等挑战，改革方向的不确定性和经济动荡局面可能延续，因此从中期看欧盟经济将继续承受沉重的债务压力。

欧元区主权债务和银行风险相互交织的复合型金融危机，已成为国际金融稳定的重大威胁。其影响表现为以下三个层面：第一，危机久拖不决导致全球金融系统性风险加大。欧债危机的短直接影响是使欧元区公债的安全性遭到质疑，欧元作为国际储备货币的吸引力下降，国际资本纷纷出售欧元资产。更严重的影响是，一旦欧债危机失控，如发生成员国无序违约或欧元区解体等事件，则国际金融体系爆发类似雷曼事件后的流动性危机的可能性相当大，将危及国际金融体系安全，极大地冲击包括美国在内的各主要经济体。第二，欧元区的外部投资者面临债务减记等损失。以英国为例，截至2011年6月底，英国银行对爱尔兰、西班牙、葡萄牙和希腊等重债国的投资达到3500亿美元（合2200亿欧元），相当于英国GDP的15%，另有2100亿美元是对法国和德国两国银行的贷款，而这两国银行又大量持有重债国国债，间接增大了英国银行对重债国国债的风险敞口，使英国银行业面临重大违约风险。第三，欧元区资金回撤对世界经济的消极影响。欧洲银行系统是此次危机的重灾区。希腊主权债务的大幅减记导致欧洲相关银行蒙受巨大损失；与此同时，欧盟要求各大银行提高核心资本充足率，迫使银行在全球范围内收缩业务，导致资金回流。根据国际清算银行的统计，欧洲银行投入新兴经济体的资金高达3.4万亿美元，其中1.3万亿美元流入了东欧国家。中东欧国家及亚洲部分新兴经济体经济发展高度依赖欧元区国家的银行注资。一旦发生欧元区资金回流，将导致上述国家本币贬值，通胀压力加大，投资锐减，实体经济衰退……

资料来源：扈大威．欧债危机深刻影响世界经济[J]．瞭望，2011（49）：61.

1.2.3 中国的公债实践概述

1. 中国古代、近代的公债实践[①]

早在唐宋时期，中国就出现过政府信用活动。例如，北宋时期的王安石变法，实施"贷谷于民，立息以偿"的政策，力图解决贫困农户农业生产面临的"春荒"问题。到近代，中国逐步产生了现代意义上的公债。1878年，左宗棠第五次西征[②]的借款已经具备了现代公债的雏形。1894年，为筹措中日甲午战争军费，清政府决定向国内商人举借内债（史称"息借商款"，这也是近代中国发行的第一笔国内公债），但由于应募者寥寥，清政府遂转向外国银行贷款。中日甲午战争战败后，清政府拟募集内

[①] 本小节所列数据主要参考潘国琪（2003）和潘国旗（2008）。
[②] 清军收复新疆之战，又称"左宗棠西征"，是晚清钦差大臣左宗棠统帅清军，消灭侵占新疆的阿古柏势力、维护中国主权和领土完整的战争。1878年1月2日（光绪三年十一月二十九日），清军收复和田，取得收复新疆之战的最终胜利。

债筹措赔款,发行"昭信股票",但募得款项不足拟发行额的 20%。1911 年武昌起义爆发,清政府为挽救财政危机发行"爱国公债",但实际募得金额仅为计划筹资额的 1/3。晚清时期,中国尚未形成近代化的金融机构与金融市场,民众也缺乏公债意识,再加上清政府腐朽低效,多重原因共同导致了举债筹得金额远小于拟定发行额,筹得资金也未能挽救当时的财政危局。

北洋政府统治时期,军阀割据混战,财政困难更加严重,公债发行混乱,规模急剧扩大,发行国内和国外公债总计超过 16.1 亿银元。国民政府时期,国民党政府大量举借债务,公债发行规模和种类超过此前的任何一个历史阶段。1927—1945 年,国民党政府发行内债、战时公债超过 40 种。解放战争期间,国民党政府以法币、美金、黄金、谷麦、金圆券和银元等多种形式发行公债,但受恶性通货膨胀的影响,实际募资效果极差。同时,国民党政府滥借外债,共向美国举债 29 笔,金额超过 60 亿美元。可以看出,无论是清末内债的形成,还是北洋政府和国民党政府时期公债的发展,举借公债的目的均为筹措战争费用或是偿还战争赔款,并没有使公债充分发挥稳定财政、促进国民经济发展的积极作用。

2. 中华人民共和国成立初期的公债实践

中华人民共和国成立后,为弥补财政赤字、稳定物价,中央人民政府于 1950 年发行了"人民胜利折实公债",计量单位采用米、面和煤炭等实物标准,折合人民币 2.6 亿元,这是中华人民共和国中央政府第一次举借公债。同年,东北人民政府[①]发行"东北生产建设折实公债",公债募集及还本付息均以实物为计算标准,单位定名为"分",总额为 3000 万分,这是中华人民共和国成立以来地方政府发行公债的首次尝试。随着"一五"计划的开展,为促进国民经济恢复和重点项目建设,中华人民共和国连续五年发行"国家经济建设公债",为顺利完成"一五"计划发挥了积极作用。这一时期的公债发行概况如表 1-1 所示。

表 1-1 中华人民共和国成立至 1958 年的公债发行概况[②]

公 债 种 类	计划发行额/千元	实际发行额/千元	实际/计划
1950 年人民胜利折实公债	265 000	260 123	98.16%
1950 年东北生产建设折实公债	35 426	42 046	118.69%
1954 年国家经济建设公债	600 000	844 066	140.68%
1955 年国家经济建设公债	600 000	624 768	104.13%
1956 年国家经济建设公债	600 000	602 680	100.45%
1957 年国家经济建设公债	600 000	680 767	113.46%
1958 年国家经济建设公债	630 000	796 186	126.38%
举借外债额/千元		5 162 000	

资料来源:财政部国家债务管理司. 公债工作手册[M]. 北京:中国财政经济出版社,1992.

[①] 东北人民政府是中华人民共和国成立初期东北地区的最高政权机关,于 1949 年 8 月 27 日成立。东北人民政府驻地为沈阳市,主要领导人是高岗。
[②] 计量单位采用实物标准的债券发行额按折合成人民币价值计算。

20世纪60年代至70年代，中国政府逐步停止了各种形式的债务融资，进入了长达20年的"既无内债，也无外债"时期。事实上，这段时期中国政府通过财政和金融系统集中了全国主要财力，而农民和工人的收入水平普遍较低，政府通过债务筹资既无必要也无可能。也有学者认为，长期以来的农产品低价统购统销制度和工业领域的低工资制度是造成这一时期未发行公债的主要原因。人民群众通过农产品低价格和低工资的形式，消化了原本应由国家财政负担的政府债务。

3. 改革开放后国债的阶段性发展

1981年，国务院决定于当年发行总额共计48.66亿元的国库券以弥补财政赤字，标志着我国"既无内债，也无外债"的历史时期结束。1981—2004年，中国的国债规模呈"阶段性、阶梯式"上升的发展态势。表1-2报告了这一时期国债发行额的情况。

表1-2 1981—2004年中国国债发行额

年份	国债发行额/亿元	年份	国债发行额/亿元	年份	国债发行额/亿元
1981	48.66	1989	56.07	1997	2412.03
1982	43.83	1990	93.46	1998	3228.77
1983	41.58	1991	199.30	1999	3702.13
1984	42.53	1992	395.64	2000	4153.59
1985	60.61	1993	314.78	2001	4483.53
1986	62.51	1994	1028.57	2002	5660.00
1987	63.07	1995	1510.86	2003	6029.24
1988	92.17	1996	1847.77	2004	6726.28

资料来源：历年《中国统计年鉴》。

1981—1990年是我国恢复公债发行后的第一阶段，年发行额为41.58亿~93.46亿元，发行总额共计604亿元。中国经济体制改革初期以"减税让利"为主要思路，导致"两个比重"（财政收入占GDP的比重、中央财政收入占全部财政收入的比重）不断减少，但由于国家财政职能未得到及时调整，财政支出（特别是中央支出）不断增加。在这一时期，发行国债及向银行透支成为弥补财政收支缺口的主要方式，有力支持了改革开放初期经济体制改革的顺利进行，促进了国民经济高速增长。

1991—1993年是改革开放以来国债发行的第二阶段，年均发行额达到303.2亿元，发行总量达到909.7亿元。1991年，国务院明确规定财政不得向中央银行透支。从1991年开始，为弥补日益增加的财政赤字，国债的发行规模跃上了一个新台阶，首次接近年发行额200亿元大关。

1994年，为促进财政金融体制改革，中央政府通过立法方式正式规定财政赤字不得通过中央银行及商业银行透支、借款来弥补。从此，发行国债成为弥补中央财政赤字的主要手段，同时也使国债发行进入第三阶段。1994—1997年，我国年均发行国债达到1699.8亿元。

被动发债以弥补财政赤字或偿付当期债务利息，是中国改革开放后国债发行前三个阶段的主要特点。1998年，为应对亚洲金融危机对中国的冲击，我国政府采取扩张性财政政策，使国债发行进入第四阶段。在上述背景下，中国国债规模大幅度攀升。1998—2004年，国债发行额年均达到4854.8亿元。区别于前三个阶段，这一阶段政府主动增发国债，支持政府各项投资性支出，以提振总需求、促进经济增长。

2005—2008 年，国债发行进入第五阶段。由于中国进入新一轮经济周期上升阶段，财政政策逐步转向中性，长期建设国债发行规模逐年递减，年均发行降至 565 亿元。

2009 年至今，是国债发行的第六阶段。为应对美国次贷危机引发的全球金融危机影响，中国政府于 2009 年再次实施扩张性财政政策，推出了"4 万亿"经济刺激计划，并增加了长期建设国债的发行。2009 年至今，世界经济局势不断变化，我国经济逐步转向高质量发展阶段，我国国债规模也在与总体经济规模和政府偿债水平相适应的区间内不断增长，并在促进和维护国民经济持续发展中起到了积极作用。

图 1-1 显示了 2005—2019 年中国国债余额的情况。

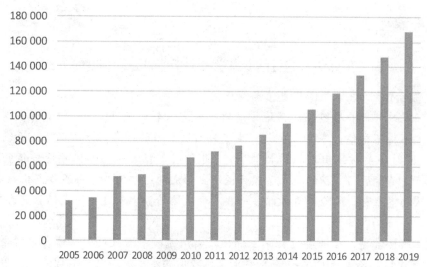

图 1-1　2005—2019 年中国国债余额（单位：亿元）

资料来源：历年《中国统计年鉴》。

4. 地方政府债务发行制度的形成

2008 年的"4 万亿"经济刺激计划中，过半数资金要求地方政府予以配套支持。事实上，在此轮经济刺激中，我国各级地方政府出台的各项经济刺激计划总投资规模达到 22 万亿元。然而，受全球金融危机影响，地方政府财政收入出现了缩减或增速放缓，而财政支出显著增加，从而导致地方财政资金缺口进一步加大。这一时期，与"土地财政"紧密关联的融资平台举债呈爆发式增长。

根据 1995 年的《预算法》，地方政府不允许直接举借债务。为了加强地方政府债务管理，2009 年，财政部开始代理各省发行政府债券，并将其划入地方预算，构成地方债务；清偿债务时，地方政府将还款本息缴入中央财政专户，由财政部代理还本付息，因此这种模式也被称为"代发代还"。地方政府债券"代发代还"模式的出现，标志着地方政府直接发行债券的"正门"开始逐步打开。2011 年，在"代发代还"模式成功运行两年后，上海市、浙江省、广东省、深圳市等四省市试点自行发行债券，其债务限额由中央严格限制，并由财政部代理还本付息，因此该模式被称为"自发代还"。2014年,中国在上海市、浙江省、广东省、深圳市、江苏省、山东省、北京市、江西省、宁夏回族自治区、青岛市等省、市、自治区开展"自发自还"试点,即地方自行发行债券并还本付息。

2015年,新《预算法》正式明确地方政府可在预算约束下自发自还地方政府债券,并明确划分地方政府与融资平台公司的界限,且政府部门不得通过企事业单位举债(但事实上,目前部分融资平台公司仍在不同程度上承担着为地方政府融资的职能)。至此,地方政府举债的"正门"完全打开,通过融资平台公司举债的"后门"逐步关闭,中国地方公债的管理也进入了一个预算约束、科学管控的新时期。

专栏 1-2

新《预算法》施行前专家学者关于地方公债制度的争论

1. "地方债正在审核,历史债务须正视"

时任财政部部长楼继伟认为地方债的问题是一个客观现实。在《预算法》修订之前,地方不得不举债,事实上也就产生了目前这么多的债务。现在必须"开前门、堵后门",同时还要防止出现系统性风险。"开前门"指的是2015年地方债的预算为6000亿元;"堵后门"指的就是必须正视历史形成的这些债务,并逐步消化解决。"地方债务从总体上看,风险是可控的。一些局部地区债务比例过高,我们会更为重视。"他表示。

全国政协常委、经济委员会副主任林毅夫认为,中国政府的负债占国内生产总值的比重约40%,不到50%,这在世界上是比较低的水平。而且,我国地方政府的负债与其他国家地方政府的负债不一样,基本上都用于投资,会形成相对可观的国有资产。

2. "将隐性负债置换成期限较长、成本较低的规范债务"

楼继伟谈到了化解地方债务的思路。他表示,一方面,针对那些有一定收益或者可以改造成有比较稳定的现金流的债务,用收费或给予适度补贴的方式解决,转为所谓"PPP模式"——政府和社会资本共同投资经营基础设施及其他事业,实质是转为企业债务。另一方面,对一部分完全公益性的平台借的、地方负有偿还责任的债务,目前已经报请全国人大常委会预工委。对一些历史债务予以承认,通过发债替换原来的平台债务,使债息降下来。对于另外一些由银行贷款形成的历史债务,按照契约原则,贷款合同不能废除,"借人家的钱还是应该还的"。如果融资平台的情况发生了一些变化,需要进行债务重整,那就双方谈判,采取一些过渡性的办法逐步解决。楼继伟表示,"我们相信,采取这些办法,我们有能力化解历史上遗留的一些问题,按照新《预算法》,开始更为正规地解决地方适度举债的问题。"

在2015年至少2万亿元地方债到期的形势下,代表委员指出,个别地区当年或存在流动性风险,呼吁延长债务处置过渡期、增加专项债额度。

3. "开前门与关后门,节奏需要灵活把握"

除呼吁尽快把地方债"前门"开大之外,还有不少代表建议"关后门"的步伐可以适度放缓。王泽彩（中国财政科学研究院政府绩效研究中心主任、研究员）认为，短期内彻底关闭融资平台公司等预算外融资渠道，而对地方发债又不做及时调整，可能出现短期财政紧缩，并诱发区域性金融风险。于国安（全国人大代表、山东省财政厅厅长）认为，"国家明确说要有一个过渡期，但是过渡期有多长现在还没有明确。如果经济下行压力一直比较大，过渡期适当长一点还是有好处的。在目前的经济形势下，我觉得应该有2~3年的过渡期比较合适。我觉得还是平稳过渡比较好，要稳妥推进，不要搞急刹车。"

资料来源：吴松. 两会指路地方债："开前门、堵后门"防止系统性风险[N]. 中国经济导报，2015-03-10.

1.3 公债的作用

随着公债制度的不断发展，公债已经逐步突破原有弥补财政赤字的基本职能，在国民经济运行中发挥越来越多元的作用。本节将从财政和金融两个维度，系统阐述现代公债的主要功能。

1.3.1 公债的财政职能

1. 弥补财政赤字

公债与财政赤字密切相关，弥补财政赤字是公债的基本职能。一个国家或地区弥补财政赤字主要有以下三种方式。

第一，使用往年财政盈余弥补财政赤字。利用往年财政盈余不会影响银行的信贷规模和货币发行，是弥补财政赤字可靠的资金来源。但是根据近期世界各国的财政实践，各国普遍采取赤字政策，在一个财政年度内出现财政盈余比较少见。因此，使用往年财政盈余弥补财政赤字的难度较大，不易实施。

第二，提高税收以增加财政收入，进而弥补财政赤字。提高税收往往要经历较长的立法过程，短期内无法筹到资金，而且会受到纳税人在经济或政治上的强烈反对。同时，增加税收会抬高社会生产成本，不利于未来财政收入水平的提高，从长期看无助于解决财政赤字问题。

第三，通过发行公债集中社会闲置资金，用于弥补财政赤字。一般情况下，只要公债发行得当，不会对经济发展产生不利影响。通过发行公债弥补财政赤字是各国的普遍做法，尤其是一些经济基础薄弱的发展中国家，在通过国内筹集资金不足以弥补赤字时会发行外债以解决财政赤字问题。

2. 为政府投资性支出筹措资金

从支出对象的角度看，政府支出可分为经常性支出和投资性支出。所谓经常性支出，是指维持公共部门的正常运转或保障人民群众基本生活必需的公共支出，主要包括人员经费、公用经费和社会保障支出等。而投资性支出是指购买或生产使用年限在1年以上的耐用公共品的支出，包括修建铁路、公路和修筑水利设施等。

由于政府（特别是地方政府）面临保基本民生、保运转和保工资的压力，因此经常性支出往往具有刚性特征。一旦财政资金出现困难，原有建设项目往往会做出让步，以优先安排经常性支出。此时，政府可以通过举借公债以保障投资项目得以正常运行。与此同时，基础设施建设等投资项目的建设期和收益期往往较长，若仅依赖当期税收收入作为资金来源，会产生明显的代际不公平问题，即当代人承担建设成本而后代人直接享受公共资源。从这个角度看，利用公债为政府投资建设支出筹措资金，有利于建设成本在代际间的合理分摊。

3. 政府刺激总需求的有效手段

凯恩斯主义经济理论为发行公债以刺激社会需求提供了理论依据。凯恩斯认为，失业是需求不足的结果，而且市场无法自动解决总需求不足的问题，但采用赤字政策可以解决该问题。面对宏观经济波动，当总供给过剩而总需求不足时，通过发行公债，扩大政府开支，有利于刺激需求，拉动经济回暖。凯恩斯还论证了，由于发生经济危机时存在流动性陷阱，发行公债、实施扩张性财政政策的效果会优于增发货币、实施货币政策的效果。

1.3.2 公债的金融职能

从投资学角度来说，公债是一种金融资产，可以为持有者带来预期收益。尤其是公债中的国债，往往被视为"金边债券"，是金融市场中的基础金融工具。国家可以通过调整公债的发行期限、应债来源、债券利率以及有针对性的债券交易等政策工具，影响金融市场的流动性与利率水平（见图1-2），进而调节国民经济。

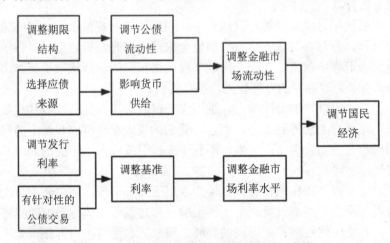

图 1-2 公债通过金融市场调节经济的示意图

资料来源：笔者根据相关资料整理。

1. 调节金融市场的流动性

通过改变公债的期限结构或选择应债来源等，政府可以调整公债的流动性或影响市场的货币供给，进而影响金融市场的流动性，调节社会总需求和总供给。

公债的发行期限直接影响债券的流动性。公债的期限越短，变现能力越强，流动性越高；而公债期限越长，变现能力越弱，其流动性也越低。政府可以根据经济发展情况，相机调整公债的期限结构。当政府试图通过增加金融市场流动性以刺激经济时，可以选择提高短期债券在公债总额中的比重；当政府力图减少金融市场流动性时，可以提高长期债券的比重。长短期债券的比重调节既可以通过增发或少发某种债券实现，也可以通过长短期债券的相机调换实现。

公债的应债来源不同，会对货币流通量产生影响。银行部门认购公债会增加货币流通量（不包括商业银行通过回收贷款或其他投资获取资金认购公债，此时认购公债对市场货币的影响呈中性）；非金融部门认购公债一般不会增加货币流通量。当需要扩张经济时，政府更多地面向银行部门发行公债，限制非金融机构认购，以增加货币供给水平；反之，则缩小银行系统持有的公债在公债总额中的比例。

2. 影响金融市场的利率水平

通过改变公债的发行利率及有针对性的公债交易，政府可以调整公债的利率水平或利率结构，进而实现对社会总需求的调节。

公债（尤其是国债）的利率是金融市场的基准利率，其变动将对市场利率产生导向作用。当经济趋冷时，政府可以调低公债的发行利率，带动市场利率水平的降低；当经济过热时，政府可以提高公债的发行利率，拉升市场利率水平。此外，通过调整短期和长期公债的构成，政府还可以调整公债的利率结构，以影响金融市场的利率结构。

政府有针对性的公债交易可以促使公债的价格发生波动，进而影响金融市场的利率水平。当经济低迷时，政府可以买入一部分公债，抬高公债的市场价格，使其实际利率水平下降，从而降低金融市场的整体利率水平；反之，政府则出售一部分公债，提高金融市场利率水平，防止经济过热。

本章拓展

国内外学者对于公债的产生和作用，论著丰富。本章主要讨论了公债对于经济社会发展的积极意义，但也不乏学者对公债的影响持消极态度。例如，Aghion 和 Kharroubi（2007）认为，较大规模的公债会限制一国采取反周期财政政策的能力，导致经济的高波动性。此外，限于篇幅，本章没有过多介绍公债中外债的产生和作用，有兴趣的读者可以阅读张侃（2017）对中国近代外债制度的介绍。

小结

> 公债是政府获得收入的特殊形式，其自愿性、有偿性和灵活性的基本特征与税收的强制性、固定性和无偿性形成了鲜明对比。
> 现代公债制度的产生有其特殊的社会历史条件。
> 随着公债制度的不断发展，公债已逐步突破了原有弥补财政赤字的基本职能，并以其财政职能和金融职能在宏观经济调控中发挥越来越重要的作用。

思考题

1. 阐述公债的定义和基本特征。
2. 论述现代公债制度形成的社会背景。
3. 简述改革开放以来中国公债实践的历程。
4. 简述公债的财政职能。
5. 简述公债的金融职能。

阅读与参考文献

[1] 姜长青. 新中国成立以来三次发行地方债券的历史考察：以财政体制变迁为视角[J]. 地方财政研究，2010（4）：20-25.

[2] 贾康，余小平，马晓玲. 财政平衡与财政赤字[J]. 财经科学，2001（1）：45-50.

[3] 刘溶沧，夏杰长. 中国国债规模：现状、趋势及对策[J]. 经济研究，1998（4）：3-5.

[4] 潘国旗. 晚清、北洋时期的国内公债论略[J]. 浙江大学学报（人文社会科学版），2008（5）：104-111.

[5] 潘国琪. 国民政府 1945—1949 年的国内公债论略[J]. 财政研究，2003（12）：55-57.

[6] 杨志勇，张馨. 公共经济学[M]. 4 版. 北京：清华大学出版社，2018.

[7] 张海星. 公共债务[M]. 3 版. 大连：东北财经大学出版社，2016.

[8] 张侃. 中国近代外债制度的本土化与国际化[M]. 厦门：厦门大学出版社，2017.

[9] 周泽民. 论公债的性质和作用[J]. 财政研究，1982（3）：27-33.

[10] AGHION P, KHARROUBI E. Cyclical macro policy and industry growth: the effect of countercyclical fiscal policy[M]. Working Paper of Harvard University, 2007: 1-28.

[11] CHANG E, ESFAHANI H S. On the Determinants of Hidden Public Debt[M]. University of Champagne-Urbana, Illinois, 2013: 1-32.

2 公债的分类

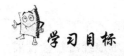 学习目标

- 掌握公债的分类；
- 掌握国债和地方公债的区别；
- 了解政府债务风险矩阵。

 引例

2019年11月5日，中国财政部在法国巴黎成功簿记发行了40亿欧元主权债券，包括7年期发行利率为0.197%的20亿欧元债券、12年期发行利率为0.618%的10亿欧元债券、20年期发行利率为1.078%的10亿欧元债券。债券得到国际投资者的认可，总申购金额超过200亿欧元。这笔债券随后在泛欧证券交易所和伦敦证券交易所上市。这是中国政府近15年以来首次发行欧元主权债券，是迄今为止单次发行规模最大的外币主权债券，也是第一笔在法国定价发行并上市的中国主权债券。[①]

公债种类繁多，不同类型的公债在发行方式、资金用途、期限结构、利率水平和风险程度等方面存在差异。明确界定各类公债的差别，方能全面认识公债。本章将集中介绍公债的分类。

2.1 中央政府公债和地方政府公债

按照发行主体的不同，公债可分为中央政府公债和地方政府公债。中央政府公债，也称国债，是由中央政府作为债务人，对内和对外运用国家信用举借的债务（并不限于债券）。根据"谁受益，谁负担"的原则，中央政府公债收入一般由中央政府支配，本息也由中央政府偿还。地方政府公债，也称地方债或地方公债，一般是地方政府作为债务人，对内和对外举借的债务。地方公债的规模、期限、用途和发行方式等

---

① 资料来源：中华人民共和国财政部. 财政部成功发行40亿欧元主权债券[EB/OL]. http://www.mof.gov.cn/zhengwuxinxi/caizhengxinwen/201911/t20191106_3416859.htm，2019-11-06.

一般由地方政府决定，其本息也由地方政府负责偿还。

尽管国债和地方公债都具有以政府信用为担保、安全度高等特点，但二者仍存在如下差异。

首先，二者具有的金融属性不同。中央政府信用等级高，因而国债风险低、流动性好，被视为"金边债券"。国债常被作为中央银行公开市场操作的工具，其利率被视为无风险利率，也成为金融市场的基准利率。地方政府信用等级相对较低，因而地方公债相对于国债而言风险高、流动性差。在一些国家的金融市场中，地方公债类似于信用等级较高的私债。

其次，二者对国民经济的影响不同。国债的发行、资金用途和偿还主要考虑国民经济整体需要，须有利于宏观经济政策的实施；地方公债主要是从本地经济社会发展的需要出发，较少顾及全国性因素，虽然其发行范围可能超出本地，但其经济社会效益主要体现在当地。

再次，二者的规模和筹资能力不同。中央政府在管理公共事务中的职责更为重大，也拥有更大的征税权。同时，中央政府可以调整货币政策来配合国债的发行，也可以通过货币创造提供债务承购款。而地方政府的公共管理职责限于本地区，其征税权也有限。地方公债主要通过金融市场销售，其规模取决于当地政府的财政状况和信用情况。一般而言，国债规模相比某个地区的地方公债更大，而且国债的筹资能力较地方公债更强。

最后，二者偿付资金的来源不同。国债的使用主要考虑国民经济整体效益，不少资金用于熨平经济波动产生的公共收支缺口或投资于直接经济效益有限的重大公益性项目，不强调产生短期的货币收益，因而国债主要通过借新还旧和税收等方式偿还。地方公债资金主要用于当地基础设施和市政建设投资，虽然也有公益的属性，但一些项目能产生一定的经济效益，因而地方公债的偿还既可以依靠税收（如纯公益性项目），也可以使用项目收益来还本付息（如准公益性项目）。

2.2 国内公债和国外公债

按照发行地域不同，公债可分为国内公债和国外公债。

国内公债，也称内债，是一国政府在国内发行，以本币还本付息的公债。国内公债一般表现为债券形式，其债权人多为本国的企业、组织（团体）、居民个人等非政府部门。国内公债的负担人、受益人主要限于本国范围之内，因此会影响一定时期内国内资源的配置，但对国际收支和国内资源总量的影响有限。

国外公债，也称外债[①]，是一国政府在国外发行的债券和向国际金融组织、其他国家的政府、金融机构等的借款，一般以外币还本付息。国外公债意味着资源在国际间转移，会影响一国资源总量，即举借时导致国内可支配资源增加，而偿还时导致国内可支配资源减少。此外，外债的举借和还本付息需要使用外汇，因而发行外债过多

[①] 一般意义上的外债包括国外公债（以政府为债务人）和国外私债（以企业、居民等非政府部门为债务人）。此处的"外债"特指国外公债。

会导致债务国的国际收支失衡。外债的成本不仅由利率决定,还受到汇率波动的影响。

因而,内债发行主要考虑局部利益与整体利益的平衡、当期利益与长期利益的平衡,而外债的发行还要考虑本国在国际社会中的利益关系。当然,内债和外债的上述差别并非绝对。当各国之间人员流动较为自由、公债制度趋于完善且金融市场一体化程度较高时,外国法人、公民等可以在本国境内购买国内公债,而本国法人、公民等也可以在境外购买国外公债,此时内外债之间不再泾渭分明。

专栏 2-1

中国外债的规模与结构

本专栏将简要介绍中华人民共和国举借外债的历史,以及当前外债的期限和结构。

中华人民共和国第一笔外债是 1950 年苏联提供的年利率 1%、总额 3 亿美元的优惠贷款。1950—1957 年,苏联提供的贷款共计 74 亿旧卢布,相当于 18.5 亿美元。这些贷款年利息是 1%~2.5%,偿还期为 2~10 年。较低的资金成本减轻了中华人民共和国的债务负担。大部分贷款用于引进技术、设备,开展 156 项工程建设,在中国经济的恢复和发展中起到了重要作用。还有部分贷款用于在抗美援朝期间向苏联购买军事装备、物资,捍卫了中华人民共和国的安全。

此后,中苏两国关系恶化,苏联方面要求中国提前还债。1965 年前,中国将苏联的贷款还清,1968 年又将国家经济建设公债全部还清。此后直至 1978 年,中国一直处于"既无内债,也无外债"的状态。

1978 年,党的十一届三中全会决定把党和国家的工作重心转移到经济建设上来,实行改革开放。中国重启外债融资,比利时、日本、科威特和丹麦等国家及世界银行等国际组织先后向中国提供贷款。自 1982 年起,中国直接向日本、美国和欧洲等地的资本市场发行债券。外债为中国的基础设施建设、工业发展提供了助力,促进了国内经济迅猛发展。

在外债规模方面,截至 2020 年 3 月末①,中国广义政府外债总额为 2762 亿美元,占全部外债的 13%。2014 年第四季度至 2019 年第四季度,中国广义政府外债总额如图 2-1 所示。2014 年第四季度至 2017 年第一季度,外债总额在 1150 亿美元左右波动;2017 年第二季度至 2018 年第三季度,外债总额出现较大幅度的增长;之后,增长速度放缓;2019 年第四季度,外债总额再次出现一定幅度的增长。由图 2-2 可知,2014—2019 年,中国广义政府外债占全部外债的比例呈缓慢但持续的上升态势。

在外债结构方面,广义政府外债中的短期债务占比不高。图 2-3 反映了 2014 年第四季度至 2019 年第四季度,广义政府外债中短期债务占比的变化。截至 2020 年 3

---

① 以下数据根据国际货币基金组织编制的《国际收支和国际投资头寸手册(第六版)》统计得出。在该手册中,政府单位是通过政治程序建立的独特法律实体,对特定领域内的其他机构单位具有立法、司法或行政权。广义的政府部门包括部门、分支机构、机关、基金、院所、由政府控制的非营利机构和从事非市场活动的政府控制的其他机构。

月，广义政府外债中的短期债务为94亿美元，占总额的3%，全部由债务证券组成。同期，长期债务为2668亿美元，占总额的97%，由债务证券（2208亿美元）和贷款（460亿美元）构成。长期债务中，债务证券所占比重逐年增大，如图2-4所示。

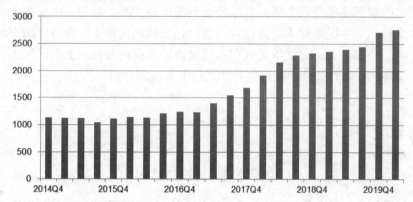

图2-1　2014年第四季度至2019年第四季度中国广义政府外债总额（单位：亿美元）

资料来源：国家外汇管理局网站（http://www.safe.gov.cn/）。

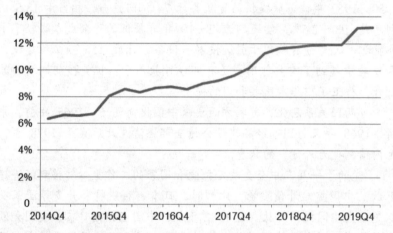

图2-2　2014年第四季度至2019年第四季度中国广义政府债务总额/外债总额

资料来源：国家外汇管理局网站（http://www.safe.gov.cn/）。

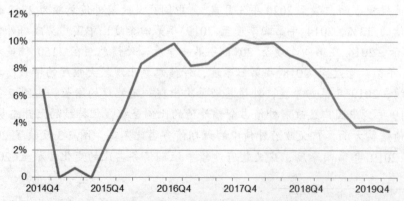

图2-3　2014年第四季度至2019年第四季度中国外债中的短期债务占比变化

资料来源：国家外汇管理局网站（http://www.safe.gov.cn/）。

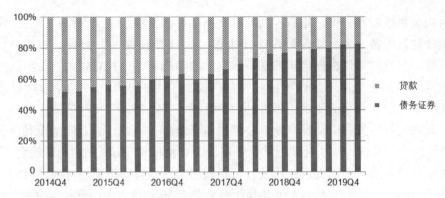

图 2-4 2014 年第四季度至 2019 年第四季度中国外债中的长期债务构成变化

资料来源：国家外汇管理局网站（http://www.safe.gov.cn/）。

资料来源：金普森．新中国外债与社会经济的发展[J]．社会科学战线，2010（8）：226-231；张徐．中国政府主权外债风险管理研究[R]．北京：财政部财政科学研究所，2010．

2.3 短期公债、中期公债和长期公债

按照偿还期限（或债务存续时间）的不同，公债可分为短期公债、中期公债和长期公债。不同期限的债务满足了政府不同类型的筹资需求。

短期公债是指偿还期限在 1 年以内的公债，也称流动公债。短期公债的灵活性大，政府可以根据需要随时发行。短期公债主要用于弥补年度预算执行过程中暂时性的收支不平衡，如 1 年中部分月份收不抵支。其主要表现形式为短期公债券和银行临时借款。当金融市场较为完备时，短期公债还可用于执行货币政策、调节货币供应量。

中期公债是指偿还期限在 1 年以上、10 年以下的公债。相较于短期公债，中期公债偿还期长，政府可以在较长时间内支配和使用债务资金。中期公债一般用于弥补整个财政年度的财政赤字，增强财政调控能力，或进行中长期投资。在不少国家，中期公债在公债总额中占比较大。对投资者来说，中期公债也是较优良的投资品种。

长期公债是指偿还期限在 10 年以上的公债。长期公债一般是在国家需要巨额资金但难以在随后数年偿还时发行的，如发生战争、出现经济危机、投资建设周期长的项目等。由于偿还期长，债权人利益易受币值和物价波动等因素的影响，因此长期公债的发行利率一般较高。长期公债可分为两种：有期公债和无期公债（也称永久或永续公债）。有期公债规定了明确的偿还期限，到期必须还本付息。无期公债不规定还本期限，仅需按期支付利息。无期公债一般可以流通转让，债权人虽无权要求还本，但可以通过转让债券收回投资。政府也可以在财政状况良好时按市场价格赎回无期公债，将其注销，使债权人的本金获得清偿。

2.4 特种公债和一般公债

按照对筹得资金用途的规定不同，公债可分为特种公债和一般公债。特种公债，

也称定向公债或专项公债,指政府为特殊支出项目或特殊政策而专门发行的公债。特种公债往往附带特定名称以表明其专门用途,如专门用于农业、环保、教育、特定区域开发等,发行时可以根据当年的法规和财政政策确定一个相对较大的支出范围。建设公债(筹措的资金用于建设项目,如专栏 2-2 介绍的民国时期南京市特种建设公债)和战争公债(筹措的资金用于弥补战争开销)等,都属于特种公债。此外,对于认购对象和发行方式做出特殊规定的公债也属于特种公债。一般公债是指对资金用途不做特殊规定的公债。此类公债通常也不对认购对象和发行方式做出特殊规定。

改革开放以来,中国先后三次发行特别国债,这些特别国债是特种公债的一种形式。1997 年,为满足《中华人民共和国商业银行法》和相关国际协议(《巴赛尔协议》)关于商业银行资本充足率的要求,中国财政部向四大国有商业银行(中国工商银行、中国农业银行、中国银行和中国建设银行)定向发行了 2700 亿元特别国债,将发债筹得的资金用于补充这四家银行的资本金。这一举措使四大商业银行的资本充足率达到 8%的法律要求,清偿能力得以增强。2007 年,为组建中国投资有限责任公司,财政部发行 1.55 万亿元的特别国债用于购买外汇。截至 2018 年年末,中国投资有限责任公司已成为总资产近万亿美元的全球大型主权财富基金。2020 年,为应对新冠肺炎疫情的影响,财政部发行 1 万亿元的抗疫特别国债,筹得资金全部转给地方,主要用于公共卫生等基础设施建设和抗疫相关支出,在"六稳"和"六保"①方面发挥了重要作用。

除上述特别国债之外,中国还曾发行其他特种公债。例如,1989—1991 年,中国三次发行专门用于国家建设、促进经济协调发展的特种国债。

专栏 2-2

民国时期南京市特种建设公债

本专栏讲述特种公债的一例——民国时期南京市特种建设公债的发行始末。1927 年,国民政府定都南京市。建都后两年,南京便增加了 10 万人口,出现了原有房屋不够分配、房屋价格上涨、房主随意加租且索取小费等情况。1928 年,为迎接孙中山灵柩而修建中山路后,道路两旁出现大量空地,亟待修建房屋,"以兴市面"。此外,建都前南京主要采用水井、挑水解决用水问题。而这一时期,南京市人口增多、工业发展较快,随之而来的便是饮用水、工业用水需求量的大幅增加。当时,南京水源情况不佳:较大的河流仅有秦淮河一条,池塘内蓄水污浊,水井仅有 1600 余口。南京城内供水不足,也无法保证水的清洁,使得民众取水用水毫无便利可言。因此,彼时的南京市亟须进行房屋及自来水设施的建设。

---

① "六稳"指稳就业、稳金融、稳外贸、稳外资、稳投资、稳预期;"六保"指保居民就业、保基本民生、保市场主体、保粮食能源安全、保产业链供应链稳定、保基层运转。

1929 年，南京市发布《民国十八年南京特别市特种建设公债条例》（以下简称《条例》）以筹措市政建设资金。《条例》规定该公债募集金额为 300 万元，100 万元专用于住宅建设，200 万元专用于自来水工程建设，款项不得挪作他用。债券年利率为 8%，于 1929 年 12 月末第一次付息。《条例》规定自 1931 年起，每年采用抽签的方式还本两次，每次偿还 15 万元，分 10 年还清。但由于南京市的财政资金较为充裕，1929 年 12 月末即进行了第一次还本。公债以南京市市产收入及车捐作为还本付息基金。市产收入是归南京市政府所有的财产出租取得的收益，包括房租、地租、洲租和杂项地产。1928 年，南京的市产收入即超过了 30 万元，且呈稳步增长态势，有力地保障了债券本金的偿付。车捐是对全市车辆的征税，是当时南京市财政的主要来源之一。南京市为发行公债，整理、规范了车捐征收，因此 1929 年该项收入增长了十余万元，为利息的按时支付提供了保障。

特种建设公债的票面金额有 1000 元、100 元、10 元和 5 元四种，由劝募、代募和承募三类经理人代表市政府和财政局向各单位与市民推销。经理人的薪酬计算方式与销售门槛各有不同，有助于扩大债券的销售范围，覆盖社会各个阶层。然而，社会公众并未积极认购此类公债，主要是因为南京国民政府当时发行大量公债以图缓解由军费开支大和内部派系斗争严重等造成的财政困难，而作为都城的南京市自然而然地承担着推销中央公债的主要任务，挤占了南京市特种建设公债的销售空间。

1937 年 6 月，特种建设公债最后一次还本付息。该公债累计还本付息 328.2 万元，余有 121.8 万元未清偿。

资料来源：陈海懿. 民国地方公债发行研究：以南京特别市特种建设公债为例[J]. 地方财政研究，2015（3）：90-96；刘燡元. 民国法规集刊[M]. 上海：民智书局，1930.

2.5 自由流通公债和非自由流通公债

按照能否上市流通、转让，公债可分为自由流通公债和非自由流通公债。自由流通公债是指可以在金融市场上自由买卖的公债。此处金融市场仅指二级市场（流通市场），不包括一级市场（发行市场）。政府在一级市场上发行债券后，投资者便可在二级市场进行交易。这为投资者提供了便利，促进了公债在一级市场上的发行。此外，二级市场的债券交易必须是法律法规允许的，不包括违法的黑市交易。自由流通公债一般不记名，其价格受金融市场供求关系影响，随利率和币值等变动。同时，因为政府可以通过中央银行买卖债券调节货币流通量，所以它也影响着金融市场。

非自由流通公债是按照法律法规不能在市场上买卖的公债。相对而言，非自由流通公债的偿还期较长，利率较高，但投资者只能等待债务人到期偿还。有时投资者可以在持有一段时间后向政府要求提前偿还，但利息会大为折损。非自由流通公债的认购者即为该公债的最终持有者。

2.6 强制公债、准强制公债和自由公债

按照债权债务关系的成立是否基于双方自愿，公债可分为强制公债、准强制公债和自由公债。强制公债是指政府凭借政治权力，不考虑认购者的意愿，强迫认购者认购的公债。从方式上，一般是以认购者的财产或所得为标准，强制其认购，也可以采用行政命令的方式要求各政府部门、机构或企业购买一定额度的债券，甚至用公债代替货币作为政府雇员的薪金或政府购买的对价。强制公债丧失了公债一般具有的自愿性，表现出一定的税收特征，但它仍然具有有偿性和灵活性，因而并非税收。由于强制公债违背人们的自由意愿，并不公平，因此政府仅在财政极度困难、情况紧急（如战争）时才会偶尔使用。

准强制公债，也称爱国公债，一般也是在战争或财政发生重大困难时发行的，利率较低，不具备较大的投资价值。人们认购此类公债并非出于逐利目的，而是期盼借此帮助国家渡过难关。第一次世界大战期间，奥匈帝国、英国、德国、意大利和美国等国家都发行过准强制公债，并呼吁民众购买。我国于 1950 年发行的人民胜利折实公债也具有爱国公债的性质。

自由公债是政府根据市场制度发行的、人们可自愿认购的公债，是公债最常见的一种形式。正常情况下，公债应以自愿、互利作为双方缔结债权债务关系的基础。

2.7 政府债务风险矩阵下的公债分类

世界银行专家 Hana Polackova Brixi（中文名为白海娜）从政府债务的风险出发，将政府债务划分为显性负债和隐性负债、直接负债和或有负债。上述分类常被用于地方公债的分类和风险识别。

显性负债是依据特定法规或合同构成的、明确的债务，如国家主权债务、地方政府发行的市政债券和由政府担保的不良贷款等。根据法律规定，显性负债到期时，政府必须履行还本付息的义务。

隐性负债涉及政府的道德义务，其产生并非由法律或合同规定，而是来自公众的期望或舆论压力等，如法律未规定的未来公共养老金的给付（见专栏 2-3）、对没有保险的受灾者的救济、大型银行违约时即使政府未担保也可能负有的责任等。

直接负债是具有确定性的债务，可以根据某些因素进行预测。例如，法律规定的未来公共养老金的给付就是一项直接负债，其规模可以通过预期福利水平、申请者资格条件、未来人口变化趋势及经济发展趋势等进行预测。

或有负债是由某一不确定事件触发的债务。事件发生的可能性及政府后续支出负担的大小是不确定的，取决于外部条件（如自然灾害或金融危机是否发生，或其发生后的严重程度等）和内部条件（如政府购买保险的情况、法规的执行和监督情况等）。

将上述分类方式进行组合，可以得到政府债务的四种类型：直接显性债务、直接

隐形债务、或有显性债务、或有隐性债务。这四种类型的政府债务既列举了各类政府债务（包括地方公债）的常见形式，也可用于构成政府债务风险矩阵，如表2-1所示。

表2-1 政府债务风险矩阵

政府债务	直接债务 （具有确定性的债务）	或有债务 （其产生依赖于特定事件的发生）
显性债务 （由法律或合同确定的债务）	1．国外和国内的主权借款（以合同的形式成立或中央政府发行债券） 2．由预算法确定的相关支出 3．由法律规定的、长期的预算支出（公务员的工资及养老金）	1．国家对非主权借款、地方政府、公共部门和私人部门（如开发银行）的担保 2．国家对各类贷款（如抵押贷款、学生贷款、农业贷款和小企业贷款）的保护性担保 3．国家对贸易和汇率、国外主权国家的借款、私人投资的担保 4．对于存款、私人养老金的最低回报、农作物、洪水、战争风险的国家保险
隐性债务 （道义责任，反映公众期望和舆论压力）	1．公共投资项目的未来经常性费用 2．法律未做规定的未来公共养老金（不包括公务员养老金） 3．法律未做规定的社会保障计划 4．法律未做规定的未来医疗保健融资	1．地方政府及公共或私人实体对无担保债务及其他义务违约时国家的援助 2．实施私有化的实体的负债难以清偿时国家的救助 3．银行破产时超出政府保险范围之外的国家救助 4．无担保的养老基金、就业基金、保护小投资者的社会保障基金投资失败时国家的救助 5．中央银行不能履行职责（外汇合约、保卫币值、国际收支稳定）时产生的政府支出责任 6．私人资本外逃后的国家救助 7．环境遭破坏后的改善、赈灾、军事筹资等

资料来源：BRIXI H P. Contingent Government Liabilities: A Hidden Risk for Fiscal Stability[A]. World Bank Policy Research Working Paper, 1998: 1-32.

由表2-1可以看出，直接显性债务依照法律或合同而成立，且必定由政府承担。在大多数国家，政府仅承认此类债务，并披露其规模、期限和成本（利率水平）等信息。

直接隐性债务主要用于配合中期公共支出政策。因此，致力于中期财政透明、长期财政纪律建设的国家和地区一般会承认和披露这类债务。例如，在一个已经建立起医疗、养老等社会保障制度的国家，当没有政策变化时，人口驱动的公共支出增长或成为直接隐性债务，威胁财政稳定，但若法律规定政府对于这些社会保障制度负有支出责任时，则变成直接显性债务。

或有显性负债是某特定事件发生时政府需要承担的支出。它与任何现有的预算都不直接相关，相当于一种隐性补贴，可能会导致市场扭曲及预料之外的财政支出。

或有隐性负债往往不被政府正式承认。只有当公共部门或市场出现重大差错，政府受到严重的舆论压力，或不采取行动的机会成本过高时，才会承担这类负债。由于触发或有隐性负债的事件发生概率、事件造成的损失和政府应负责的程度都难以预测，或有隐性负债的规模难以确定。当一国的宏观经济架构不健全、金融部门脆弱、监管系统效率低、市场信息披露不充分时，或有隐性负债规模往往较大。

 专栏 2-3

养老金与隐性负债

本专栏以中国为例，介绍隐性负债中的一类——养老金。1997 年，中国颁布《国务院关于建立统一的企业职工基本养老保险制度的决定》（国发〔1997〕26 号，以下简称"转轨"《决定》），正式宣布将企业职工养老保险的模式由社会统筹改为社会统筹与个人账户相结合、由现收现付制改为现收现付与基金积累相结合。"转轨"《决定》实施之前已退休的"老人"沿用老办法，其养老金由社会统筹部分构成；"转轨"《决定》实施前参加工作但尚未退休的"中人"，其养老金由社会统筹部分、个人账户部分和过渡养老金构成；"转轨"《决定》实施后参加工作的"新人"，其养老金由社会统筹部分和个人账户部分构成。

改革开放以来，中国养老保险制度一度实行"双轨制"。企业职工通过参加养老保险领取养老金，个人需要缴费，而公务员和参照《中华人民共和国公务员法》（以下简称《公务员法》）管理的工作人员的退休费则由国家或单位负担，个人不缴费。"双轨制"下，企业职工与机关事业单位人员的退休待遇差距大，不利于人员在两类岗位之间流动。2015 年，《国务院关于机关事业单位工作人员养老保险制度改革的决定》颁布（国发〔2015〕2 号，以下简称"并轨"《决定》），对于按照《公务员法》管理的及参照《公务员法》管理的工作人员实行社会统筹与个人账户相结合的基本养老保险制度，即单位、个人都需要缴纳基本养老保险费。"并轨"《决定》实施前已退休的"老人"，按照原办法发放养老金；"并轨"《决定》实施前参加工作但尚未退休的"中人"，其养老金由基础养老金、个人账户养老金、过渡性养老金构成；"并轨"《决定》实施后参加工作的"新人"，则完全按照新办法，给予基础养老金和个人账户养老金。

上述"转轨"和"并轨"实施后，"老人"没有个人账户资金，而"中人"个人账户资金不足，但企业职工都缴纳过保费，为原有的养老保障体制做出了贡献，而机关事业单位人员也获得了国家负责养老的承诺，因此，于法于情，国家都应该保障他们按月领取养老金。这就造成了养老金保费缴纳和给付资金之间存在缺口，构成了隐性债务。此外，由于"统筹基金"和"个人账户"都由社会保障部门负责，当统筹基金不足以支付退休职工的社会统筹部分时，在职员工的个人账户资金便会被挪用，造成个人账户的"空账"运转。"空账"最终需要由未来的养老基金进行弥补，这也形成了隐性债务。

近年来，中国人口老龄化现象日益突出，导致未来养老保险缴费人数和养老基金收入可能出现下降态势，而退休人员数目和需支付的养老金将进一步增加。这也增大了隐性债务不断增长的风险。

中国政府已采取措施应对养老金存在的隐性债务风险。首先，提高养老保险基金的统筹层次。于 2010 年颁布的《中华人民共和国社会保险法》（以下简称《社会保险法》）要求基本养老保险基金逐步实现全国统筹。根据 2018 年发布的《国务院关于建立企业职工基本养老保险基金中央调剂制度的通知》（国发〔2018〕18 号），职工养老保险基金实行中央调剂制度，即各省份养老保险基金按该省份在职应参保人数上解一定比例的资金构成中央调剂基金,再按照各省份核定的离退休人数将资金拨付给各省份。这一举措可以在一定程度上缓解年轻人较少、老年人较多的部分省份养老金发放困难的状况,也是提高基本养老保险统筹层次的有力举措。

其次,加强养老保险基金的投资管理。《社会保险法》规定,社会保险基金应在保证安全的前提下,按照国务院规定投资运营实现保值增值。2015 年颁布的《基本养老保险基金投资管理办法》(以下简称《办法》)进一步规定,养老基金的结余额可在预留一定费用后委托给国务院授权的机构(目前为全国社会保障基金理事会)进行投资运营。同时,《办法》对养老金的投资范围和投资结构进行了限制,以确保资产安全,实现保值增值。根据全国社会保障基金理事会 2018 年度基本养老保险基金受托运营报告,2018 年年末,基本养老保险基金权益总额 6239.41 亿元。2018 年,基本养老保险基金权益投资收益额 98.64 亿元,投资收益率 2.56%。其中,已实现收益为 145.27 亿元(已实现收益率 3.81%),交易类资产公允价值变动额为-46.63 亿元。基本养老保险基金自 2016 年 12 月受托运营以来,累计投资收益额为 186.83 亿元。

我国还通过划转部分国有资本的方式充实社保基金。根据 2017 年发布的《划转部分国有资本充实社保基金实施方案》,划转对象为中央和地方国有及国有控股大中型企业、金融机构的股权,划转比例为股权比例的 10%。

资料来源:贾康,张晓云,王敏. 关于中国养老金隐性债务的研究[J]. 财贸经济,2007(9):15-21+128;田丰. 养老金隐性债务的构成、预测与影响因素分析[D]. 长沙:中南大学,2013;杨长汉. 中国养老金:隐性缺口与显性结余[J]. 地方财政研究,2018(5):4-10+16.

 **本章拓展**

政府债务风险矩阵也有缺陷:该矩阵仅仅讨论了债务总量,若要衡量债务风险还需结合政府掌握的经济资源以评价其偿债能力。政府掌控的资源越多,其财政安全性越强。为此,白海娜(Hana Polackova Brixi)还提出了政府债务对冲矩阵,将政府掌握的资源按照是否依赖于已有的资产划分为直接资源与或有资源,按照是否直接由政府控制划分为显性资源与隐性资源。将上述两种划分方式进行组合,可得到政府资源的四种分类。有兴趣的读者可参阅 Brixi(2002)。除本章介绍的公债种类之外,公债还有其他分类方式。例如,按照公债利率的不同,可以将公债分为固定利率公债与浮动利率公债;按照计量方式的不同,可将公债分为货币公债、实物公债和折实公债。

小结

- 本章详细介绍了公债的七种分类,是学习研究地方公债学乃至从事地方公债相关业务的基础性知识。
- 按发行主体的不同,公债可以分为中央政府公债(国债)与地方政府公债(地方公债)。后者是地方公债学的主要研究对象。
- 政府债务风险矩阵提供了公债分类的一个独特视角,兼顾公债的法定性和确定性。

> 本章还以专栏的方式拓展分析了中国举借外债的历史、规模和结构，介绍了民国时期南京市特种建设公债，并阐述了中国养老金存在的隐性债务风险。

思考题

1. 简述国债与地方公债的区别。
2. 简述内债与外债的区别。
3. 简述特种公债与一般公债的区别，并结合 2020 年新冠肺炎疫情的影响，论述抗疫特别国债的作用。
4. 政府债务风险矩阵的分类依据是什么？
5. 论述养老金为何存在隐性负债。

阅读与参考文献

[1] 陈海懿. 民国地方公债发行研究：以南京特别市特种建设公债为例[J]. 地方财政研究，2015（3）：90-96.

[2] 陈志勇. 公债学[M]. 北京：中国财政经济出版社，2007.

[3] 贾康，张晓云，王敏. 关于中国养老金隐性债务的研究[J]. 财贸经济，2007（9）：15-21+128.

[4] 金普森. 新中国外债与社会经济的发展[J]. 社会科学战线，2010（8）：226-231.

[5] 刘慧芳. 财政风险管理视角下的政府会计改革研究[D]. 大连：东北财经大学，2013.

[6] 李士梅. 公债经济学[M]. 北京：清华大学出版社，2016.

[7] 刘尚希. 财政风险：一个分析框架[J]. 经济研究，2003（5）：23-31+91.

[8] 刘燡元. 民国法规集刊[M]. 上海：民智书局，1930.

[9] 史锦华. 公债学[M]. 北京：中国社会科学出版社，2011.

[10] 田丰. 养老金隐性债务的构成、预测与影响因素分析[D]. 长沙：中南大学，2013.

[11] 杨长汉. 中国养老金：隐性缺口与显性结余[J]. 地方财政研究，2018（5）：4-10+16.

[12] 张雷宝. 公债经济学：理论·政策·实践[M]. 杭州：浙江大学出版社，2018.

[13] 张徐. 中国政府主权外债风险管理研究[R]. 北京：财政部财政科学研究所，2010.

[14] BRIXI H P. Contingent Government Liabilities: A Hidden Risk for Fiscal Stability[A]. World Bank Policy Research Working Paper, 1998: 1-32.

[15] BRIXI H P, Schick A. Government at Risk: Contingent Liabilities and Fiscal Risk[A]. World Bank Policy Research Working Paper, 2002.

3 公债的经济学分析

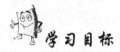 学习目标

- ▶▶ 了解李嘉图等价定理的内涵及相关假设;
- ▶▶ 了解税收平滑理论;
- ▶▶ 了解财政可持续理论;
- ▶▶ 了解公债的政治经济学理论。

 引例

17世纪中叶,英国与荷兰为争夺世界贸易领导权而爆发连年战争,导致英国长期陷于财政困境。1691年,一位名叫威廉·佩特森德的金融家提议建立一家国家银行,以便在紧急时刻为国家提供必要资金支持。直至1694年,英国下议院才同意建立这样一家银行——英格兰银行。英格兰银行在设立初期,开展了一系列面向政府的业务。它持续以较低利率借款给政府,帮助英国政府应对战争带来的财政收支挑战。之后,英格兰银行成为支持英国政府各项工作的重要机构,使国债经营机构固定化,在英国公债的发展过程中发挥了至关重要的作用。

了解公债的基础理论,是系统深入地学习地方公债学的前提条件。本章介绍公债的四类理论,包括李嘉图等价定理、税收平滑理论、财政可持续理论和政治经济学理论。上述理论从不同方面阐述了公债与经济社会发展的内在关联。

3.1 李嘉图等价定理

李嘉图等价定理(Ricardian Equivalence Theory)是现代西方公债理论的基础。公债的不少理论分析围绕该定理展开,但有关该定理在现实中是否成立的争论也从未中断。

3.1.1 李嘉图等价定理的产生背景

1. 英法战争中课税与公债的选择

19世纪初,法国军队在欧洲大陆所向披靡。为对抗法国,英国政府组建了反法同盟,导致军费开支日趋庞大,国库入不敷出。如何筹措军费,以及战后如何偿还战争期间的巨额债务,是增加课税,还是发行公债,英国国会为此展开激烈的争论。争论的焦点是,课税和发债这两种筹资方式的经济效应有什么差别,哪种方式对居民消费和国民经济的负面影响更大。以马尔萨斯(Thomas Robert Malthus)为代表的一派经济学家认为,增加课税会加重居民负担,导致国内经济萎缩;相比之下,发行公债带来的负面效应小一些。例如,英国每年军费开支需2000万英镑,平均每人每年缴纳100英镑。如果采用课税的方式,劳动者就必须设法迅速从收入中节省100英镑,这样就会减少劳动者的消费支出,对经济发展产生较大的负面效应。但如果政府采取发行公债的方式(假设年利率为5%且劳动者每人每年仅需为100英镑的债务支付利息,即政府每年只需向劳动者征收5英镑的税款),只会对劳动者消费支出产生较小的不利影响,对经济发展的副作用也较小。

2. 李嘉图的观点

大卫·李嘉图认为,上述分析纯粹是一种财政错觉。在他看来,无论是以增加课税的方式筹措军费,还是以发行公债应付战争支出,都会使劳动者减少消费支出,抑制经济发展。换言之,税收和公债产生的经济效果完全相同,即政府无论采用哪种筹资手段,与最终的经济效果无关。

李嘉图通过举例的方式说明了税收与公债无差异的原理。"一个国家为筹划战争经费或政府一般开支而课征的税,以及主要用来维持非生产性劳动者的税,都是从该国的生产性劳动中取得的,这种开支没有节省,即使不是增加到纳税人的资本之中,一般也会增加到他们的收入当中。如果为了一年的战费支出而以发行公债的办法征集2000万英镑,这就是从国家的生产资本中减去了2000万英镑,而每年为偿付这种公债利息而课征的100万英镑,只不过是由付这100万英镑的人手中转移到收这100万英镑的人手中,也就是由纳税人手中转移到公债债权人手中。实际开支的是那2000万英镑,而不是为那2000万英镑必须支付的利息。付不付利息都不会使国家增富或变穷,政府可通过征税的方式一次征收2000万英镑;在这种情况下,就不必每年课征100万英镑。但这样并不会改变这一唯一的性质。"①在以上论述中,孕育着李嘉图等价定理的经济学思想。

李嘉图认为课税与举债产生的经济效应相同,但这并不意味着他支持政府举债。与之相反,李嘉图认为举债往往会助长政府铺张浪费。

3.1.2 李嘉图等价定理的假设条件与理论化表述

要准确理解李嘉图等价定理的经济学思想,需要明确该定理的假设条件,即以下

---

① 李嘉图. 政治经济学及赋税原理[M]. 郭大力,王亚南,译. 北京:商务印书馆,1962:208.

四个重要假设：① 建立一个两期（包括当期和未来）的经济模型，在该模型中，税收在当期和未来的变化对所有消费者都是相同的；② 在债权人有生之年，政府偿还其发行债券的本息；③ 税收是一次性总付税，即征收数量固定的总额税，因此举债对课税的替代仅造成税收总额变化，而不改变商品价格；④ 资本市场是完全的，在该市场中政府与个人的借贷利率相同。

利用上述四个假设条件，设定第一期为 t_1（代表即期或现在），第二期为 t_2（代表预期或将来），D_i 为 i 时期的政府公债额，r 为利率水平。在 t_1 时期，政府税收为 T_1，政府购买性支出为 G_1；在 t_2 时期，政府税收为 T_2，政府购买性支出为 G_2。此时，政府在 t_1 时期的预算约束条件为

$$D_1=G_1-T_1 \qquad (3-1)$$

政府在 t_2 时期的预算约束条件为

$$D_2= D_1(1+r)+G_2-T_2 \qquad (3-2)$$

由于政府在 t_2 时期要还清债务，即 $D_2=0$，将式（3-1）和式（3-2）合并整理后得到

$$T_1+T_2/(1+r)=G_1+G_2/(1+r) \qquad (3-3)$$

式（3-3）反映的是跨期的政府预算约束函数。该公式表明：政府税收的现值等于政府购买性支出的现值，这与税收课征的时间路径无关。政府预算约束函数也表明了政府即期财政政策（含公债和税收政策）与将来财政政策之间的逻辑联系：若政府在 t_1 时期减少税收，而不改变政府支出，那么政府将通过发行公债来筹资，而该债务在 t_2 时期的还本付息将迫使政府在 t_2 时期减少政府支出或增加税收。

进一步地，分析政府发行公债或征税对消费者消费行为的影响。由于消费者的收入或消费的现值并没有随着税收的增减变化而变化，即消费者预算约束线没有发生位移，因此消费者的消费决策仍仅取决于消费者预算约束线与其无差异曲线的切点。换句话说，消费者追求的是两期的总消费效用最大化，这种效用最大化的实现与收入或消费的时间路径无关。由此，我们可以得出李嘉图等价定理的结论，即债务融资和税收融资对消费者的消费行为产生的影响是一样的。

3.1.3 巴罗对李嘉图等价定理的发展

李嘉图等价定理得以成立的最大障碍是现实中公债的偿还期限往往超过消费者的寿命。如果消费者的寿命足够长，当消费者了解到政府的减税额就是未来增加税收的贴现额时，就会减少消费而增加储蓄。但是，如果人们意识到政府债务的偿还期限超出自己的生命期限，就可以通过死亡来逃避未来由政府债务转换而来的纳税义务。由此产生了一个"悖论"：面对政府举债，人们既可能减少当期消费以应付未来纳税，也可能增加当期消费以逃避未来纳税，两种行为都符合"理性人"的要求。

1974 年，美国经济学家 R.巴罗发表了一篇名为《政府债券是净财富吗？》的学术论文，坚持并发展了李嘉图等价定理。他提出了一个创新性观点：即使消费者在公债到期前死亡，李嘉图等价定理依然成立。巴罗的论点是建立在利他动机的基础之上，他认为生命有限不一定意味着个人的规划眼界有限，如果每一代人的效用都进入前一

代人的效用，那么每个消费者都会把整个后代的效用和预算约束纳入他的消费与遗产决策当中。

例如，一个具有利他动机的消费者，不仅从自己的消费中获得效用，也可从后代的消费中获得效用，那么他的效用函数可表示为

$$U(i)=U[C(y,i),C(o,i),U(i+1)] \tag{3-4}$$

式中，$U(i)$表示第i代消费者的效用；$C(y,i)$表示第i代消费者年轻时的消费；$C(o,i)$代表第i代消费者年老时的消费；$U(i+1)$表示第$i+1$代人的效用。

如果利他主义消费者的后代也是利他主义消费者，那么利他主义消费者就不会因现行的减税而增加当前的消费。对利他主义消费者而言，由他们自己还是由他们的子孙后代缴纳较高的税收来抵偿政府新发公债的本息，没有本质区别。因此，当即期的税负减少100元时，利他主义消费者不会增加自身的当期消费，而是多购买100元的政府债券。如果他在公债到期之前去世，他会将这笔债券留给后代，而后代将用这笔债券的本息来负担公债到期时较高的税收。因此，在利他主义消费者的假定下，即使消费者在公债到期前去世，李嘉图等价定理仍然成立，即政府采用不同的筹资方式不会影响经济中的消费、投资、产出和利率水平等重要变量。

巴罗的上述观点极大地支持和推广了李嘉图等价定理，但也引发了理论界对该定理更为激烈的争论。

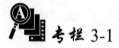

专栏 3-1

针对李嘉图等价定理的争议

巴罗对李嘉图等价定理的新观点一经提出，即遭到新古典综合学派和新凯恩斯主义学派的质疑。对于举债和征税是否等效，经济学家们展开了广泛的讨论。

美国凯恩斯主义学派的代表学者莫迪利阿尼（Franco Modigliani）在有限期界理论中提出，人们并不关心自身生命以外的事情。因此，当政府发债后增加公共支出或减少税收时，居民的消费需求将增加。相应地，私人储蓄的增加将不足以抵补政府储蓄的减少，从而导致总储蓄随之下降。即使消费需求增加能推动短期经济增长，总储蓄下降也会对长期经济增长产生不利影响。

在《财产积累与经济活动》一书中，托宾（James Tobin）提出李嘉图等价定理失效的原因主要有以下三个方面：首先，等价定理要求消费者有利他动机，同时留给后代的财产必须为正值。而在现实中，消费者可能并不关心后代或者压根就没有后代，因而不具有留下遗产的动力。其次，李嘉图等价定理要求政府的减税效应对每个消费者都是相同的，并且消费者的边际消费倾向相等，这与现实生活相去甚远。最后，在李嘉图等价定理中，公债持有人同时也是纳税人，并且居民的公债持有比例与税负承担比例是一致的。但在现实中，公债持有人与纳税人存在差异，公债持有比例与税负承担比例也存在差异，使社会资源逐渐转移到税负减轻的消费者身上，由此造成的消

费者结构的变化对总需求也会产生一定影响。

曼昆（Gregory Mankiw）也从三个方面分析了李嘉图等价定理不成立的原因。首先，曼昆认为，消费者的理性是有限的，在做出决策时是短视的。因此，当消费者觉察到减税效应时，会误以为其永久收入增加而增加消费。其次，一些消费者面临借债约束时无法顾及永久收入问题，因此，决定其消费的是当期收入，而减税效应会增加消费需求。最后，曼昆认为消费者普遍是利己主义者。政府举债使税负落在下一代身上，财富就从下一代向当代人转移，而当代人会以下一代人消费减少为代价而增加自己的消费。

对李嘉图等价定理有效性的争论仍在持续，还看不到哪一方的观点更具有说服力。对它的争论就像"宏观经济政策是否有效"甚至"是否存在宏观经济学"一样，引人入胜。

资料来源：邓春玲．经济学说史[M]．大连：东北财经大学出版社，2006．

3.1.4 李嘉图等价定理的现实意义

李嘉图等价定理以封闭经济和政府活动非生产性为前提条件，并不符合现实经济情况，单纯谈论该定理的适用性意义不大。所以，比较公债与税收对经济产生的实际效应，以及从财政政策的角度思考李嘉图等价定理更有意义。例如，李嘉图等价定理论证的有关公债引发的减税效应及其对储蓄、消费、利率和产出的影响机制，告诉我们在运用财政政策时要综合考虑赤字、债务、税收、储蓄和消费之间的关系；李嘉图等价定理本身反映了赤字财政政策无效性的一面，提醒我们认识到财政工具的局限性。以上是当前讨论李嘉图等价定理的现实意义所在。

3.2 税收平滑理论

税收平滑理论（Tax-smoothing Theory）指出了经济在实现均衡增长的情况下税率、公债和赤字之间存在的微妙关系，是现代宏观经济学的一个重要理论，并成为西方主要发达国家制定财政政策的重要依据和指导方针。

3.2.1 税收平滑理论的产生背景

在市场经济国家，税收作为政府的主要筹资方式，其作用无法替代，但税收也会对经济发展产生消极影响。1920年，英国新古典学派代表人物马歇尔在其《经济学原理》一书中详细研究了税收可能带来的效率损失，并首次提出税收的"超额负担"（Excess Burden）这一概念。随着数学分析方法在经济领域的应用，学术界对超额负担的研究逐渐深入。研究超额负担的经济学家们认为，税收除给纳税人带来税收负担之外，还会影响纳税人的行为，从而影响社会资源的合理配置，造成社会福利损失，最终不可避免地形成超额负担。这是税收产生经济扭曲的主要原因。如何降低税收的超额负担，一直是财税学界研究的重点问题之一。

作为一种筹资工具和调控宏观经济的方式，公债的发行、偿还和使用也会对经济稳定、资源配置和收入分配产生一定影响。当社会总需求和总供给失衡时，政府发行公债可以将社会需求中个人和企业的部分转移给国家，从而引导社会资金流量和流向，促进社会供求平衡，推动经济增长。但与税收不同的是，当国民经济的发展受到严重冲击时，政府通过发行公债可以分散为弥补支出的巨额课税所产生的消极效应，从而缓冲短时间内巨额课税给经济造成的压力。

借助税收平滑理论，巴罗研究了政府的筹资行为如何在保证财政收入平稳的同时对经济造成的超额负担最小化，揭示了灵活运用税收和公债政策的重要性。

3.2.2 税收平滑理论的基本原理

巴罗在1979年发表的一篇论文《公债的决定》（*On the Determination of the Public Debt*）中，总结并正式提出了税收平滑理论。他认为，税收会影响投资和劳动力生产，从而扭曲经济活动，增加经济发展的成本。巴罗假设政府在制定财政政策时，希望将税收对经济活动的扭曲降到最低。政府应选择一种税收平滑的政策，以减少税收的超额负担，否则实施税收政策的边际成本将不断升高。

巴罗的研究始于如何使政府获得财政收入的同时对经济的扭曲最小。假定政府增加 T_t 税收的扭曲成本为

$$C_t = Y_t f(T_t/Y_t) \qquad (3\text{-}5)$$

式中，$f(0)=0$，$f'()>0$，$f''()>0$；C_t 为 t 时期的扭曲成本；T_t 为 t 时期的税收收入；Y_t 为 t 时期的产出。

从式（3-5）可知，C_t 随 T_t/Y_t 的上升而上升，且上升速度递增。政府面临的问题是，如何在满足跨期预算约束的条件下，即未来各期税收的现值等于初始的债务存量与未来各期政府支出现值之和（政府能在长期实现预算平衡），实现税收的超额负担最小化。假定在 t 时期内减少 ΔT 的税收，在 $t+1$ 时期增加数量为 $(1+r)\Delta T$ 的税收，而其他时期税收保持不变，要使税收变化不影响政府收入的现值，则要求该变动导致的边际收益（MR）与边际成本（MC）必须相等。

上述分析表明，提高税率会导致税收对经济发展的边际成本增加。因此，为避免税收导致的经济发展成本增加，应该保持税率的相对平滑，即税收收入与产出的比率保持不变（$T_t/Y_t = T_{t+1}/Y_{t+1}$），防止因提高税率而造成经济效率降低，从而保证经济的长期稳定发展。如果破坏税收平滑，增加对资本收入（利息、股息和利润等）征税，降低资本投资的回报率，就会降低投资总量，从而降低生产性投资和资本的增长，最终导致经济长期增长速度减慢。此外，破坏税收平滑还可能提高商品价格、抑制消费，同时影响国内产品在国际市场上的竞争力，从而影响一国的经济发展。

由此可知，当财政支出占经济产出总量的比重预计会发生变化时，政府财政出现盈余或赤字是合理的。此时，为了保证经济平稳增长，政府应保持税率的相对平滑并通过发行公债的方式筹集资金，在财政支出和总体经济回到正常轨道后，再逐步消化因发行公债而产生的赤字，而不应该通过采用增税的办法来应对暂时性支出，以防对经济的长期发展产生不利影响。

专栏 3-2

税收平滑理论和李嘉图等价定理的比较

李嘉图等价定理认为,在满足特定假设条件下,政府的支出通过税收或债务筹资带来的经济效应没有区别,即公债和税收等价。该定理的核心观点是,公债只是延迟的税收,当期为弥补财政赤字而发行的公债最终要通过增加未来课税偿还,而完全理性的消费者为了支付未来增加的税收,会减少当期消费并增加储蓄。因此,从本质上讲,李嘉图等价定理是一种中性定理。该定理认为当政府为支出筹资时,课税和发行公债两种方式对居民消费和资本形成不会产生差异化影响。

然而,税收平滑理论否定了李嘉图等价定理。该理论认为,增加对资本收入的课税之后,无疑会对经济增长产生负面影响,并陷入如下的恶性循环之中:对资本收入征税—资本投资回报下降—生产性投资减少—经济增长减缓。税收平滑理论明确地告诉我们,当政府面临巨额支出压力时,发行公债比课税带来的经济效益更理想。这是因为发行公债将巨额课税产生的消极影响向更长的时期做了分散,从而为国民经济的恢复提供了缓冲的余地,使经济得以休养生息,最终实现经济复苏。可见,尽管公债在财政收入体系中只是一个"配角",但作为一种缓冲工具,公债的重要作用是不可替代的。但与税收相比,公债毕竟是一种有偿性的政府筹资方式,并且政府投资的效率通常低于市场私人投资的效率,所以应正确认识公债带来的经济效应,不应过于美化和夸大。

资料来源:白彦锋,李贞. 李嘉图等价定理与税收平滑定理比较研究[J]. 税务研究,2010(8):89-92.

3.2.3 税收平滑理论的现实应用

财政支出占经济总量比重发生变化的一个典型例子就是战争。本节将通过比较英国和美国在"二战"时期为筹集资金所采取的不同财政政策,进一步说明税收平滑理论的现实意义。

英国在"二战"期间的财政政策主要是提高资本收入所得税税率。受英国著名经济学家凯恩斯的影响,"二战"及战后的一段时间内,英国主要通过大幅度提高所得税税率为战争支出筹资,尤其是提高资本收入所得税税率。凯恩斯认为,为了避免发生类似第一次世界大战时期的通胀,政府应选择通过价格管制、借贷或增税来消除过剩的消费者购买力。但凯恩斯反对政府向公众借贷,认为发行公债不利于实现财政平衡,还会导致整个国民经济失衡。同时,凯恩斯学派普遍认为,投资对资本所得税并不敏感,因此对资本收入征税不会对投资甚至经济增长产生重大影响。这些观点为实施提高所得税税率的财政政策提供了一定支持。但由于战争支出过大,仅靠提高税率仍不能满足财政收入的需要,因此,英国同时也发行了大量公债来补充财政收入。

美国在"二战"期间的财政政策主要是发行公债。受凯恩斯主义影响，当时不少美国的经济学家主张美国效仿英国，大幅提高所得税税率为战争筹资，但现实是美国税率提高的幅度与英国相比温和许多。由于战争持续时间长，支出巨大，时任美国总统的罗斯福向美国议会提出了类似凯恩斯的加税政策，但考虑加税对美国高收入人群的影响，议会并没有完全采纳罗斯福的建议，而一直采取相对温和的税收政策，并通过大量发行公债为战争筹款。因此，"二战"时期美国的财政政策是一种比较典型的税收平滑政策。正如巴罗所总结的，在特殊经济时期，政府应该保持税率的相对平滑，为经济恢复增长创造有利条件，同时通过发行公债满足所需财政支出；在经济回归正轨后，再通过各种途径逐步偿还之前的政府负债。

进一步分析，战后的英国经济增长长期乏力，使凯恩斯学派大跌眼镜。如果英国实行类似美国的税收平滑政策，其经济发展在战后很可能可以达到更高的水平。这表明，要用辩证的眼光看待财政赤字，即长期的财政盈余不一定意味着国民经济的健康发展，暂时的财政赤字也未必意味着经济状况恶化。战后美国经济长期繁荣，究其原因，政府战时筹资方式的正确选择无疑起着重要作用。美国经济学家奥海宁（Ohanian）指出，如果美国在"二战"期间采取平衡财政预算的政策，并通过增加税收收入保持财政平衡，很难想象战后美国经济的长期繁荣。

通过比较英国和美国不难发现，政府选择合适的公共支出筹资方式对长期经济发展至关重要。当暂时性财政支出增加时，政府应适当选择债券融资并保证税率平滑，从而实现经济的持续增长。同时，当经济处于特殊经济时期、财政遇到巨大支出需要时，财政赤字不可避免。美国在"二战"时期的财政政策是税收平滑的一个典型例子。事实证明，税收平滑理论在现实中的应用与理论一样具有说服力。

3.3 财政可持续理论

在财政政策的宏观经济分析中，公债规模是否影响财政可持续性（Fiscal Sustainability）是一个重要问题。

3.3.1 财政可持续性

1985年，布特（Buiter）提出财政可持续性的概念。财政可持续性是指作为经济实体的国家或地区的财政的存续状态或能力。当一个国家或地区无力偿还债务时，财政不能存续，则国家或地区的政府将进入破产状态，无法继续履行其职能；反之，一个国家或地区有偿债能力，则意味着财政可存续，政府各项职能可以延续。

从广义上讲，财政可持续性是指政府的收入足以支付包括债务偿还在内的所有财政开支，不会出现无力偿还和破产的状态。这意味着财政可持续性不局限于公债的可持续。但由于财政可持续性的关键是政府债务能及时偿还，因此财政可持续性往往主要体现为公债可持续性。学术界对公债可持续性的定义主要分为以下三个不同视角。

（1）财政平衡角度。如果政府财政收入足以覆盖支出，那么政府当前的债务规模是可持续的。

（2）筹资能力角度。该观点认为只要政府能在金融市场上筹集到资金，就说明政府债务规模具有可持续性。作用机制在于政府的净资产水平是决定政府能否借到新债的关键。如果政府净资产在一段时间内维持较低水平，债务到期时政府有可能无法履约，那么投资者未来选取政府债务作为投资对象的可能性就会降低，而政府将很难借到新债；反之，如果政府能借到新债，则说明政府净资产充足，可以保证政府在债务到期时履约。

（3）偿债能力角度。该观点认为只要在债务到期时政府能做到还本付息，则持有的债务规模是可持续的。这一角度实际上是考量政府的清偿能力。

虽然上述三种观点存在差别，但它们实际上都是反映政府终止债权债务关系的能力。因此，公债可持续性可界定为政府终止债权债务关系的能力，即政府债务的存续状态或能力。

从公债可持续性和财政可持续性的关系来看，虽然二者都研究政府的经济行为，但研究侧重点不同，决定了财政可持续性不等同于公债可持续性。财政可持续性更为宏观地衡量财政的存续状态或能力，而公债可持续性则更微观地衡量政府债务的存续状态或能力。

此外，对一个经济实体而言，经济可持续性是其追求的最终目标。经济决定财政，财政反作用于经济，财政可持续性是实现经济可持续性的必要条件。研究财政可持续性，必须与经济发展方式、现代财政制度建设等结合起来，兼具公共性和发展性。

专栏 3-3

财政可持续性的补充说明

3.3.1 节主要介绍财政可持续性这一概念的含义。本专栏将对财政可持续性的相关研究进行补充说明。

20 世纪 80 年代以来，两种思想主导了财政可持续研究：一是 1992 年《马斯特里赫特条约》（下文简称《马约》）规定的负债率（公债余额与国内生产总值的比值）不得高于 60%，赤字率（赤字额与国内生产总值的比值）不得高于 3%。以此作为财政可持续性的趋同检验标准，依据的是欧洲国家的历史数据。二是从周期预算平衡的角度来说，财政可持续性要求未来预算盈余的现值必须大于未来预算赤字的现值，并且差额必须至少等于初始国债存量与最终国债存量现值之间的差额。然而，相关研究主要基于发达国家的实践经验，因此上述两种财政可持续性标准具有一定的局限性。

20 世纪 90 年代中期之后，亚洲和拉美一些新兴市场国家的负债率明显上升。国际货币基金组织的分析发现，这些国家的负债率上升的原因与 20 世纪 80 年代发达国家相比有两个方面的差别：第一，原因不同。非传统因素（利率和汇率）的变动及或有负债在 20 世纪 90 年代新兴市场国家的债务增长中扮演了主要角色，而导致 20 世纪

80 年代发达国家债务激增的因素是经济增长放缓、基本财政赤字增加等。第二，债务警戒线失灵。虽然新兴市场国家的负债率加权平均值为 50%，比《马约》标准低 10%，但这些国家却出现了严重的债务问题。而一些国家如美国、日本等，虽然负债率远超 60%，但财政仍可持续。

新兴市场国家的债务问题暴露了已有研究存在的缺陷。从 20 世纪 90 年代至今，学术界对财政可持续性的研究仍在丰富和发展中，具有代表性的研究包括 Barnhill 和 Kopits（2004）、Mendoza 和 Oviedo（2004，2009）等。

资料来源：国家发改委经济研究所课题组（刘国艳，王元，王蕴，等）. 积极财政政策转型与财政可持续性研究[J]. 经济研究参考，2012（2）：3-33.

3.3.2 最优债务规模理论

为了量化分析财政可持续性，学者们从不同视角思考和估算所谓的最优债务规模。以下介绍有关最优债务规模的三类理论洞察。

早在"二战"结束前夕，经济学家多玛[①]就论证了存在最优债务规模（最优负债率）。只要一国的债务规模不高于这个最优水平，政府就具备偿还债务的能力，此时可认为财政是可持续的。最优债务规模取决于经济增长，只要债务增长率小于或等于经济增长率，财政就能保证债务偿还，即财政可持续。理论上，由于政府能控制自身支出，拥有征税权和发行货币的主动权，因此可以随时保证财政的偿付能力。但实际上，因为政府支出存在刚性且税收受制于经济状况等，所以政府控制收支的能力有限。因此，现实中，政府应遵循最优负债率的约束。

与多玛的方法不同，Barnhill 和 Kopits 考虑新兴市场国家往往面临较大的不确定性，而不确定性意味着风险，因此运用风险价值法（Value at Risk，VAR）分析财政可持续性。他们认为，风险价值模型更适合于依靠投资拉动经济增长的新兴市场国家。金融危机带来的资产泡沫和银行破产往往通过汇率、利率、通货膨胀率等变量传导至各国的财政系统，因此 Barnhill 和 Kopits 构建出反映政府资产组合净现值与产出、国内外利率、名义汇率、国内外商品价格等因素之间关系的函数

$$W=PV(q, r_H, r_F, f, p_N, p) \qquad (3-6)$$

式中，PV 指净现值；q, r_H, r_F, f, p_N, p 分别代表未来的总产出水平、国内利率、国外利率、名义汇率、国外商品价格和国内商品价格。

因此，式（3-6）表明政府资产组合净现值取决于未来的产出水平及国内外利率等变量。如果净现值大于 0，说明政府债务规模满足跨期预算约束条件，即在无风险环境中，预期未来财政盈余的现值大于当前债务规模，政府债务可持续，从而满足财政可持续的要求。然而，式（3-6）未考虑资产价格波动等融资风险，因此 Barnhill 和 Kopits 又提出了考虑融资风险的模型，其计算公式为

$$W^*=PV(q, r_H, r_F, f, p_N, p)-Var(W) \qquad (3-7)$$

式中，$Var(W)$ 指政府资产组合在存在风险情况下的最大预期损失。因此，W^* 是指

[①] 参见 Domar（1944）.

调整风险后的政府资产组合最低净现值。如果最低净现值大于零，说明政府债务规模在风险条件下满足财政可持续性。

Mendoza 和 Oviedo 将宏观经济不确定性和或有负债纳入政府债务可持续性的研究，提出了"自然公债限额"（Natural Public Debt Limit，NPDL）概念，其计算公式为

$$d_t \leqslant \text{NPDL} \equiv \frac{\tau^{\min} - g^{\min}}{i^r - \gamma} \tag{3-8}$$

式中，假设产出遵循确定性趋势，外部增长率由 γ 给出，并且实际利率恒定为 i^r；$\tau^{\min}$ 表示最坏的宏观经济形势下财政收入增速；$g^{\min}$ 表示政府能做到的最少财政支出的增速，此时的政府负债率即为自然公债限额（NPDL）。因此，政府负债率 d_t 的上限是 NPDL，即 $d_t \leqslant \text{NPDL}$。一国政府可以将本国的实际负债率与 NPDL 进行比较，若本国实际负债率已接近自然公债限额，则政府应采取一定措施改善本国财政状况，降低负债率。

3.3.3　Bohn 的财政可持续理论

Bohn 在 1995—2011 年间发表的一系列有影响力的文章对财政可持续性的研究做出了重要贡献。他秉承多玛（Domar）的思想，研究负债率和财政可持续性的内在关系。Bohn 的核心思想是，如果财政盈余能随公共债务余额调整，就能保证财政可持续性。

在 1998 年发表的一篇文章中，Bohn 表明，如果当期财政盈余总是能对上一期的债务做出积极反应，也就是一般公共预算盈余占 GDP 的比重与滞后一期的债务余额占 GDP 比重呈正相关关系，那么政府目前的债务规模满足跨期预算约束（Intertemporal Government Budget Constraint，IGBC）。这是一个弱可持续性的标准。在此基础上，在 2005 年发表的一篇文章中，Bohn 建立了财政反应函数（Fiscal Reaction Function，FRF），以更准确地判断财政可持续性。其计算公式为

$$S_t = \rho d^* + \mu_t \tag{3-9}$$

式中，S_t 为一般公共预算盈余率；ρ 为财政反馈系数，反映财政盈余率对政府负债率的反应强度；d^* 为期初公债余额占名义 GDP 的比重；μ_t 为其他影响因素。Bohn 的研究发现，当 $\rho>0$（即财政反馈系数为正）时，表明财政盈余率与负债率呈正相关关系，意味着政府能够通过调整预算对公债规模的扩大做出积极反应，因此公债是可持续的，从而财政也是可持续的；反之，当 $\rho<0$（即财政反馈系数为负），则表明政府对债务变化反应不灵敏，此时财政不可持续的概率将变大。此外，ρ 值越大，说明政府通过财政约束调整债务的能力越强。但 Bohn 同时指出，以上方法只适用于经济动态有效的情况。经济动态有效意味着无法通过重新分配资源使其中至少一个个体的状况改善而不使其他人的状况受损，即不存在帕累托改进。在一个动态无效的经济中，资源配置不再是帕累托最优。当经济动态无效时，如果 $\rho>0$，只能说明负债率有边界，但当期的公债不一定能与未来财政盈余的贴现值匹配，即财政不一定满足政府跨期预算约束条件。

Bohn 的上述理论的优点在于，它提供了一种量化方法来检验政府的财政偿付能

力，并且通过财政偿付能力来衡量财政可持续性。这类检验只需要一些基础财政收支、公债规模和控制变量的数据，然后利用这些数据估计财政反应函数，以控制变量为条件，就可以考察财政收支对公债规模变化的反应强度，从而判断财政的可持续性。

3.4 公债的政治经济学理论

财政与政治紧密相连。如果把政治因素排除在外，对公债的认识将是不全面的。本节将从政治经济学的视角，分析公债与经济社会的理论联系。

3.4.1 凯恩斯稳定与周期预算平衡理论

20世纪30年代经济大衰退之后，凯恩斯理论不断发展。凯恩斯在1936年出版的著作《就业、利息与货币通论》中提出，要实现充分就业，政府就必须抛弃自由放任的传统政策，而借助财政政策与货币政策等工具确保足够水平的有效需求、维护经济稳定。上述思想被冠名以凯恩斯稳定。基于以上思想发展起来的周期预算平衡理论为政府干预经济的合理性提供了经济学理论支撑，并深入阐述了政府应如何利用财政赤字和盈余，因此也成为从政治经济学视角出发研究公债的一类重要理论。

周期预算平衡理论是由美国的凯恩斯主义经济学家阿尔文·汉森提出的，又称为长期预算平衡理论。该理论主张财政要发挥熨平经济周期波动的作用：① 在经济衰退期间，政府应增加财政支出或者降低税收，即采取扩张性财政政策，主动形成预算赤字。这么做的原因在于，在高失业率和低产能利用率的情况下，扩张性财政政策有助于直接扩大投资和消费，补充私人投资和消费需求的不足，从而提振有效需求，促使经济尽快摆脱衰退。② 在经济繁荣时期，政府应采取紧缩性财政政策，有意识地形成财政盈余。如此，一方面财政可发挥"熨平"经济周期波动的作用；另一方面政府可使预算保持周期平衡。也就是说，从整个经济周期来看，繁荣时期的财政盈余可以抵消衰退时期的财政赤字。根据该理论，赤字是逆经济周期的，但政府不应使公债增长超过经济的长期增长，否则难以实现预算的周期平衡，从而破坏政府实现凯恩斯稳定的能力。

然而，周期预算平衡理论也存在自身无法克服的缺陷。因为经济周期的变化并不是完全规律性的，经济增速上升或下降的深度和持久性经常发生变化，因此，在整个经济周期中，预算赤字和盈余往往难以相互抵消。

3.4.2 选举与公债

本节将讨论选举及其相关政治活动对公债规模变化产生的影响。

1. "财政幻觉"理论

"财政幻觉"的概念源于公共选择学派[①]。根据该学派的理论，由于选民对政府的

---

① 详见布坎南，塔洛克. 同意的计算：立宪民主的逻辑基础[M]. 陈光金，译. 北京：中国社会科学出版社，2000.

跨期预算约束不熟悉,当选民看到即将实施的增加赤字或减税政策时,他们会支持现任者,而无视这些政策对公债的影响及未来偿还公债所需承担的税收成本,此即所谓的"财政幻觉"。公共选择学派认为,政治家们急于遵循凯恩斯主义的规则,即在经济衰退期增加可自由支配的支出,但在随后的繁荣时期他们不会用削减支出来抵消衰退期增加的支出。因此,凯恩斯主义和"财政幻觉"的综合影响导致持续增长的赤字和大幅上升的债务规模。

鉴于人们对赤字问题及财政政策利弊的广泛讨论,很难相信当今欧美国家的选民会因为"财政幻觉"而完全无视持续扩大公债规模的潜在成本。尽管如此,"财政幻觉"在这些国家仍普遍存在,尤其是在临近选举等政治活动时,政治家们往往借助选民的"财政幻觉"推行一些短期化政策。因此,"财政幻觉"给欧美国家财政政策的平稳实施敲响了警钟。

2. 政治预算周期理论

欧美国家的政治实践揭示了在举行国家或地区领导人选举的年份经常出现增加赤字或减少税收的现象,其目的是执政者寻求连任。为此,学术界提出了政治预算周期理论(Theory of Political Budget Cycle)进行解释。所谓政治预算周期理论,是指政府财政预算围绕选举而产生周期性变化。它主要强调选举等政治因素对政府财政政策的影响。在临近选举时,执政者会采用扩张性财政政策,扩大公债规模形成预算赤字,并增加与公共产品供给相关的财政支出,从而赢得选民的投票。

由于理论基础和假设条件的不断改进,政治预算周期理论的具体内容也在不断变化,其演进大体分为以下三个时期。

第一代政治预算周期理论[①]是基于菲利普斯曲线和选民的适应性预期提出的。其核心内容可表述为:政治家在位期间采取紧缩的货币和财政政策,制造较低的通货膨胀预期;选举临近时,再通过扩张性的财政和货币政策刺激经济,降低失业率,使"短视"的选民认为福利增加,从而倾向于投票给在任者。然而,第一代政治预算周期理论受到了理性预期学派的强烈挑战。理性预期学派认为,理性的选民会有效利用过去所有与选举相关的信息,包括对经济政策效果的相关认知,形成对未来的理性预测,所以理性的选民极有可能警惕执政者在选举临近时采取的短视行为。

为了回应理性预期学派的质疑,第二代政治预算周期理论[②]应运而生。其核心内容是:临近选举时,执政者实施扩张性政策并非因为选民"短视"或非理性,而是由于存在信息不对称。选民无法获悉每位政治候选人真实执政能力的准确信息,因此只能依靠财政政策的效果来挑选他们认为更有能力的候选人。因此,在任者于临近选举时倾向于采取扩张性财政政策,尽量表现得"有能力",以获得连任机会。

第三代政治预算周期理论主要强调:政治家和选民一样,并不清楚自身执政能力的高低,更不确定自己的执政前景,但选民仍偏向于通过观察政治家实施宏观政策的效果判断他的能力,因此所有类型的决策者都会倾向于采取扩张性财政和货币政策。

[①] 参见 Nordhaus(1975)。
[②] 参见 Rogoff 和 Sibert(1988)。

换言之，选举临近时，无论能力高低，执政党都会付出更多的努力，从而导致选举前增加预算赤字，扩大公债规模。

本章拓展

有关财政可持续性的经验研究，可拓展阅读 Hamilton 与 Flavin（1986）和 Smith 与 Zin（1991）等文献。对于财政可持续性的衡量，有学者采用比 Bohn 更严格的可持续标准，构造财政反应函数计算"财政空间"，即以当前负债率与估算出来的负债率上限之间的差异来判断财政是否可持续。感兴趣的读者可参阅 Ghosh 等（2013）。关于公债的政治经济学理论，更多的相关知识（包括赤字偏见、财政规则等）可参见 Alesina 等（2015）的研究。

小结

- 李嘉图等价定理的核心思想在于：公债不是净财富，增税与举债产生的经济效应完全相同，无论政府采用债务还是税收进行资金筹集，对消费者消费行为的影响是无差异的，公债无非是延迟的税收。
- 税收平滑理论告诉我们，当财政支出占经济产出总量的比重预计会发生变化时，政府财政出现盈余或赤字是合理的。此时，为保证经济持续增长，政府应保持税率的相对平滑，并通过发行公债筹集资金，在财政支出和总体经济回到正常轨道后，再逐步消化因发行公债而产生的债务。
- 在弱可持续性标准下，Bohn 建立了财政反应函数，以判断财政可持续性。如果财政反馈系数为正，意味着政府可以通过调控预算对公债的增加做出积极反应，财政是可持续的；反之，则财政不可持续的概率将变大。
- 周期预算理论主张财政要发挥熨平经济周期波动的作用。在经济衰退期，政府采取扩张性财政政策，有意识地形成财政赤字；相反，在经济繁荣期，政府采取紧缩性财政政策，有意识地形成财政盈余。如若出现滞胀，该理论将失去解释力。

思考题

1. 简述李嘉图等价定理的前提假设和主要结论。
2. 简述巴罗对李嘉图等价定理的贡献。
3. 论述李嘉图等价定理与税收平滑理论的差别。
4. 论述你对财政可持续性的理解。
5. 论述政治预算周期理论与公债的关系。

阅读与参考文献

[1] 白彦锋，李贞. 李嘉图等价定理与税收平滑定理比较研究[J]. 税务研究，2010（8）：89-92.

[2] 高培勇. 新一轮积极财政政策：进程盘点与走势前瞻[J]. 财贸经济，2010（1）：5-12.

[3] 国家发改委经济研究所课题组（刘国艳，王元，王蕴，等）. 积极财政政策转型与财政可持续性研究[J]. 经济研究参考，2012（2）：3-33.

[4] 郭庆旺，赵志耘. 财政理论与政策[M]. 北京：经济科学出版社，1999.

[5] 李士梅. 公债经济学[M]. 北京：清华大学出版社，2006.

[6] 刘尚希. 财政风险：一个分析框架[J]. 经济研究，2003（5）：23-31+91.

[7] 罗森. 财政学：第4版[M]. 平新乔，译. 北京：中国人民大学出版社，2000.

[8] 邵蔚. 刍议税收平滑理论的现实意义[J]. 理论界，2005（12）：73-75.

[9] 汪昊. 我国税收超额负担变化、原因与对策：基于税收平滑模型的分析[J]. 财贸经济，2007（5）：61-67.

[10] 杨志勇，张馨. 公共经济学[M]. 4版. 北京：清华大学出版社，2018.

[11] 张雷宝. 公债经济学：理论、实践、政策[M]. 杭州：浙江大学出版社，2007.

[12] 周世愚. 政治预算周期理论及其经验研究进展[J]. 经济学动态，2017（11）：115-125.

[13] ALESINA A, PASSALACQUA A. The Political Economy of Government Debt[J]. Handbook of Macroeconomics, 2016(2): 2599-2651.

[14] BOHN H. The Behavior of U. S. Public Debt and Deficits[J]. Quarterly Journal of Economics, 1998(113): 949-963.

[15] BOHN H. The Sustainability of Fiscal Policy in the United States[J]. CESifo Working Paper, 2005(1446): 1-28.

[16] BARRO R. Are Government Bonds Net Wealth?[J]. Journal of Political Economy, 1974, 82(6): 1095-1117.

[17] BARRO R. On the Determination of the Public Debt[J]. Journal of Political Economy, 1979, 87(5): 940-971.

[18] BUITER W H. Guide to Public Sector Debts and Deficits[J]. Economic Policy, 1985, 1(1): 13-79.

[19] DOMAR E D. The Burden of Debt and the National Income[J]. American Economic Review, 1944, 34(4): 798-827.

[20] GHOSH A R, KIM J I, MENDOZA E G. Fiscal Fatigue, Fiscal Space and Debt Sustainability in Advanced Economies[J]. Economic Journal, 2013(123): 4-30.

[21] HAMILTON J D, FLAVIN M A. On the Limitations of Government Borrowing: A Framework for Empirical Testing[J]. American Economic Review, 1986, 76(4): 808-819.

[22] NORDHAUS W. The political business cycle[J]. Review of Economic Studies, 1975, 42(2): 169-190.

[23] ROGOFF K, SIBERT A. Elections and macroeconomic policy cycles[J]. Review of Economic Studies, 1988, 55(1): 1-16.

[24] SMITH G W, ZIN S E. Persistent deficits and the market value of government debts[J]. Journal of Applied Econometrics, 1991, 6(1): 31-44.

4 地方公债的理论分析

学习目标

- 了解地方公债持续增长的基础因素；
- 了解地方公债风险理论；
- 了解地方公债最优规模和最优结构理论。

引例

独山县地处贵州省南部的黔南州，素有"贵州南大门"和"西南门户"之称。虽有地理优势，但因基础设施落后、工业底子薄弱等原因，独山县的经济发展水平和财政收入一直排名靠后。根据《中国纪检监察报》披露，该县原县委书记潘志立在缺乏调研、论证的情况下，以政府信誉为担保，成立多个融资平台，高息吸引投资人，盲目举债打造形象工程、政绩工程，导致新开工项目数量激增，地方债务规模过大、债务风险突出。潘志立被免职时，独山县债务高达 400 多亿元，而且绝大多数债务项目的融资成本超过 10%。针对独山县地方公债问题，黔南州政府在贵州省政府的督促、指导和帮助下，采取了一系列整改措施。截至 2020 年 6 月末，独山县政府债务余额减至 135.68 亿元。

本书第 2 章介绍了地方公债与国债的差异，有关地方公债的理论分析也与第 3 章公债的经济学分析有所差别。相比之下，地方公债的理论分析更关注具体问题，包括地方公债规模为何增长、如何分析地方公债的风险，以及如何优化地方公债的规模和结构等。本章将介绍地方公债增长的基础因素、地方公债的风险理论和最优地方公债理论。

4.1 地方公债增长的基础因素

本节将从经济、政治和社会三个角度，阐释地方公债增长的原因及其机理。

4.1.1 地方公债增长的经济基础

1. 公共产品供给

根据财政学基础理论，公共产品具有非竞争性和非排他性的特征。由于容易造成"搭便车"现象，市场往往无法有效提供公共产品。为避免这一问题，公共产品一般由政府提供。根据公共产品的受益范围，可以将公共产品划分为由中央政府提供的公共产品（中央公共产品）和由地方政府提供的公共产品（地方公共产品）。大部分公共产品属于地方公共产品，例如建设一个大型公园供当地居民休闲娱乐使用。这类公共产品的受益范围有限，且地方政府更了解当地居民对这类公共产品的需求，因此由当地政府提供这类公共产品更有效率。虽然公共产品由政府部门提供，但其生产或建设仍然需要社会支付成本。那么，提供公共产品的成本具体该由谁来承担？如果后来者无须付费即可享受公共产品，那么大量移民的进入就会带来"搭便车"问题，导致当地公共产品供应不足。如果公共产品采用债务融资的方式提供，那么未来的移民就必须通过分摊债务为公共产品付费，这样就缓解了"搭便车"问题，也使得生活在此地的居民更愿意政府提供公共产品。

由此可见，地方公债增长与公共产品供给之间存在密不可分的关系。一方面，各地存在对公共产品的客观需求，而地方公共产品的提供（尤其是公路、铁路和桥梁等交通基础设施的建设）需要大量资金，仅靠税收收入往往不足以应付，需要采用债务融资的方式提供稳定的资金流；另一方面，地方政府在投资建设基础设施等公共产品时，如果没有充分发挥市场在资源配置中的作用，从而举借不必要的债务，也会导致地方公债增长。

2. 宏观经济调控

一国或地区的政府往往采用财政和货币政策熨平经济周期波动。地方公债作为财政政策的一种重要工具，其规模变化与经济的周期性波动也密切相关。20世纪30年代经济大萧条后，公债有助于调控经济增长这一观点被众多经济学家所推崇。此类观点又被称为"公债扩张论"，英国经济学家梅纳德·凯恩斯及美国经济学家阿尔文·汉森、塞穆尔·哈里斯等是代表人物。上述观点的基本理论逻辑如下：短期内，产出由需求决定，财政赤字及较高的公债水平对可支配收入、总需求乃至整个产出都有正面影响，且在经济处于非充分就业的条件下，上述正面影响会更明显；长期看，由于公债扩张有助于缓解经济衰退及其产生的大规模失业，能够帮助劳动者维持和提升劳动能力，因此有利于提高未来的潜在产出。因此，无论是短期还是长期，借助公债政策应对经济波动都将产生比较积极的效应。

地方公债的宏观经济调控功能具体表现为以下几个方面：一是促进地方公共基础设施建设。地方政府通过地方公债筹集资金进行基础设施建设，可以对地方投资产生放大效应，有利于带动当地经济发展。并且，地方公债投资于基建有利于缓解区域发展不平衡。以中国为例，相比于东部沿海城市，我国西部地区城市基础设施不够完备，通过举债方式进行基础设施建设，能够改善营商环境，促进当地招商引资，进而拉动经济增长。二是地方政府债券市场是金融市场的重要组成部分,既可以为其他金融工具提供利率参考,也可以配合货币政策调节市场流动性。三是地方公债能够满足投资者的投资需求。地方公债将居民和企业手中的闲置资金有偿转移到政府手中,有助于缓解资金供给失衡的问题。

由此可见,地方公债是政府调控经济的有力工具,而平抑经济波动是地方公债增长的重要原因。以中国为例,2008 年 11 月,为应对全球金融危机对中国经济的冲击,我国采取了"4 万亿"财政刺激计划。该项计划的资金主要用于基础设施、保障性住房、农村民生工程、社会事业和生态环境等方面的建设,并主要由地方政府通过举债提供资金,起到了稳定信心、保证就业和拉动国内需求等作用,使中国在全球金融危机中免于陷入经济衰退。

3. 财政金融制度

地方公债增长与一国或地区的财政金融制度关联紧密。其中,财政制度主要体现为财政分权,决定了中央(或联邦)政府和地方政府之间财权与事权的划分,会直接影响地方公债的规模。财政分权(财政联邦主义)是研究不同层级的政府之间如何实现资源配置最优化的一种制度设计,其在明确中央政府和地方政府职能分工的基础上,强调地方财政的自主性。地方政府的举债权是建立在财权基础上的一种权利,当地方政府拥有一定的财政自主权,并以有限财力承担过多支出责任时,有可能出现财政失衡现象和举债融资的需求。由中央政府向地方政府下放财权(包括税收权和举债权)以提高对财政资源的调控能力,这是财政分权的主要目标。然而,由于在具体政策实践中,相关制度设计往往难以一步到位,难免存在财政职权在不同层级政府之间的低效或无效配置,进而出现地方政府过度投资、债务规模持续膨胀等问题。以中国为例,从财政分权角度看,1994 年分税制改革之后,财权上移、事权下沉,导致地方政府财力不足与投资发展需求之间的矛盾不断加深。对于投入资金大、回报周期长的基础设施建设,地方政府不得不通过举债融资的方式进行投资,造成地方公债快速增长。

同时,金融制度也会影响一国或地区的地方公债规模。以中国为例,地方政府对地方金融资源有主导权,金融环境的相对宽松对地方公债扩张起到了推波助澜的作用。例如,地方政府会偏向于为地方融资平台公司提供更加优惠的融资渠道,降低平台公司的融资成本,从而助长了地方融资平台大规模的举债行为。

由此可见,一国或地区的地方公债问题是内置于其财政金融体制之中的。有关地方公债与财政金融制度的更多说明,详见本书第 11 章。

4.1.2 地方公债增长的政治基础

1. 晋升激励

本书第 3 章介绍了公债的政治经济学理论,包括"财政幻觉"理论和政治预算周期理论等。上述理论也适用于解释地方公债的增长,但结合中国的实际情况,地方主要领导的晋升激励是影响地方公债增长的关键性政治因素。学术界用晋升锦标赛来描述地方主要领导的晋升激励。所谓晋升锦标赛,是指上级政府为多个下级政府的主要领导设计的一种晋升竞赛,竞赛优胜者将获得晋升,而晋升标准由上级政府决定,可以是 GDP 增长率,也可以是其他可度量的指标。[①]改革开放以来,经济建设成为各级党委和政府的头等大事,因此地方主要领导在任期内的经济绩效成为晋升竞赛的主要考核指标。客观地讲,改革开放初期,选择经济增长作为晋升锦标赛的关键考核指标,有助于减少上下级政府之间的信息不对称,同时节约上级政府的监督成本。然而,以经济指标为核心的晋升激励机制刺激了地方政府持续不断地扩大公共投资,以在晋升竞赛中获得优势,而且由于领导任期和债务期限结构往往不一致,地方公债客观上存在举借权力与偿还责任分离的问题。如果缺乏终身问责等机制设计,上述晋升激励和权责分离势必将加剧地方政府举债的冲动。

2. 双重代理人

地方公债规模的不断增长还与地方政府双重代理人身份有关。一方面,地方政府与中央政府之间存在委托代理关系。中央政府将部分财权和事权划分给地方政府,要求地方政府按照其要求提供公共服务,形成一种委托代理关系。另一方面,地方政府和公众之间也存在委托代理关系。公众委托地方政府提供地方公共产品(Local Public Goods),并通过"用脚投票"(Voting with Feet)等机制激励地方政府提供符合公众需求的地方公共产品。但是,上述委托代理关系中往往存在以下缺陷:一是委托人和代理人的效用函数不一致,即地方政府的目标与中央政府或公众的目标存在差异;二是委托人和代理人责任不对等,即地方政府手握主导权,在提供公共服务或地方公共产品的过程中受到的有效约束较少;三是委托人和代理人之间信息不对称,即相比于中央政府和公众,地方政府往往具有信息优势。

上述缺陷中的信息不对称会导致道德风险、逆向选择等问题,提高代理成本,其结果之一即为地方公债的持续扩张。假设中央政府、地方政府和公众都是理性人,地方政府无论是为了迎合中央政府的政绩考核,还是为了满足自身利益,都有扩大投资支出的冲动。当地方财政收入不能满足投资需求时,地方政府会通过各种渠道筹集资金,进而导致地方公债扩张。中央政府与地方政府存在的信息不对称决定了中央政府对地方政府的监管力度有限,甚至出现中央政府对债务负担重、可能陷入债务危机的地方政府给予援助等预算软约束现象,往往难以有效地约束地方公债的无序扩张。而公众与地方政府之间存在的信息不对称,导致前者难以对地方政府债务扩张计划进行有效监督。

地方公债的信息披露是消除中央政府、公众与地方政府之间信息不对称的重要手段,有助于更好地发挥地方政府的双重代理人角色,降低委托代理成本。因此,从政治基础的角度看,信息披露成为各国地方公债管理实践的共识,详见本书第 2 篇诸章节。

4.1.3 地方公债增长的社会基础

地方公债的存在和增长有其社会基础。随着信息化水平和人民生活水平的不断提

[①] 参见张军和周黎安(2008)。

高，公众对公共服务的需求越来越广泛，对公共服务质量的要求也越来越高。而高质量的公共服务往往需要依托过硬的基础设施和大数据平台等，其中后者的建设需要持续的资金投入，而地方公债能够为高质量公共服务所需要的硬件建设提供便利的融资服务。此外，地方公债有利于促进代际债务公平化。由于基础设施建设项目具有前期资金投入大、项目回报周期长的特点，通过举债融资的方式，由当代人借钱进行基础设施建设，由享受公共基础设施建设便利的下一代人偿还债务，就会使得居民的债务负担与收益之间的匹配更公平。

4.2 地方公债的风险理论

本节将介绍地方公债风险的表现形式、地方公债风险的经济学分析以及地方公债风险管理的相关理论（包括风险预警）。

4.2.1 地方公债风险的表现形式

地方公债风险是指由地方公债的规模过快增长和（或）结构不合理等产生的一系列风险，主要反映在财政和金融领域。按照表现形式，可以将地方公债风险划分为以下四类。

（1）规模风险，是指地方政府无法按时偿还到期债务本息带来的违约风险，是一种常见且负面影响较大的债务风险。以中国为例，结合本书第 2 章对公债分类的介绍，虽然我国地方政府显性债务规模严格控制在限额之内，但存量隐性债务规模较大，导致全口径（包括显性和隐性）地方公债的规模风险不容小觑。并且，由于地区之间债务规模差异较大，尽管从全国范围看地方公债的规模风险整体可控，但部分地区地方公债的规模风险已相当严重。

（2）结构风险，是指地方公债的债务构成结构不合理、债务期限结构不合理导致的偿债风险，也是一种常见的债务风险。其中，债务构成结构是指地方公债中显性债务、直接债务、或有债务和隐性债务的构成比例。一般而言，隐性债务占比越高，地方公债风险越高。债务期限结构是指地方公债的短期、中期和长期债务的构成比例。期限结构不合理容易造成债务与资产期限错配，最终导致流动性风险。

（3）效率风险，是指债务资金使用低效带来的损失。具体表现为，地方政府对地方公债的管理缺乏科学的方法和手段，造成地方公债管理成本高、资金使用效率低下甚至资金闲置等问题。

（4）外在风险（也可称为引致风险），是指无法到期偿还债务引致的其他风险。面对偿债压力时，地方政府往往采用"借新还旧"、增加税费或者提高征税力度、加大土地出让等方式偿还债务，容易对金融市场、实体经济市场主体（主要是企业）和房地产业等产生冲击，增加经济社会发展的不稳定因素。

专栏 4-1 介绍了江苏省镇江市的地方公债风险，包括规模风险、结构风险等。

江苏省镇江市的债务风波

根据江苏省财政厅在 2019 年江苏省两会上披露的数据，2018 年年末镇江市政府债务限额为 732 亿元（一般债务限额为 264 亿元，专项债务限额为 468 亿元），债务余额达到 702.17 亿元（一般债务余额为 241.02 亿元，专项债务余额为 461.15 亿元），债务余额尚在债务限额之内。地方公债的规模风险在表面上看似可控，但是地方政府主导的举债行为并非都在法律（尤其是《预算法》）约束范围之内。镇江市财政局的相关资料指出，部分地区、个别项目实施后存在超过财政承受能力的风险，最终造成"明股实债"，形成政府债务风险；部分项目没有稳定的现金流，导致项目的政府支出责任过分依赖土地、房地产变现收入。

除去上述安排在预算内的债务外，Wind 数据显示，2017 年年末镇江市发过债的融资平台公司有息债务余额合计超过 2800 亿元。国盛证券 2018 年 8 月的研究报告指出，彼时的镇江市的一般公共预算收入为 284.34 亿元，但当地融资平台公司的有息债务余额已经高达 3934.18 亿元，经调整的债率（融资平台公司有息债务/一般公共预算收入）达到了惊人的 1383.62%，居江苏省所有地级市首位。上述资料表明，镇江市地方公债的规模风险和结构风险均十分突出，其规模庞大的隐性债务对该市经济社会平稳发展带来了巨大隐患。

资料来源：21 世纪经济报道. 还原镇江债务风波：主动试点化解债务，压缩融资链[EB/OL]. http://finance.sina.com.cn/roll/2019-07-31/doc-ihytcitm5804418.shtml，2019-07-31.

4.2.2 地方公债风险的经济学分析

本节将从经济学角度对地方公债风险进行分析，探讨地方公债风险升高的原因，以及债务风险在上下级政府之间乃至跨区域扩散的机制。

首先，从中央与地方的博弈角度分析地方公债风险。借助经典的博弈论分析框架[①]，假设债务管理的参与者（包括中央政府和地方政府）在博弈过程中信息是不完全的，即地方政府不确定中央政府是否会在其陷入债务危机时给予及时救助。在这个非完全信息的博弈模型中，假设中央政府分为"坚定型"和"非坚定型"两类。"坚定型"是指中央政府在地方政府发生债务违约时，采取不救助的策略；"非坚定型"是指中央政府没有完全遵守不救助的策略，在地方政府发生债务违约时进行救助。当地方政府受到负面的财政冲击时，博弈开始，地方政府就会采取举债方式进行财政调整，直至负面冲击的成本完全内化。但是，地方政府的举债行为往往不可持续，此时地方政府希望中央政府能够给予救助。如果中央政府是"非坚定型"，选择提供救助，并付出一定成本，则博弈结束。如果中央政府是"坚定型"，选择不救助，则博弈进入下一阶段。

[①] 参见张维迎（1996）。

在这一阶段，地方公债风险不断累积，造成的负面影响逐步扩大，中央政府的救助成本也随之提高。地方公债风险造成的社会损失越大，中央政府基于全社会福利最大化原则给予救助的可能性越高。因此，在非完全信息模型中，多轮博弈后中央政府往往不得不对地方政府进行债务救助，而基于上述预期，地方政府从一开始就会扩大债务规模，导致地方公债风险持续升高。学术界也将上述过程称为公债风险的自我实现（Self-fulfilling）过程。

虽然上述模型对中央政府的假设过于单一、固化，地方政府的判断机制也比较简单，无法量化考察中央政府和地方政府的成本收益的复杂变化，但这类模型能够说明地方公债风险升高的内在机制，并部分反映地方公债风险的纵向扩散机理。

其次，基于外部性理论讨论地方公债风险。所谓外部性，是指某一经济主体对另一经济主体产生的未通过市场机制补偿的影响。市场外部性分为两类：一是承担了成本却没有获得相应收益的正外部性；二是得到了好处却没有为此付出代价的负外部性。财政的外部性与市场的外部性类似，也划分为正外部性和负外部性两类。当某一辖区内发生公债风险时，如果不是通过本辖区内的资源缓解债务风险，而是通过从其他辖区获取财政资源来缓解本地债务风险，此即地方公债风险的负外部性，也可形象地描述成地方公债风险产生了"空间外溢"。在这种情况下，地方公债风险在地区之间相互影响、相互传染，就会导致更大范围和更深程度的公债风险扩散。

最后，基于政治经济学理论来分析地方公债风险。西方的新政治经济学相关研究对地方公债风险有以下三种解释：一是在任领导人可能通过积累地方公债以限制继任者的支出；[①]二是不同部门在分担地方公债风险上存在分歧，即每个利益集团都想分担更少的地方公债负担，这会阻碍地方公债风险化解的顺利推进；[②]三是地方公债风险的产生与地方官员展示自己的能力有关，即政治家通过高支出、低税收显示自己的能力，以谋求连任，从而导致地方公债不断累积，最终产生风险。

4.2.3 地方公债风险管理的相关理论

管理上的问题是产生地方公债风险的一类重要原因，如债务规模与偿债能力不匹配、偿债机制不完善及债务管理体制不健全等。因此，通过科学管理，有助于防范与化解地方公债风险。其中一种有效途径是开展专门的地方公债风险管理，具体是指地方政府通过评估公债风险，采用相应的风险控制手段，以最小成本降低风险损失的一个动态过程。地方公债风险管理的框架示意图如图 4-1 所示。

地方公债风险管理主要包含风险评估和风险控制两部分。由于风险评估是进行风险控制的前提条件，因此风险管理始于风险评估。地方公债风险评估主要是由风险分析和风险评价两部分组成，而风险分析又包含地方公债风险的识别和测算。其中，风险识别是指寻找债务风险的来源、债务风险的表现形式，并识别地方公债风险是否存

[①] 参见 Persson 和 Svensson（1989）。
[②] 参见 Alesina 和 Drazen（1989）。

在传递效应和联动影响等；风险测算是指应用相关理论和方法对债务风险发生的概率、债务风险的严重程度等进行测算。

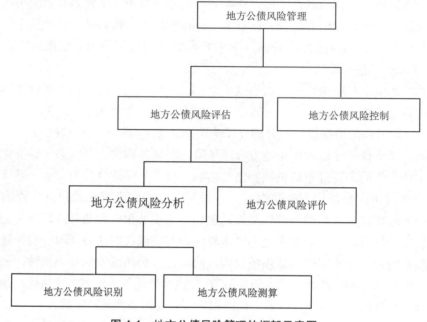

图 4-1 地方公债风险管理的框架示意图

资料来源：笔者根据相关文献资料整理得到。

1. 地方公债风险评估

地方公债风险评估的具体方法分为两类：一类为单指标衡量方法，是指使用未经过系统化、结构化的指标评估债务风险。比较常用的指标有负债率、债务负担率（也简称债务率）、债务依存度和偿债能力等。负债率是指地方公债余额与当地生产总值之比，反映当地经济对地方公债存量的支撑度。欧盟的《马斯特里赫特条约》规定负债率的标准为60%。债务负担率是指地方公债余额占地方政府综合财力的比重，反映地方财力对地方公债存量的负担程度。债务依存度是指地方公债增量与地方政府财政支出之比，衡量地方公共支出对地方公债的依赖程度。偿债能力指标通常用还本付息额与财政收入之比表示。

另一类为综合评价法，是利用统计和运筹等领域的理论与方法，将一些具有较高代表性的常规指标合成一个新的风险指标，以提高债务风险评价的全面性。综合评价法主要包括两类：一类是根据不同指标的重要程度赋予不同的权重，合成一个单一的风险指标进行分析；另一类是利用层次分析法进行多层次的综合指标分析，采用有序的递进结构，对债务风险进行系统化结构分析。本书第 13 章主要使用单一指标法衡量地方政府债务风险。

2. 地方公债风险控制

地方公债风险管理的最终目的是降低债务风险发生的可能性。为了最大限度地降低地方公债的发生概率和损失，有必要专门探讨地方公债风险控制的理论和方法。实施风险控制的方法主要有风险回避、风险分散、风险转移和风险化解（风险内部化）。风险回避就是直接回避、放弃这类项目，从源头上避免风险的发生。风险分散是指通过采取多种举债方式分散融资风险及偿债压力。例如，地方政府综合利用信贷、债券、PPP 等多种方式举借债务。风险转移是对风险造成的损失进行转移。例如，上一级政府对下一级政府的地方公债风险的救助策略就是将风险由下一级政府转移到上一级政府。风险化解是指在债务风险发生前，采取剥离风险资产或计提风险准备金等控制措施，降低风险发生概率，并在风险发生后，实施积极的补救措施，尽可能降低债务风险带来的损失。

3. 地方公债风险预警

风险预警是风险评估的延伸和应用，也是风险控制的重要依据。构建地方公债风险预警体系，首先要选取合适的风险预警指标，如地方政府债务率（债务/综合财力）、负债率（债务/GDP）和偿债率（还本付息额/综合财力）等。然后，根据地方公债的管理目标和风险控制标准（风险预警线），对现实中的各种债务风险进行测算、分析、汇总和判断，寻找引起债务风险的原因。最后，对有关部门发出警告，提出防范与化解风险的针对性措施。

基于理论模型分析地方公债的可持续性，可以为地方公债风险预警体系提供风险预警线，即在何种情况下，可以确定地方公债规模已威胁到财政可持续性。下文将介绍这类理论模型。

首先，地方政府的预算约束可以表示为

$$S_{t+1} = \frac{1+R_{t+1}}{1+g_{t+1}} d_t - d_{t+1} \tag{4-1}$$

式中，S_{t+1} 表示第 $t+1$ 期的地方政府盈余占 GDP 的比值；d_t 表示负债率，即债务/GDP；R_{t+1} 表示债券的净收益率；g_{t+1} 表示 GDP 增长率。当债务利率高于经济增长率时，当前债务必须由未来盈余弥补；相反，如果利率低于经济增长率，则政府不受跨期预算约束的限制。

结合本书第 3 章介绍的财政可持续理论，地方政府财政盈余对债务的非线性反应函数为

$$s_{t+1} = \mu + f(d_t) \tag{4-2}$$

式中，函数 $f(.)$ 连续可微，表示地方政府盈余对负债率的反应函数；μ 用于表示除负债率之外影响政府预算平衡的其他因素。根据式（4-2）可知，政府盈余主要取决于上一期的负债率。

根据式（4-1）和式（4-2），可以得到地方政府负债率影响地方政府盈余的动态模型，具体表示为

$$\mu + f(d_t) = \left(\frac{1+R_{t+1}}{1+g_{t+1}} - 1\right) d_t - \Delta d_{t+1} \tag{4-3}$$

式中，$\Delta d_{t+1} = d_{t+1} - d_t$。式（4-3）从理论上简要说明了实现财政可持续需要满足的条件。

下面重点介绍对财政可持续性的两种实证检验方法：Bohn 可持续法则和一般化的偿付能力法则。Bohn 可持续法则指出，无论当前和未来的利率如何，只要一般预算盈余与 GDP 的比率对地方公债余额与 GDP 的比率表现出持续的正向反应，地方公债便可持续。地方公债的可持续性是指在既定的融资成本条件下，能够维持一种未来任何时期经济同步增长且地方政府按时偿还到期债务的本金和利息的状态。据此，Bohn 提出的线性规则为

$$s_t = \rho d_t + \mu_t \tag{4-4}$$

式中，s_t 和 d_t 分别表示 t 期开始时的一般预算盈余与 GDP 的比率和地方公债余额与 GDP 的比率，而 μ_t 是影响 s_t 的其他因素。在此规则中，ρ 是一个常数，表示一般预算盈余对政府债务余额的边际反应。当 ρ 为正时，地方公债余额与 GDP 比率的上升会导致一般预算盈余与 GDP 比率的提高，这反过来又会降低地方公债余额与 GDP 的比率。因此，一个正的且具有统计意义的 ρ 表示只要在将来能够维持这种规则，公债就是可持续的。

但是，Bohn 可持续法则存在一个明显缺陷，即回归系数 ρ 并不会长期固定不变，而是经常随债务和财政盈余状况发生变化。一般化的偿付能力法则正是针对 Bohn 可持续法则的上述缺陷，在式（4-4）中引入地方公债余额占比与其移动平均值的差值的平方项，检验时间变化的财政可持续性。此时，可持续规则变为

$$s_t = \rho_t d_t + \mu_t \tag{4-5}$$

式（4-5）类似于 Bohn 可持续法则，不同之处在于 ρ_t 会随时间发生变化。对于这种类型的财政政策，以下两个条件（C1、C2）共同确保了地方财政的偿付能力。

$$(\text{C1}): \quad 0 \leq \rho_t < 1 \tag{4-6}$$

$$(\text{C2}): \quad \limsup_{t \to \infty} \rho_t > \rho^* > 0 \tag{4-7}$$

如果随时间变化的一般预算盈余占 GDP 的比值对公债余额占 GDP 的比值的边际反应总是非负的（C1），并且无限次边际反应的期望也是正的（C2），那么就可以满足政府跨期预算约束，实现公债可持续。

当然，可持续性只是明确风险边界的一种方式，而非唯一方式。也有研究根据历史数据测算出地方政府可承受的最高债务水平，用该水平减去当期实际债务水平，得出所谓的财政空间（Fiscal Space），然后根据财政空间的大小进行风险预警。

4.3　最优地方公债理论

本节将重点介绍地方公债的最优规模理论，而在"本章拓展"里简要介绍地方公债的最优结构理论。下文将在一个简单的内生增长模型中，介绍地方公债最优规模的基本思想。内生增长模型强调储蓄、人口增长和技术进步对经济增长的影响。首先，公共投资可以通过改变资本和劳动的边际生产力影响经济增长，因此将地方公共投资纳入当地生产函数。其次，公共支出会影响家庭的福利水平，因此将公共支出纳入当地家庭的效应函数。

4.3.1 家庭部门

使用柯布—道格拉斯形式反映某地家庭部门的需求，具体见式（4-8）。

$$C_t = c_t^\theta G_{ct}^{1-\theta} \tag{4-8}$$

式中，C_t 表示总消费；c_t 和 G_{ct} 分别表示私人品消费和（地方）公共品消费；θ 是私人消费弹性，表明私人品消费与公共品消费之间存在一定的替代关系。无限期经济中，家庭部门的效用函数为

$$U(C_t) = \int_0^\infty \left[\frac{(C_t)^{1-\sigma}-1}{1-\sigma}\right] e^{-\rho t} dt \tag{4-9}$$

式中，ρ 为贴现因子；σ 是相对风险厌恶度。假设 W_t 是家庭在 t 时期持有的资产，Y_t 为家庭在 t 时期的劳动收入，r 是利率水平，D_t 是地方公债，可以得出家庭部门的预算约束为

$$W_{t+1} = (1+r)W_t + Y_t + rD_t - c_t - G_{ct} \tag{4-10}$$

根据式（4-9）和式（4-10）可以得出家庭部门效用最大化的一阶条件是：$c_t^* = \theta G_{ct}^* / (1-\theta)$。

4.3.2 生产部门与政府部门

假定某地生产部门的生产函数为

$$Y_t = AK_t^\alpha G_{kt}^\beta L^{1-\alpha-\beta}$$

式中，Y_t 代表产出；A 代表技术水平；K_t 代表私人资本存量；G_{kt} 代表地方政府的资本性支出；L 代表劳动力；α、β 分别代表私人资本和政府资本对产出的弹性。

假设政府资本性支出由税收和地方公债提供资金，地方政府对产出和债务利息所得征收比例税，那么地方政府的预算约束为

$$\tau(Y_t + rD_t) + \dot{D}_t - rD_t = G_t = G_{ct} + G_{kt} \tag{4-11}$$

式中，τ 代表税率；$\dot{D}_t$ 代表新增地方公债。政府资本积累方程可以表示为

$$\dot{G}_{kt} = \phi G_t - \delta G_{kt} = \phi\left[\tau Y_t + \dot{D}_t - (1-\tau)rD_t\right] - \delta G_{k,t} \tag{4-12}$$

式中，δ 代表折旧率；ϕ 代表政府投资份额。

私人资本积累取决于私人储蓄和资本折旧：

$$\dot{K}_t = (1-\tau)(Y_t + rD_t) - C_t - \delta K_t \tag{4-13}$$

将家庭部门效用最大化的一阶条件 $c_t^* = \theta G_{ct}^* / (1-\theta)$ 和地方政府预算约束式（4-11）代入式（4-13）可得

$$\dot{K}_t = [(1-\tau)(1+rd_t) - \frac{\theta}{1-\theta}(1-\phi) - [\eta d_t - (1-\tau)rd_t + \tau]]Y_t - \delta K_t \tag{4-14}$$

式中，$d_t = D_t / Y_t$（即负债率）；$\eta = \dot{D}_t / D_t$（即地方公债增长率）。根据式（4-12）和式（4-14），得到政府和私人资本积累的人均形式为

$$\dot{g}_{kt} = \phi[\eta d_t - (1-\tau)rd_t + \tau]y_t - (\delta + n)g_{kt} \tag{4-15}$$

$$\dot{k}_t = [(1-\tau)(1+rd_t) - \frac{\theta}{1-\theta}(1-\phi)[\eta d_t - (1-\tau)rd_t + \tau]]y_t - (\delta+n)k_t \quad (4\text{-}16)$$

在稳态均衡下，资本和消费的增长率等于零，得出均衡人均产出为

$$y^* = A[f[nd_t - (1-\tau)rd_t + \tau]]^{\frac{\beta}{1-\alpha-\beta}}(\delta+\eta)^{-\frac{\alpha-\beta}{T-\alpha-\beta}}$$

$$[(1-\tau)(1+rd_t) - \frac{\theta}{1-\theta}(1-\phi)[\eta d - (1-\tau)rd_t + \tau]]^{\frac{\alpha}{1-\alpha-\beta}} \quad (4\text{-}17)$$

从式（4-17）可以看出，均衡人均产出取决于内生和外生因素，以及弹性参数。内生因素包括政府支出的构成、税率和公债；外生因素包括利率、折旧率、技术和人口增长；弹性参数包括私人资本和政府资本性支出的产出弹性，以及私人消费弹性。

4.3.3 地方公债最优规模

对式（4-17）两边取对数，并对公债规模 d 求导数，可以得出地方公债最优规模的一阶和二阶条件为

$$\frac{\partial(\dot{y}/y)}{\partial d} = 0 \Rightarrow d_{opt} = \frac{(\alpha+\beta)(1-\phi)\tau\frac{\theta}{1-\theta} + \left[\frac{(\alpha+\beta)\tau r - \beta(r-\eta)}{(1-\tau)r - \eta}\right](1-\tau)}{(\alpha+\beta)\left[r(1-\tau) + \frac{\theta}{1-\theta}(1-\phi)[(1-\tau)r - \eta]\right]} \quad (4\text{-}18)$$

$$\frac{\partial^2\left(\frac{\dot{y}}{y}\right)}{\partial d^2} = -\frac{\beta}{1-\alpha-\beta}\left[\frac{\eta-(1-\tau)r}{\varpi}\right]^2 - \frac{\alpha}{1-\alpha-\beta}\left[\frac{(1-\tau)r - \frac{\theta}{1-\theta}(1-\phi)[\eta-(1-\tau)r]}{(1-\tau)(1+rd) - (1-\phi)\varpi\frac{\theta}{1-\theta}}\right]^2 < 0 \quad (4\text{-}19)$$

式（4-18）中的 d_{opt} 即地方公债的最优规模。根据以上理论分析，地方公债的最优规模与公债收益率（r）、政府资本投资对产出的弹性（β）、社会资本对产出的总弹性（$\alpha+\beta$）、私人品消费和公共品消费的替代弹性（$\frac{\theta}{1-\theta}$）及政府投资份额（ϕ）呈正相关关系，但与税率（τ）和公债增长率（η）负相关。

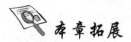

本章拓展

现实世界中，地方政府不断换届，且各个时期的财政政策也存在差异，因此上一任政府设定的最优政策对于下一任政府可能不是最优的，此即最优政策的时间不一致性（Time Inconsistency）。地方政府能否做出具有充分约束力的承诺，在跨期的债务最优政策选择中具有重要意义。结合 Lucas 和 Stokey（1983）的研究，当现任地方政府不具备充分的承诺能力，但又必须偿还前任政府留下的债务时，地方公债的期限结构十分重要，它能够保证最优政策的时间一致性（Time Consistency）。现任地方政府在前任政府留下的地方公债的约束下，自主地选择最优政策，其最优解与前任政府设定的最优政策相一致的债务期限结构即为最优债务结构。

小结

- 公共产品供给、宏观经济调控和财政金融制度构成了地方公债增长的经济基础。
- 晋升激励和双重代理人是地方公债增长的政治基础。
- 对高质量的公共服务的需求及公共服务收益—成本在代际间的公平分担是地方公债增长的社会基础。
- 地方公债风险的表现形式包括规模风险、结构风险、效率风险和外在风险。
- 可以从博弈论、外部性理论和政治经济学视角,对地方公债风险进行经济学分析。
- 理论上,地方公债的风险管理包括风险评估和风险控制。其中,风险评估又分为风险分析和风险评价。风险预警是风险评估的延伸和应用,也是风险控制的重要依据。
- 在内生增长模型下,地方公债的最优规模取决于内在和外在因素,以及一些弹性参数,而地方公债的最优结构旨在解决财政政策的时间不一致性。

思考题

1. 论述你对地方公债增长的经济、政治和社会基础的理解。
2. 地方公债风险的表现形式有哪些?简述这些风险表现形式的差别。
3. 简述地方公债风险评估与风险控制的关联。
4. 简述地方公债风险预警的基本思想。
5. 如何理解地方公债的最优规模?

阅读与参考文献

[1] 陈菁,李建发. 财政分权、晋升激励与地方政府债务融资行为:基于城投债视角的省级面板经验证据[J]. 会计研究,2015(1):61-67+97.

[2] 范剑勇,莫家伟. 地方债务、土地市场与地区工业增长[J]. 经济研究,2014,49(1):41-55.

[3] 龚强,王俊,贾珅. 财政分权视角下的地方政府债务研究:一个综述[J]. 经济研究,2011,46(7):144-156.

[4] 黄春元,毛捷. 财政状况与地方债务规模:基于转移支付视角的新发现[J]. 财贸经济,2015(6):18-31.

[5] 刘尚希. 地方政府或有负债:隐匿的财政风险[M]. 北京:中国财政经济出版社,2002.

[6] 毛锐,刘楠楠,刘蓉. 地方政府债务扩张与系统性金融风险的触发机制[J]. 中

国工业经济，2018（4）：19-38.

[7] 缪小林，伏润民. 权责分离、政绩利益环境与地方政府债务超常规增长[J]. 财贸经济，2015（4）：17-31.

[8] 杨继东，赵文哲，刘凯. 刺激计划、国企渠道与土地出让[J]. 经济学（季刊），2016，15（3）：1225-1252.

[9] 张军，周黎安. 为增长而竞争：中国增长的政治经济[M]. 上海：格致出版社，2008.

[10] 张维迎. 博弈论与信息经济学[M]. 上海：上海人民出版社，1996.

[11] 钟辉勇，陆铭. 财政转移支付如何影响了地方政府债务？[J]. 金融研究，2015（9）：1-16.

[12] ALESINA A, DRAZEN A. Why are Stabilizations Delayed?[J]. American Economic Review, 1989, 81(5): 1170-1188.

[13] LUCAS R J, STOKEY N L. Optimal fiscal and monetary policy in an economy without capital[J]. Journal of Monetary Economics, 1983, 12(1): 55-93.

[14] PERSSON T.SVENSSON L E. Why a stubborn conservative would run a deficit: Policy with time-inconsistent preferences[J]. Quarterly Journal of Economics, 1989, 104(2): 325-345.

[15] SCHULTZ C, SJÖSTRÖM T.Public Debt, Migration, and Shortsighted Politicians[J]. Journal of Public Economic Theory, 2004, 6(5): 655-674.

第 2 篇

政策实践

5 美国的地方公债实务

6 欧洲国家的地方公债实务

7 日本的地方公债实务

8 中国的地方公债实务

9 其他发展中国家的地方公债实务

5 美国的地方公债实务

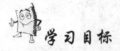 学习目标

- ▶▶ 了解美国政府层级和政府间财政关系；
- ▶▶ 掌握市政债券的含义和类型；
- ▶▶ 了解美国地方公债的资金运行及风险控制；
- ▶▶ 了解美国地方公债的危机化解。

 引例

2013年7月18日，素有"汽车之城"美誉的美国密歇根州最大的城市底特律向美国联邦法院申请破产，这个案子成为当时美国规模最大的地方政府破产案。该市破产的原因主要是市政府投入巨额资金用于基础设施项目建设，但大多数项目的经营发生亏损，同时市政府每年需要支付大量的养老金和社会福利等公共支出，导致政府负债率过高，收支严重不平衡，市政府无力偿还债务。据统计，2013年，底特律市政府负债超过180亿美元，仅养老金方面的负债就高达35亿美元，而当年底特律财政收入总额仅为11.21亿美元。底特律市的债务危机和破产风波并不是个案。近年来，美国多个地方政府出现债务危机。例如，2011年，美国亚拉巴马州杰斐逊县政府宣布破产，债务规模达41亿美元；又如，2017年，美国的海外自治领地波多黎各宣布历史性的债务重整，其债务规模达到700亿美元，成为美国市政债市场上规模最大的一次破产事件。

本书第2篇包括第5章至第9章，将介绍市场经济发达国家和发展中国家（包括中国）的地方公债政策实践，帮助读者了解各国在地方公债管理方面的制度设计和经验教训。本章将介绍美国地方公债的政策实践。美国联邦宪法在规定美国的政府管理层级和财政关系的同时，也赋予了各州及州以下地方政府一定的政治与经济自治权，使其能通过发行地方公债等形式筹资。美国地方公债主要以市政债券（Municipal Bonds）为主，而市政债券是由州和地方政府及地方投资机构为提供公共服务（学校、道路等）而发行的债务工具。

5.1 美国的政府层级和市政债券

5.1.1 美国的政府层级

美国属于典型的联邦制国家，其政府组织架构包括联邦政府和 50 个州政府，以及 8 万多个县、市、镇、学区或其他特别服务区。在联邦宪法下，美国联邦政府（Federal Government）、州政府（State Government）和地方政府（Local Government）承担各自的职责，并在各自的权限范围内享有部分权力。在美国州政府之下，还有市政府、县（或郡）政府和村镇政府等地方政府。这些地方政府比联邦政府和州政府更贴近民众，管理与民众生活休戚相关的事务，如警务、卫生、教育和公共交通等。

5.1.2 美国的政府间财政关系

美国联邦宪法在对各级政府权力进行明确划分的同时，也确立了三级财政体制。下文将从支出责任划分、收入划分和转移支付体系三个方面进行简要介绍。

1. 政府间支出责任划分

联邦宪法规定，联邦政府应以全国性国防和公共福利为职责，具体包括国防、对外贸易、征税、货币发行，对州及州以下地方政府的补贴，对能源、环境、农业和交通等项目的补贴等；州政府主要负责州内管辖的事务；地方政府的权责则由所属州宪法及相关法律规定。从具体的职责范围来看，州政府和地方政府主要提供基本公共服务，如地方警务、基础教育和中等教育、消防、地方公共卫生和交通等。由于法律明文规定各级政府职责，因此各级财政对支出责任的划分也得到了明确。

2. 政府间收入划分

与支出责任相对应，各级政府均拥有一定的税权。美国税收体系包括联邦税、州税和地方税。联邦政府的税收收入主要来自个人所得税与工薪税；州政府则主要依赖于销售税和个人所得税；财产税是州以下地方政府的主要税收来源。

3. 政府间转移支付体系

美国州及州以下地方政府对联邦政府拨款有较强的依赖性。联邦政府对地方政府的几乎所有活动均有拨款计划。其中，教育、卫生、交通和地区发展等方面的拨款占比较高。州政府得到的联邦政府拨款有相当部分将再转拨给州以下地方政府，而州政府本身也会向州以下地方政府进行转移支付，其中大部分针对基础教育和中等教育。

5.1.3 美国市政债券概况

1. 美国市政债券的发展历程

由于税权有限，美国数量庞大的地方政府往往依赖举债解决公共项目筹资问题，其代表性的举债方式是发行市政债券。19 世纪早期，美国不少地区需要大量资金投入到开发建设中。为了减轻财政压力，这些地区的地方政府发行了所谓的市政债券。

1812 年，美国纽约州开凿伊利运河，但严重缺少建设资金，于是采用发行市政债券的方法筹措资金，并仅用 5 年就建成了运河及其相关设施。此后，美国其他州纷纷效仿，采用发行市政债券的方式为开发建设筹集资金，导致各州债务规模急剧上升。1916 年，美国各州及州以下地方政府的债务总额达到 4.65 亿美元，占当年 GDP 的 11.6%。

"二战"后，美国的地方公债进入平稳发展时期，但债务规模仍不断增长。1991 年，美国州及州以下地方政府的债务规模约 9200 亿美元，如表 5-1 所示。同时，州及州以下地方政府依靠发行市政债券开展项目建设的领域也愈加广泛，包括教育、公路运输、社会福利和市政设施建设等。2002 年，州及州以下地方政府的债务余额升至约 1.68 万亿美元，相当于当年美国全国的财政收入总额。2004 年以来，美国市政债券每年的发行规模基本保持在 3 千亿美元以上，如图 5-1 所示。2019 年年底，市政债券规模约 3.18 万亿美元，占美国债券市场的份额约为 12.3%。市政债券既是支持地方基础设施项目建设的主要融资手段，又是一种重要的金融产品。

表 5-1　美国地方公债规模（1991—2019 年）

单位：万亿美元

年份	总债务	州债务	州以下债务	年份	总债务	州债务	州以下债务
1991	0.92	0.35	0.57	2006	2.20	0.87	1.33
1992	0.98	0.37	0.61	2007	2.41	0.94	1.47
1993	1.02	0.39	0.63	2008	2.57	1.01	1.56
1994	1.07	0.41	0.66	2009	2.71	1.05	1.66
1995	1.12	0.43	0.69	2010	2.85	1.12	1.73
1996	1.17	0.45	0.72	2011	2.92	1.14	1.78
1997	1.23	0.46	0.77	2012	2.95	1.15	1.80
1998	1.28	0.48	0.80	2013	2.96	1.14	1.82
1999	1.37	0.51	0.86	2014	2.98	1.15	1.83
2000	1.45	0.55	0.90	2015	3.00	1.16	1.84
2001	1.56	0.58	0.98	2016	3.04	1.18	1.86
2002	1.68	0.64	1.04	2017	3.07	1.16	1.91
2003	1.81	0.70	1.11	2018	3.11	1.17	1.94
2004	1.95	0.75	1.20	2019	3.18	1.20	1.98
2005	2.09	0.81	1.27				

资料来源：根据 https://www.usgovernmentspending.com/ 整理得到。

由于市政债券构成了美国地方公债的主体，下文的内容将围绕市政债券展开。

2. 美国市政债券的发行主体

美国市政债券的发行主体包括州及州以下地方政府及其下属机构和债务融资平台。其中，州及州以下地方政府是最主要的发行主体。除此之外，美国各州及州以下地方政府通常也会设立融资平台，专门发行市政债券。以纽约市为例，该市政府下属各市政单位、公司可发行市政债券。例如，纽约市水务局可发行市政债券，为水利建设项目融资；由市政府设立的哈德逊广场建设发展公司可发行市政债券，为市政建设项目筹措资金。

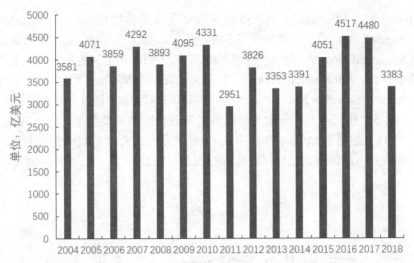

图 5-1 2004—2018 年美国市政债券发行规模统计

资料来源：根据美国证券业与金融市场协会（Securities Industry and Financial Markets Association）发布的相关数据绘制。

3. 美国市政债券的类型

按照偿债来源不同，美国的市政债券分为一般责任债券（General Obligation Bonds）和收益债券（Revenue Bonds）。

州及州以下地方政府都可发行一般责任债券。一般责任债券是指不以资产为担保品，而是以发行机构（即地方政府）的声誉和信用作为担保并以政府税收偿还的债券。州政府的税收主要有销售税、财产税、个人所得税、企业所得税以及具有各州特色的特殊税种等，而州以下地方政府的主要税收是财产税等。一般责任债券的信用仅次于国债，安全性强，出现违约的情况极为罕见。此类债券通常用于非经营性的公共设施建设，如修建高速公路、飞机场、公园及其他市政设施。一般责任债券的发行需要经过严格的预算审批程序，有时甚至需要经过选民表决。

收益债券的发行主体是州及州以下地方政府或相应授权机构（如纽约新泽西港、洛杉矶运输局等）。收益债券主要用于支持特定项目，并以项目作为担保，其还本付息的来源也是依靠特定项目的收入。这些项目主要是准公益性的公共服务，包括收费公路、港口、机场和供水供气设施等。[①]由于项目风险相对较小，因此收益债券的信用级别也较高。但因为还款资金来源比较单一，所以收益债券的风险高于一般责任债券。收益债券的发行审批相对宽松，一般不需要经选民表决。

除上述两种主要类型外，美国的市政债券还有以下几种类型：① 受限特定税种债券（Limited and Special Tax Bonds），以汽油税、特别捐税等特定税种的收入作为偿债保证；② 工业收入债券（Industrial Revenue Bonds），是由地方组织设立的工业发展代理机构发行，用于筹集建设私人投资者不愿投资的工业项目所需资金，待建成后出租给私人企业，用租金来还本付息的债券；③ 住房债券（Housing Bonds），发行主体是

[①] 1895 年，美国发行了第一笔收益债券，为位于华盛顿州斯波坎郡（Spokane, Washington）的水务设施建设融资，其偿债资金来自使用者缴纳的水费。

各州及州以下地方政府,用于为家庭住房按揭贷款提供担保;④ 双重收入来源债券(Double Barreled Bonds),即偿债来源多样,是一般责任债券和收益债券的结合;⑤ 市政票据(Municipal Notes),是一种期限一般在 60 天到 1 年之间的短期债务工具;⑥ 预期税收票据(Tax Anticipation Notes),是基于未来税收收入发行的债券;⑦ 预期收入本票(Revenue Anticipation Notes),以可得到的联邦政府预期补助收入为依据发行的债券。

20 世纪 50 年代之前,一般责任债券是市政债券的主要类型,而之后收益债券开始大量发行并占据重要地位。1980 年,收益债券占比首次超过一般责任债券。近年来,收益债券占市政债券的比例保持在 60% 左右,2018 年这一比例约为 58%,如图 5-2 所示。

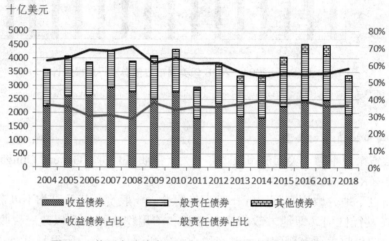

图 5-2　美国市政债券 2004—2018 年的发行情况及占比

资料来源:笔者根据美国证券业与金融市场协会(Securities Industry and Financial Markets Association)相关数据绘制。

收益债券逐渐成为市政债券主导品种的原因主要有以下两点:第一,相较于一般责任债券,收益债券受约束较少,发行程序较简单;第二,收益债券有利于市政债券发行所支持项目的受益群体和偿债资金来源更好地匹配,即"谁使用,谁付费"。

此外,随着世界各国对绿色金融和可持续发展日趋重视,2013 年美国发行了首只绿色市政债券,其特点是所募集的资金主要用于投资节能环保、清洁能源、绿色交通和建筑等绿色领域。2018 年,美国各地共发行 341 亿美元的绿色市政债券,绿色市政债券成为地方公债里的一抹亮色。

 专栏 5-1

美国绿色市政债券

根据 ASCE[①]估计,美国每年需要耗费 2 万亿美元修复和维持老化基建设施的基本运转,还需要 2 万亿美元以应对自然环境(气候等)加速变化带来的灾害。在财政资

---

① 即美国土木工程师协会(The American Society of Civil Engineers)。

金不足的情况下，美国市政债券以其高信用资质和独特的税收优势（利息收入免税或适用最低税率），激发了美国地方政府对绿色投资的热情。

2013 年，马萨诸塞州发行了美国历史上首只绿色市政债券，该期债券规模为 1 亿美元，主要投向净水设备、节能建筑和土地修复等。该期债券的市场反响热烈，获得 30%以上的超额认购，有 8～10 家此前从未购买过马萨诸塞州市政债券的投资机构也参与了认购。该笔绿色市政债券的信用评级是 AA+，但其利率比信用评级为 AAA 的一般责任市政债券更低，因此马萨诸塞州政府节约了大量利息费用。在第一期绿色市政债券取得成功之后，2014 年，马萨诸塞州发行了第二期绿色市政债券，同样获得了市场的欢迎。表 5-2 列出了两只绿色市政债券的具体情况。

表 5-2 美国马萨诸塞州 2013—2014 年发行的绿色市政债券的基本情况

年份	规模	期限	利率	用途
2013	1 亿美元	20 年	3.20%	清洁用水项目、公共建筑效能、环境整治、土地征用、开放空间保护及栖息地恢复工程等
2014	3.5 亿美元	5～17 年	2.45%	为水基础设施项目提供资金，包括河床恢复、开放空间保护和雨水管理等

资料来源：美国市政债券规则委员会（MSRB）。

近年来，美国绿色市政债券迎来飞速发展。截至 2017 年年末，美国 31 个州（市）政府共发行 59 期绿色市政债券，合计规模约 120 亿美元；其中，发行额排名前三的州政府分别为纽约州、加利福尼亚州以及马萨诸塞州，三地发行的绿色市政债券合计占比为 64%。2018 年第一季度，受到新税收和就业法案的影响，市政债券的免税效应对投资者的吸引力有所降低，使得美国绿色市政债券的发行规模减少。

美国绿色市政债券主要分为一般责任债券、收益债券、项目债券以及资产证券化债券，其中收益债券占比最高。绿色一般责任债券以州市政府信用为基础，通常以政府税收收入作为偿债来源，审批程序严格，通常需要由公民投票通过后才可发行。绿色收益债券的发行程序较为简单，以某类绿色项目产生的现金流（包括由该绿色项目产生的经营收入和税收收入等）为偿债来源。绿色项目债券是绿色收益债券的一种特殊形式，以特定绿色项目的收入作为偿债来源。绿色资产证券化债券则是将一类绿色资产打包出售，以该类绿色资产产生的现金流为偿债来源。具体见表 5-3 的介绍。

表 5-3 美国绿色市政债券的种类

类型	募集资金投向	追索权	范例
绿色一般责任债券	一般绿色项目	对发行人拥有全部追索权，因此此类债券的评级与发行人的其他债券评级一致	加州政府于 2014 年 9 月发行了 2037 年到期的 AAA 级的 3 亿美元绿色债券，该期债券以加州的一般预算收入为偿债来源，其中 90%来自个人所得税、销售税及公司税。募集资金投向包括多个类别，如空气污染防治、清洁水和防洪等
绿色收益债券	一般绿色项目	对发行人收取的各类税费收益拥有追索权	爱荷华州政府于 2015 年 2 月发行了 3.215 亿美元的绿色收益债券，该债券的偿债来源为用水相关的费用和相关税收，募集资金投至清洁用水和废水处理的项目中

续表

类 型	募集资金投向	追索权	范 例
绿色项目债券	特定绿色项目	仅对发行人的绿色债券项目拥有追索权	华盛顿水利局发行了2500万美元的绿色项目债券，募集资金投向减少下水道溢水率的基建项目
绿色资产证券化债券	特定绿色项目	对发行人的一个或者多个组合的特定项目拥有追索权。如资产担保债券、ABS和其他结构性产品及其组合	夏威夷州政府于2014年11月发行了1.5亿美元的绿色资产支持证券。该期证券的优先级规模达5000万美元，期限为8年；劣后级规模达1亿美元，期限为17年。底层资产为夏威夷居民的电力收费权

资料来源：曾刚，吴语香. 绿色市政债之美国经验启示[J]. 当代金融家，2019（1）：81-83.

美国绿色市政债券的投资标的包括可持续水资源利用、绿色建筑及绿色交通项目等。绿色市政债募集的资金用于有效地解决当地经济可持续发展问题，也为营造良好的绿色人居环境提供支持。通过发行绿色市政债券，州（市）政府希望提升投资者的环保投资热情，并扩大有环保意识的投资群体（尤其是个人投资者）的范围，既实现社会资本的正面引导作用，也使个人投资者在新的投资领域得到合理的投资回报。

投资市政债券已成为美国居民配置资产的重要渠道之一。据Fidelity[①]统计，美国个人投资者持有大约70%的美国市政债券。作为市政债券的一个特殊种类，绿色市政债券不仅和普通市政债券一样享受免税政策，同时还能让资金流向环保产业，继而有效地改善居住环境。此外，发行绿色市政债券的政府每年需向投资者提供关于所投项目的进展情况，加强了市场对绿色市政债资金流向和投资回报等监督，增强了绿色市政债的吸引力。

资料来源：曾刚，吴语香. 绿色市政债之美国经验启示[J]. 当代金融家，2019（1）：81-83.

5.2 美国地方公债的管理体制和机构

5.2.1 美国的地方公债管理体制

地方公债管理体制是指在中央与地方各级政府之间划分地方公债管理职责与权限的规定，并构成中央与地方之间财政管理体制的有机组成部分。地方公债管理体制的核心矛盾表现为债务管理中的集权与分权关系。

美国的地方公债管理属于典型的制度约束型体制。在这种体制下，联邦政府通过建立一系列制度，对地方政府举债行为进行约束，但原则上不对其管理活动进行行政干预。一方面，由于以联邦制为政体，州及州以下地方政府发行市政债券无须上级政府的审批；另一方面，美国《证券法》也规定，各州发行市政债券无须向美国证券交易监督委员会（SEC，以下简称美国证监会）报告和登记，本级政府完全有权确定是否发行市政债券，但由于各州法律有所不同，因此在发行市政债券的程序及责任等方面有所差异。

[①] 富达集团，总部位于美国，是目前全球最大的专业基金公司之一。

5.2.2 美国的地方公债管理机构

在制度约束型的地方公债管理体制下，美国政府采取了政府监管与自律组织管理相结合的方式对地方公债进行日常管理。美国证监会与美国市政债券规则委员会（MSRB）作为两个重要机构，负责对市政债券进行监管。

美国证监会作为政府监管机构，其职责包括以下两个方面：一是对经纪商和交易商实施注册管理，凡是参与市政债券发行和交易的银行、证券公司与基金公司等均须在 SEC 注册登记；二是依据反欺诈条款[①]，对市政债券进行监督，对出现欺诈行为的地方政府或金融机构进行处罚。例如，2017 年 8 月，美国证监会宣布因信息披露问题对加州博蒙特市的市政债券发行人和承销商予以处罚，包括对发行人罚款 3.75 万美元，要求其通过聘请独立的外部金融顾问、加强培训等方式提高持续披露信息的能力，并对承销商罚款 15 万美元。

美国市政债券规则委员会是于 1975 年经美国国会批准成立的市政债券行业自律组织，作为政府监督的补充，受美国证监会的监督。目前，MSRB 由 21 名委员组成，其中大多数为代表公众利益的独立委员。MSRB 被赋予发布有关市政债券管理规则的职责，以约束市政债券的经纪商（Brokers）、交易商（Dealers）和市政债券顾问（Municipal Advisors）[②]的市场行为，并代表这些中介向发行人和债务人申请赔偿维权，但 MSRB 并没有权力检查和监督其规则的执行情况，这一职能主要由美国金融业监管局（FINRA）履行。MSRB 制定的管理规则包括：① 建立开展业务的专业资格规则；② 保护投资者、市政机构、责任人员及市民正当利益的公平操作规则；③ 统一管理规则，以确保市场监管机构的管理行为一致；④ 市场透明度规则，向市场提供充分和及时的信息；⑤ 要求监管实体建立企业内部管理规则。为进一步保护市场参与者、增强市场透明度，MSRB 通过发行和交易信息披露系统（EMMA 系统）的网站，将所有的市政债券信息免费向公众提供，并对市场利益相关者开展广泛的教育和宣传。

美国政府通过政府监管和行业自律监管相结合的方式，借助不断地完善规则和披露信息，保障了投资人的利益，维护了美国市政债券市场的公开、透明和专业化。

5.3 美国地方公债的资金运行管理

5.3.1 举债方式

市政债券的发行方式分为两类：公募和私募。其中，公募分为竞标承销（Competitive Underwriting）和协议承销（Negotiated Underwriting）两种发行方式。竞标承销是指发行主体依据参与投标承销商的投标利率确定中标承销商，并由其负责债

[①] 参见美国《证券交易法》第 10B-5 号规则："任何人以任何方式利用州际商业、邮寄或者全国性证券交易机构，从事与任何证券交易相关的以下一切行为均为非法：① 使用任何手段进行欺骗；② 对不误导他人所必需的重要事实进行不真实的或遗漏的陈述；③ 产生或可能产生欺诈或欺骗的任何行为"。

[②] 2010 年 7 月发布的《多德-弗兰克华尔街改革与消费者保护法案》将市政债券顾问纳入 MSRB 的规则管理范围。

券承销;协议承销是指发行主体主动选择承销商,与其协商发行利率,并由其包销债券。目前,美国市政债券绝大部分通过公募方式发行。2018 年,通过公募发行的市政债券规模约占当年总发行规模的 95%,其中协议承销的公募债券占据大多数。

5.3.2 举债用途

相较于联邦政府举债用途的多样性,州及州以下地方政府举债用途较集中,大多用于资本性支出,且多数州都以法律形式禁止州及州以下地方政府利用债务融资弥补财政赤字。美国地方政府举债的具体用途可分为以下三种。

第一种用途(也是最主要的用途)是资本性支出。地方政府资本性支出的资金大约有 90%来自地方公债,其中教育设施支出、交通设施建设支出、供排水系统支出和其他公共事业设施建设支出占地方政府资本性支出的绝大部分。这类项目通常要求投入大量资金用于购买设备或建设基础设施,且项目的见效期较长,短期内较难实现回报。因此,私人投资者的投资意愿不高,通常由政府承担。除了地方公债,资本性支出的其他资金来源包括联邦拨款和州与州以下地方政府当年的财政收入。

第二种用途是补贴私人投资者。由于政府信用往往高于公司和个人,并且美国联邦政府对投资于市政债券的利息给予免税,因此,地方政府较公司和个人在借贷资金上享有更低的利率,即市政债券的利息成本较低。低利息成本使地方政府能以较低的利率借进资金,再以相同或稍高的利率将资金贷给商业机构和个人,从而降低私人投资者承担的利息成本。此类用途包括政府借款补贴抵押贷款、对学生的贷款计划、污水处理设施和工业发展贷款等。

第三种用途是为平衡政府收支现金流及弥补由于收入预测失误而导致的预算短收。多数地方政府按月或季度征税,但仍可能会出现收入与支出在时间上不匹配的情况。为此,州(市)政府通过举借地方公债进行债务融资,待征收税收后再偿还债务,以此来平衡政府收支。在现实中,存在一些地方政府滥用市政债券掩盖经常性预算赤字的情况。

5.3.3 应债资金

市政债券的应债资金来源主要包括个人投资者(家庭或个人)、货币市场基金、共同基金、保险公司、商业银行、封闭式基金、工商企业、股票经销商及其他投资者等。在 1986 年美国税制改革前,商业银行一直是市政债券的主要投资者。之后由于税制改革中相关政策的调整,即企业购买市政债券的利息收入不再允许税前扣除,以及联邦政府对个人投资者的市政债券利息免征所得税,商业银行持有市政债券的份额不断下降。

目前,市政债券的主要投资者为家庭或个人,其第二大持有者是共同基金,但共同基金本身的主要投资者也是个人。2016 年年底,个人投资者占比达 42.9%,共同基金占比为 23.6%,银行和保险公司分别占 15.1%和 14.2%。[①]2017 年年底,个人投资者

[①] 参见谢亚轩等(2017)。

直接或通过共同基金、货币市场基金和封闭式基金间接持有约 70%的市政债券，如图 5-3 所示。

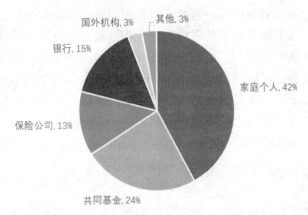

图 5-3　2017 年年底美国市政债券的投资者构成

资料来源：根据美国市政债券规则委员会（MSRB）发布的相关数据整理得到。

5.3.4　举债程序

美国市政债券的举债程序包括以下三个阶段。

首先是发行前的准备阶段。州或市政府或其下属机构决定筹资需求，并确定债券发行的关键信息，包括项目生命周期、债务的还本付息、债务短期和长期影响、法律和税务环境等。之后，雇用法律顾问以保证债务项目符合税法和相关法律的规定，并撰写债券发行说明书。此外，承销商在这一阶段也可以针对债券发行的关键信息提供建议。

其次是市政债券的信用评级、保险、托管和批准阶段。这一阶段，地方政府确定该期市政债券的成本、筹资方式和其他细节。承销商需聘请信用评级机构对债券进行评级。债券保险机构或银行则通过保险或信用证进行信用增级。托管人提供债务发行和偿还服务，同时还须管理储备基金。债券要通过公民投票或立法机关批准后才可发行和销售。

最后是市政债券的营销与售后阶段。在债券发行前的几周，发行主体和承销商将通过新闻网站向债券零售机构及机构投资者进行推介。正式销售时，承销商通过预测当前市场状况为债券定价。小投资者可向经纪商报价，而机构投资者可直接向承销商报价。若存在未售出债券，承销商将按照约定进行回购。在发行和出售债券后，借款方须披露：① 定期审计的财务报表；② 赎回或再融资计划；③ 其他重要事项。

5.4　美国地方公债的风险控制

历史上，美国市政债券的违约率一直保持较低水平。美国市政债券主要评级机构之一的标准普尔公司的相关数据显示，2013 年市政债券违约率仅为 0.107%，其中高收益市政债券违约率为 0.808%，明显低于公司债的违约率（2.9%）。[1]

美国主要从法律和市场两个层面对市政债券风险进行约束和防控。在法律约束层面，典型如在发行市政债券过程中需要有能力和声望的律师或律师事务所出具律师意见书，明确州及州以下地方政府是在得到授权和批准后进行举债，并且保证利息免征联邦所得税。在市场约束层面，市政债券公开发行时，债券的价格及利率由市场供求决定，并且美国债券二级市场比较活跃，债券流动性高，一旦债券违约率提高，或政府偿债能力减弱，信用评级机构就会降低债券信用评级，导致政府融资成本增加，从而起到制约举债规模过度扩张的作用。除此之外，美国还采取以下一些法律或市场的手段和方法对地方公债进行风险控制。

5.4.1 平衡预算法则

美国州及州以下地方政府的预算实行分类管理，将预算分为资本性预算和经常性预算。资本性预算可采用负债筹集资金，而经常性预算一般要求收支平衡，以上原则被称为"平衡预算法则"。目前，美国所有州中只有佛蒙特州未颁布"平衡预算法则"，其余各州均颁布了相应法规。

"平衡预算法则"主要分为预期的（Prospective）和追溯性的（Retrospective）两类。前者要求由州长递交平衡预算执行法案，在通过后必须保持政府预算平衡。美国 50 个州有 44 个州要求州长向州立法部门提交平衡预算方案，并有 37 个州要求立法部门公开发布平衡预算方案。后者对每个财政年度末地方赤字的处理做了更为严厉的规定，其中有 36 个州禁止赤字结转到下一财年，只有 7 个州允许结转赤字至下一财年。对于预算执行过程中出现的赤字，要求政府通过增加税收和缩减开支等方式，在财政年度末予以消化。

此外，美国的财政纪律强调"预算硬约束"。这一概念是相对于"预算软约束"而言的，即强调经济组织的活动耗费不能超出自身的资源限制，应以自身拥有的资源为约束。这种"预算硬约束"迫使地方政府的支出必须严格按照预期收入来安排。在美国历史上爆发过的几次较大规模的地方债务危机中，联邦政府仅对 1997 年的华盛顿特区债务危机提供过援助，而对其余的地方公债危机基本未提供援助。[2]

5.4.2 信用评级制度

在美国，通常由信用评级机构为市政债券评定信用等级，这是信用风险管理的重要环节之一。美国市政债券的信用评级主要通过标准普尔、穆迪和惠誉三家国际评级公司进行，它们定期对债券发行人信用状况进行审查，并及时更新信用评级。各大评级机构对市政债券的评级方法与一般经济主体发行的债券评级不同，除了发行人的财务收支状况，通常会考虑地方政府的区域经济发展、财政实力、债务规模和结构等。

---

[1] 参见易宇（2015）。
[2] 1997 年，美国华盛顿特区发生债务危机，联邦政府对其提供紧急财政援助，金额高达每年 6 亿美元。联邦政府对华盛顿特区提供援助主要是因为华盛顿特区独特的政治地位。

信用等级可为市场相关方提供决策参考,也对发行主体形成市场监督。以下以标准普尔公司为例,介绍国际评级机构对美国市政债券的评级方法。

1. 评级思路

标准普尔公司对美国市政债券的评级思路是首先确定地方政府主体评级,再结合外部增信措施给出市政债券的债项评级。从方法上看,标准普尔公司采用打分卡方法评级,打分时考虑地方政府的体制因素、经济因素、管理因素、政府财政相关因素,以及债务和或有债务情况五个方面,分别给予10%、30%、20%、30%和10%的权重。每个方面的评分从"1"到"5",数字越大表示信用水平越低。对各方面评分结果进行加权平均,得到初始评级结果,再通过正向和负向调整因素对结果进行调整,得到最终评级结果。

2. 评级因素

(1)体制因素。主要评估地方的司法和行政环境。选取的指标包括可预测性、融资能力、财政透明度和国家支持度等。其中,可预测性指地方政府对其财政收支的预测能力;融资能力指地方政府融资以提供公共服务的能力;财政透明度指地方政府公布财政数据的可比性和财政透明程度;国家支持度指地方政府获得国家财政支持的可能性和支持力度。

(2)经济因素。主要评价指标有人均 GDP、地区经济历史增长情况、未来 GDP 增长预测值、人口增速和人口年龄结构等。

(3)管理因素。主要评价地方政府的偿债意愿,包括地方政府对债务偿付的表态、审计师出具的意见、政府管理团队管理地方财政和保持地方经济稳定的能力等。

(4)政府财政相关因素,由预算执行情况、预算弹性和流动性构成。其中,预算执行情况反映地方政府财政平衡情况;预算弹性是指政府是否有充足的资金用来偿付债务,弹性越大说明政府偿付债务的资金越充足;流动性构成主要评估地方政府资产相对于偿付债务的流动性,包括地方政府资产的可变现能力和债务的期限及结构等。

(5)债务和或有债务情况。主要评估政府目前的负债水平及负债结构,用以衡量政府信用风险的大小。标准普尔对这一因素的分析主要包括四个方面:一是前瞻性的债务负担,选取的指标有债务总额与财政收入的比率、地方政府直接债务利息总额;二是或有债务,选取的指标包括或有债务属性和重要性,以及地方政府对或有债务的监测力度等;三是其他长期负债,主要指雇员的养老金负债;四是政府债务到期的情况。

3. 确定评级

在经过初始评级后,评级机构一般会再加入一些正向和负向的调整因素以确定最终评级结果,如表5-4所示。例如,在经济因素方面,如果地方人均 GDP 高于全国水平的225%,则最终评级结果高于初始评级 1 个等级;如果高于全国水平的300%,则比初始评级高 2 个等级。又如,在管理因素方面,如果该方面得分为 5,则最终评级最高为 BBB-,且至少低于初始评级 2 个等级;若是由于地方政府偿债意愿低而导致管理因素得分为 5,则直接将最终评级调为 B。

表 5-4 初始评级结果结合评级调整因素得出最终评级结果

评级调整因素	最终评级结果
地区人均 GDP>全国人均 GDP 的 225%，或连续 3 个财年公共财政结余>公共财政支出的 75%	初始评级结果+1
地区人均 GDP>全国人均 GDP 的 300%	初始评级结果+2
公共财政结余<公共财政支出的 10%	最终评级≤A+
管理得分=4	最终评级≤A 且最终评级≤初始评级-1
流动性得分=4；或连续 2 个财年公共财政结余<公共财政支出的 5%	最终评级≤A-
连续 3 个财年公共财政结余<公共财政支出的 5%	最终评级≤BBB
管理得分=5	最终评级≤BBB-且最终评级≤初始评级-2
流动性得分=5	最终评级≤BB+
管理得分=5（由于地方偿债意愿低所致）	最终评级≤B

注："初始评级结果+1"表示高于初始评级一个等级，以此类推。

资料来源：王宇. 我国地方政府债券问题研究[R]. 北京：财政部财政科学研究所，2015.

5.4.3 专项法律法规

美国政府颁布了多部法律，包括《证券法》（1933 年）、《证券交易法》（1934 年）、《信托债券法》（1939 年）和《投资公司法》（1940 年）等，以规范债券市场。例如，《证券交易法》对市政债券的交易人和经纪人做出详细规定。

各州还出台了多种法规，专门用以规范对地方公债风险的防控。其中，俄亥俄州的"地方财政监控计划"具有代表性。该计划于 1979 年通过，并于 1985 年进行了修正。该计划出台的背景是当时美国发生了几起地方政府债务违约事件，如 1975 年纽约市政债券违约，1978 年克里弗兰违约，1983 年华盛顿电力供应系统违约等。基于此，美国政府间关系咨询委员会（ACIR）对地方财政紧急状态开展了一系列研究工作，并建议各州政府加强对地方财政（尤其是地方公债）的监控。

俄亥俄州的"地方财政监控计划"由当地审计局具体负责，监控对象包括郡、市、学区和州立大学等地方政府或机构。当地方政府或机构的财政状况出现风险时，审计局便将其列入"预警名单"，并予以公布。当地审计局主要依据以下三个方面的情况判断是否出现财政风险：① 地方政府一般公共预算年末应付款中逾期款项金额是否超标；② 前一年赤字减去一般公共预算和专项预算后的数额是否超标；③ 可支配财力减去预支款项和担保余额后的金额是否低于规定标准。

经过实时监控后，"预警名单"可动态调整。若地方政府财政状况转好且不再符合上述标准，俄亥俄州审计局将其从"预警名单"撤出。如果地方政府财政状况进一步恶化，州审计局将其从"预警名单"转入"危机名单"，这表明地方政府出现了财政危机。依据美国的《地方财政紧急状态法》，出现财政危机的地方政府需要在 120 天内制订并提交详细的旨在消除财政危机的计划方案。

5.4.4 信息披露制度

地方公债的早期信息披露规则是由美国的城市财政局协会（Municipal-Financial

Officers Association）和公共证券协会（Public Security Association）共同制定与实施的。1989 年 7 月，美国证监会依据《证券法》制定了"15c2-12 规则"，于 1990 年 1 月生效，之后经历了多次修订，进一步完善了市政债券市场的信息披露规则。"15c2-12 规则"成为美国市政债券信息披露制度的核心。

除了美国证监会，美国市政债券规则制定委员会（MSRB）也通过制定自律规则，加强了信息披露。例如，"G-14 规则"要求交易商在交易 15 分钟内向 MSRB 提交债券交易数据。近年来，MSRB 通过信息化手段不断提高市政债券的信息披露水平。例如，2008 年建设的发行和交易信息披露系统（EMMA 系统）向公众免费提供市政债券的发行、交易和评级信息。

专栏 5-2

美国证监会的"15c2-12 规则"

美国市政债券信息披露规则的核心是美国证监会发布并不断修改的《证券交易法》中的"15c2-12 规则"。1983 年，华盛顿州公共电力供应系统（Washington Public Power Supply System，WPPSS）因项目管理不善，为建设核电厂发行的数十亿美元市政债券发生违约。对此美国证监会调查后认为应加强对市政债券市场的监管措施。当时，一级市场发行信息的披露不及时、不完整是普遍现象。为此，美国证监会于 1989 年发布了"15c2-12 规则"，要求市政债券承销商履行以下义务：① 在承购与发售市政债券之前，必须获得并审查由发行人确认为"终版"的作为发行披露文件的"官方陈述"；② 在协议发售中，向潜在客户提供发行人的最新"预备性官方陈述"；③ 应客户要求在限定期间内向其提供"终版官方陈述"；④ 与发行人签订合同，以在限定期间内从发行人处获得"终版官方陈述"，并发送给客户。该规则的适用对象为 100 万美元及以上的新发行市政债券，为承销商获取与提供有关市政债券发行的披露资料确立了标准，促使其更准确、及时地向市政债券投资者提供发行信息。

1994 年，发生了加州橙县财政破产案。当时，橙县的财政长官罗伯特·L.西纯（Cittron）向各方贷款 140 亿美元，尝试一种新的投资策略。该投资策略借助一种金融衍生品（反向利率债券），购买该债券的收益与联邦基金利率负相关。在此投资过程中，罗伯特·L.西纯还加入了财务杠杆，通过"借钱投资"来提高投资收益率。然而事与愿违，1993 年 11 月下旬，由于当年前三季度美国经济增长超出美联储预先设定的经济增长安全区，美联储认为经济运行面临严重的通货膨胀压力，于是决定大幅提高联邦基金利率水平。美国联邦基金利率急剧上升，使得罗伯特·L.西纯管理的投资基金出现巨额亏损。至 1994 年年底，橙县财政投资基金的账面亏损高达 16.9 亿美元。当年 12 月 6 日，橙县向圣地安娜联邦法院提出了破产申请保护。该事件促发美国证监会对"15c2-12 规则"进行修订。为促进在市政债券存续期内发行人相关信息的持续披露，防止欺诈与操纵，美国证监会要求除非经纪商、交易商或者市政债券交易商（合称"承销参与者"，Participating Underwriter）合理确认，如果市政债券发行人或者债务人未按书面协议或者合同中的承诺向信息平台提供其年度财务信息与重大事件提示，承销参与者不得承购或者发售该市政债券；而且，除非这些承销参与者已经具有在适当程序保证下能立即获取该市政债券重大事件提示的能力，否则不得推荐承购或者发售。

2008年，美国证监会再次修订"15c2-12规则"，指令MSRB建立并维护市政债券相关信息的采集与使用，并建立独立的、集中的数据库，即"电子化市政债券市场入口系统"（Electronic Municipal Market Access System，EMMA）。目前，EMMA充当了市政债券信息披露的官方平台，提供市政债券发行、发行人和债务人等各方面的信息。投资者可自由进入EMMA网站免费使用数据。

2010年，美国证监会进一步完善"15c2-12规则"，对重大事件提示要求做出重大调整，改进了发行人必须披露的重大事项清单，特别是那些可能对免税资格构成负面影响的事项，并将该规则的持续披露要求扩展到"可变利率即期债券"。"15c2-12规则"的几次重要修订如表5-5所示。

表5-5 "15c2-12规则"的重要修订

年 份	修 订 内 容
1994	如果市政债券发行人不能提供连续性的信息披露，承销商不能购买或销售该市政债券
2008	建立一个集中的信息披露数据库，用于收集和提供关于市政债券的信息，提高市场对市政债券信息的可获得性，具体由MSRB建设与维护
2010	进一步扩大发行人持续披露义务的要求，要求在10个工作日内提交所有活动信息；该要求适用于2010年12月1日以及以后发行的市政债券

资料来源：高明. 美国市政债券的发展机制研究[J]. 金融理论与实践，2019（2）：103-109.

资料来源：刘卫. 美国一个富裕县的政府财政破产始末[J]. 改革，1995（2）：118-120；张子学. 美国市政债券监管执法的状况与借鉴[J]. 证券法苑，2014，13（4）：102-168；高明. 美国市政债券的发展机制研究[J]. 金融理论与实践，2019（2）：103-109.

5.5 美国地方公债的危机化解

5.5.1 美国的三次地方公债危机

美国历史上出现了三次地方政府负债高峰期，且都伴随着经济萧条。第一次地方公债高峰期是19世纪二三十年代。当时，不少州举借大量债务进行大开发，但由于发生经济萧条，包括佛罗里达、密西西比、印第安纳、马里兰、密歇根、宾夕法尼亚和路易斯安那等多个州政府无法按期偿还所欠利息，总拖欠债务金额高达1.22亿美元，其中有4个州的债务彻底无法偿还。出现债务危机的上述地区随后联合向联邦政府提出财政援助请求，但美国国会认为这些债务的受益者多为地方，联邦政府进行援助只会助长地方政府不合理举债的风气，因此拒绝了州政府的援助请求。此后，地方政府债务拖欠现象逐渐减少，而地方政府的债务危机管理也从求助联邦政府转向州政府自身加强地方公债风险管控。

第二次地方公债高峰期出现在19世纪70年代中期。与第一次地方公债高峰期不同，此次债务危机主要发生在州以下地方政府层面。1873年的经济萧条导致地方政府的债务违约现象大量出现，此后6年间，州及州以下地方政府的债务拖欠款超过2.45亿美元。

第三次地方公债高峰期是20世纪30年代。1929年美国出现经济大萧条，当时州及州以下地方政府债务违约现象频现。1929—1937年，州及州以下地方政府的债务拖欠额度达到了28.5亿美元。

5.5.2 美国市政破产法

三次债务危机的出现，虽然与当时的经济大背景有关，但究其原因，主要还是地方政府的不合理举债导致债务增长过快、债务规模过大。为解决上述问题，美国国会通过了《地方政府破产法案》（1937年）[①]，即现行美国《破产法》的第九章。此前，美国已有的《合同法》对如何处理地方政府及其机构无法偿还债务的问题不起作用，而《破产法》第九章弥补了上述法律缺陷，但这一法案仅适用于州以下地方政府，不包括州政府本身。

根据《地方政府破产法案》，美国的地方政府破产实质上是政府债务的重整，即通过一系列债务重组计划和相关措施，确保地方政府公共服务职能的持续性不受影响。因此，《破产法》第九章所要实现的法律效果是通过法定程序在地方政府与债权人之间达成新的债务清偿协议，而地方政府承诺将在一定时间内尽其所能偿还债务，同时地方政府的行政权力在破产期间得到保护。

地方政府债务重组程序主要包括以下几步。

首先，地方政府向联邦破产法院（U.S. Bankruptcy Court）申请破产。申请破产须符合四个条件：① 申请主体为地方政府；② 地方政府得到州政府的明文授权或得到州政府授权主体（如州政府官员或州行政机构）的同意；③ 地方政府陷入不能支付的状态，即已经无法支付到期债务或无法支付即将到期债务；④ 地方政府有达成债务重整计划的意愿，并已与债权人进行了可能的协商。满足以上条件的地方政府才能进入破产程序并得到破产保护，即所有针对该政府的索偿行动将被中止，以使地方政府免遭债权人起诉。

其次，地方政府制订债务重整计划。债务重整计划须得到联邦破产法院的确认后方才生效。获得联邦破产法院确认之前，地方政府须确保所有债权人已充分获知计划书的内容，并已征求他们的同意。债权人有权对债务重整计划进行投票表决。具体程序是，地方政府的债权人根据债权的不同性质分组表决，而且债务重整计划必须被每一类债权中至少三分之二的债权人或超过半数的债权人表决同意。

最后，联邦破产法院依据《破产法》第943条相关规定（见表5-6），裁定是否确

[①] 1937年美国颁布的《地方政府破产法案》是世界上第一个涉及地方政府破产的法律条文，之后其他国家也制定了类似法律。1978年，美国政府对该法案进行了修改，即1978年《破产改革法》。该法案以公司重整程序作为范本重构了市政部门债务重组程序，使之成为一个破产法框架下的综合债务重组程序。

认债务重整计划。一旦计划被确认生效，地方政府将正式进入破产程序，并按债务重整计划启动相关程序。

表 5-6　美国联邦破产法院确认地方政府债务重整计划的条件

序号	条件
1	计划必须符合《破产法》的一般规定（103e）、第九章的特殊规定，以及由 901 条款所关联的其他章节条款的规定
2	计划书中所有的支出已被充分、合理地披露
3	地方政府为实施该计划所采取的措施是合法的
4	除非特定债权的债权人同意对其差别对待，计划书应该指出特定债权将得到优先偿付。这些特定债权包括破产管理人费用、联邦储备银行根据联邦储备法案对项目及设施提供的无担保贷款和房地产评估费用
5	地方政府已经获得为执行该计划所需的常规批准或者投票批准，或者已经在计划书中列出需要做出这些批准的条款
6	该计划书是为了实现债权人的最优利益，而且计划内容可行

资料来源：美国《破产法》第九章第 901 条、第 941~944 条。

为了防止地方政府为逃避债务而恶意破产，《地方政府破产法案》设置了一些破产门槛。例如，美国地方政府在与债权人协商无果后才能申请破产保护，而且申请破产后地方政府提出的债务重整计划必须满足债权人的要求。

5.6　美国地方公债管理改革的展望

经过二百余年发展，美国市政债券市场不断完善，制度完备、运转顺畅。截至目前，美国市政债券市场已经成为低成本、高效支持基础设施融资的全球典范，不仅为社区建设提供了资金，也为投资者提供了稳健的收入来源。

美国地方公债制度的演变主要有以下几个方面的特点。

第一，监管力度由弱变强。当前，美国规范地方公债的法律法规主要包括联邦法律法规、各州证券法规和自律组织规章等。追溯至 20 世纪 30 年代，各级政府对地方公债的监管主要依赖于两部法律——1933 年《证券法》（Securities Act of 1933）和 1934 年《证券交易法》（Securities Exchange Act of 1934），而这两部法律均对地方公债采取了诸多监管豁免政策。随着弊端逐渐显现，美国联邦政府于 1975 年对 1933 年《证券法》进行了修正，初步建立了以自律组织为主导的市场监管框架。为进一步强化监管，美国分别在 1989 年、1994 年和 2009 年对 1934 年《证券交易法》进行修订，内容涉及经纪交易商和 MSRB 监管、反欺诈条款约束和信息披露解释性指引等。至此，美国形成了以市场监管为导向，政府监管与自律组织约束相结合的多层次地方公债监督管理体系。[①]

第二，从无条件免税到限制性免税。理论上，州及州以下地方政府发行的市政债

[①] 张留禄，朱宇. 美、日地方债发行经验对中国的启示[J]. 南方金融，2013（5）：47-52.

券相关利息所得应缴纳个人所得税,而美国 1913 年《税法》的相关条款明确规定此类收入不征收个人所得税。这有利于吸引市场投资者购买市政债券,推动地方公债事业的发展。无条件免税在本质上属于联邦政府对地方政府的间接财政补贴,但由于配套机制不完善、不充分,导致出现套利行为。例如,州或州以下地方政府充当中介,将相关资金借贷给私人,以致用于支持私人活动的市政债券大量增加。为此,联邦政府致力于弱化免税政策的负效应。在《1968 年收入和支出控制法案》(The Revenue and Expenditure Control Act of 1968)中,联邦政府对州及州以下地方政府公债免税进行了限制。《税收改革法案》(1986 年)做了进一步规定:① 对于公共项目用途的市政债券,其利息收入的联邦个人所得税可免于缴纳;② 对于私人项目用途的市政债券,则免于缴纳州和州以下地方政府的个人所得税;③ 对于其他用途的市政债券,其利息收入的个人所得税缴纳给予最低税率的政策优惠。

第三,危机处置由行政手段演变为市场方式。1840 年之前,出现地方公债危机,联邦政府会对地方政府违约债务进行接管和代偿。此后,债务危机的处置方式逐步变化,由联邦政府代为偿还转变为地方政府自行处理,并对地方政府一般责任债券和收益债券分别进行了规定。一般责任债券到期后,地方政府不能按时还本付息时,若仅为暂时性或技术性问题,则可由发行人与债权人进行协商和谈判,进行适当延期;若政府收入来源确实不足以实现偿付,则允许地方政府根据实际情况提高一定的税费比例用以弥补。收益债券在发行之初即由某项收入作为抵押,一旦发生偿付风险,由投资人自行承担相关损失。

第四,信息披露从及时、准确演变为动态化、全过程。市政债券的信息披露包括发行利率、发行量和债券评级等多项内容。根据相关规定,州及州以下地方政府必须严格遵守美国财务会计准则委员会①(Financial Accounting Standards Board,FASB)在《政府会计、审计和财务报告(1983)》中确立的政府债务报告基本准则,及时、准确地报告政府的债务情况。而且,对债券存续期间的重大情况披露也做了详细规定,即财政或法律一旦出现任何重大变化,相关市政当局必须及时、准确予以披露。同时,1989 年《证券法》规定公开发行的市政债券正常情况下需通过官方渠道正式公布,以有效保障信息披露的质量和时效。但由于债务信息变化较快,为进一步保障信息的时效和质量,美国证监会于 1990 年和 1995 年两次修订了市政债券的市场交易披露原则。至此,地方公债信息披露进入了动态的、全过程的披露阶段,使得市场投资主体判断地方公债信用风险的准确性得到了提升。②

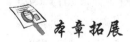
本章拓展

近年来,美国地方政府债务危机频发,隐性、或有的政府债务风险日渐增加。纵观美国地方政府债务危机历史,早期债务危机的典型成因是基础设施投资过度或经济

---

① 自 1973 年起,美国财务会计准则委员会成为美国制定财务会计和报告准则的指定私营机构。
② 参见祁志伟和阮峥(2014)。

危机造成财政收入减少。而底特律破产事件的重要成因之一是沉重的养老金和退休福利负担,这与美国以往的债务风险成因存在区别。世界银行(2013)也注意到上述现象,并认为"美国未来的地方政府破产可能由养老金和健康医疗债务所驱动"。

小结

- 美国地方公债主要以市政债券为主,按照偿债来源的不同可分为一般责任债券和收益债券。
- 经过二百多年的发展,美国地方公债体系渐趋成熟,基本形成了以美国证监会和美国市政债券规则委员会为监管机构,以平衡预算、信用评级、专项法律法规和信息披露制度等为风险防控手段,以市政破产法作为危机处置法律保障的债务管理体制。
- 近年来,美国地方公债管理向严监管、动态监管和危机市场化处置的方向发展,监管部门加强了对地方公债的约束,使之更加规范。

思考题

1. 简述美国市政债券的类型。
2. 美国市政债券的管理机构主要有哪些?
3. 美国针对地方公债采取了哪些风险控制方法?
4. 简述你对美国市政破产法的认识。

阅读与参考文献

[1] 高明. 美国市政债券的发展机制研究[J]. 金融理论与实践,2019(2):103-109.

[2] 贺丹. 美国地方政府破产拯救的法律与政治逻辑:以底特律破产为例[J]. 上海对外经贸大学学报,2015,22(6):46-53+62.

[3] 凯利,李松梁. 美国市政债市场发展[J]. 中国金融,2018(12):43-44.

[4] 李萍. 地方政府债务管理:国际比较与借鉴[M]. 北京:中国财政经济出版社,2009.

[5] 刘翰波. 美国底特律破产事件的回顾和启示[J]. 地方财政研究,2015(9):91-96.

[6] 刘卫. 美国一个富裕县的政府财政破产始末[J]. 改革,1995(2):118-120.

[7] 祁志伟,阮峥. 美国市政债券相关制度介绍及对我国的启示[J]. 债券,2014(2):64-70.

[8] 谢亚轩,周岳,张一平,等. 美国版"市政收益债"是什么样的?[R]. 招商证券证券研究报告—宏观研究,2017-08-02.

[9] 易宇. 中国市政债券运行的制度研究[R]. 北京:中国财政科学研究院,2015.

[10] 张帆. 美国州和地方政府债务对中国地方债问题的借鉴[J]. 国际经济评论, 2016（3）: 69-84+6.

[11] 张子学. 美国市政债券监管执法的状况与借鉴[J]. 证券法苑, 2014, 13 (4): 102-168.

[12] 赵全厚, 王珊珊. 美国地方政府债务危机与债务重组[J]. 财政科学, 2016 （3）: 5-13.

[13] SIFMA. Capital Markets Fact Book[EB/OL]. https://www.sifma.org/resources/research/fact-book/.

6 欧洲国家的地方公债实务

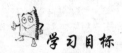学习目标

▶▶ 了解欧洲四个经济大国地方公债的管理体制；
▶▶ 了解北欧主要国家地方公债的管理体制；
▶▶ 了解欧洲地方公债管理的改革方向。

引例

2008 年全球金融危机发生后，欧盟绝大多数成员国开始实施宽松的经济政策，各国普遍加大财政赤字和扩大债务规模。2009 年 11 月，希腊政府披露其债务规模达到了 3000 亿欧元。随后，三大国际评级公司惠誉、标准普尔和穆迪相继下调希腊的主权信用评级。欧债危机拉开序幕，并由欧元区边缘国家向核心国家蔓延。主要债权人纷纷要求偿还到期债务，而欧洲部分国家在经济增长低迷的情况下无法通过继续举债偿还债务，导致这些国家出现债务危机并面临破产威胁。欧债危机给欧盟的债券市场、银行系统以及实体经济带来了严重影响和后果。以意大利为例，2000 年意大利的地方政府债务余额为 38 121.80 百万欧元，但欧债危机爆发后，意大利经济持续负增长，地方政府债务规模进一步扩大，于 2011 年达到 116 007.70 百万欧元，是 2000 年的三倍。

在欧洲，举债已成为地方政府筹集资金的重要途径。本章将围绕管理地方公债的常见模式、地方政府和地方公债概况、地方政府举债资金的运行管理等方面，介绍欧洲多个发达国家的地方公债管理实践。

6.1 欧洲国家管理地方公债的常见模式

地方公债可用于地方基础设施建设，弥补地方政府的季节性或暂时性赤字，有助于地方政府更好地提供公共产品及应对经济周期性波动等。因此，欧洲国家大都允许地方政府举债（包括借款）。由于欧洲国家的地方公债实践历史相对悠久，积累了不少可资借鉴的成功经验，在国别介绍前，有必要归纳欧洲国家管理地方公债的常见

模式。

第一，市场约束型。中央政府不对地方政府债务管理做出任何限制规定，即地方政府举债仅受来自市场方面的约束或限制。地方政府信用等级越高，越有利于以较低的成本发行地方债券或借款。为了便于从金融市场筹集资金，部分欧盟成员国（如瑞典和芬兰）的地方政府基于市场约束，建立起较为完善的债务管理制度及激励约束机制。

第二，制度约束型。中央政府以法律或法规的形式对地方政府举债进行控制。例如，挪威的中央政府对地方政府赤字做出明确规定，并且规定了地方公共支出的规模上限。又如，英国法律规定地方政府举债必须满足两条规则：黄金规则，即政府举债只能用于资本性支出，不得用于经常性支出；可持续规则，即政府债务余额（包括中央和地方）应当低于 GDP 的 40%，同时债务余额占 GDP 的比重必须控制在稳定和审慎水平。

第三，行政控制型。中央政府对地方政府债务实施直接控制，每年对地方政府举借债务进行授权和审批管理，并定期进行监督检查。例如，西班牙地方政府的偿债比例必须低于其财政总收入的 2%，且长期债务必须用于投资，而外债必须获得财政部审批后才准发行；意大利地方政府的偿债比例要小于自有收入的 25%，且只用于资本性支出预算，不允许国外借款。

第四，协商控制型。中央政府与地方政府之间通过协商或谈判等途径，实现对地方公债的控制。在此模式下，地方政府可以积极参与本国宏观经济政策及重大经济事项的决策。例如，奥地利和丹麦建立了政府间协商机制，由中央政府和地方政府共同协商确定地方公债的总体规模和各地限额；比利时成立了由联邦政府、地方政府、社区、国家银行等组成的高层财政委员会，为地方政府有效控制债务规模提出具体意见与建议。

6.2 英国地方公债的管理体制与政策实践

作为老牌资本主义国家，英国政府举借公债的历史十分悠久。英国的地方政府在举债机制、公债管理等方面积累了大量经验。20 世纪 70 年代以前，英国的城市建设主要靠政府投资，因此财政负担繁重，且运营低效。1979 年，撒切尔夫人领导下的英国政府开始推行以市场化为基本取向的城市基础设施投融资体制改革，不仅极大地缓解了政府的财政压力，并且提高了城市基础设施投资的效率，使英国成为欧洲基础设施成本最低廉、服务最完善的地区之一。

6.2.1 英国地方政府和地方公债概述

英国主要采用三级制政府，地方政府主要包括苏格兰、威尔士、英格兰和北爱尔兰四个地区及下辖郡、区。受历史沿革影响，各组成部分的层级划分又存在一些差别。英格兰和威尔士的制度较为相似，都划分为三级地方政府。苏格兰是两级制和三级制并存。首都大伦敦地区为两级制。北爱尔兰的制度与其他地区差别较大，变化也较为频繁。

在英国,地方政府一直被看作中央政府用于执行其具体决定的组织。因此,中央政府集权程度较高,而地方政府行使的是中央政府赋予的、在指定范围内的权力。英国的中央政府在处理其与地方政府之间的财政关系时,遵循三个原则:① 中央政府享有征税权,而地方政府在没有中央政府批准时无权征收地方税;② 没有中央政府批准,地方政府不得举债;③ 地方政府举债不能用于经常性支出。

从历史上看,英国地方政府举债较为谨慎,且规模较小。20 世纪 90 年代,英国地方政府每年净借款基本为零。21 世纪以来,英国地方政府仅在严重经济危机时小规模举债。地方政府一方面通过短期借款调节和管理现金流,另一方面通过长期借款为资本支出型项目融资。如图 6-1 所示,截至 2012 年 3 月 31 日,英格兰地区地方政府的债务余额为 673 亿英镑,其中长期借款占比超过 99%,短期借款占比不到 1%。

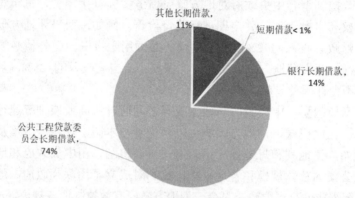

图 6-1　英格兰地方公债资金来源结构（2012 年 3 月 31 日）

资料来源:英国社区和地方政府部(DCLG)。

图 6-2 显示了 2000—2019 年英国地方公债规模的变化,总体呈持续上升趋势。截至 2019 年,英国地方公债规模虽然突破 1 千亿英镑,但在政府债务总额中占比不到 6%。

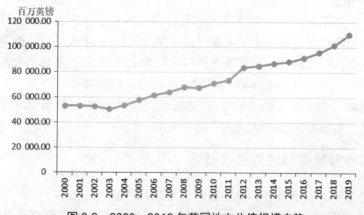

图 6-2　2000—2019 年英国地方公债规模走势

资料来源:CEIC 数据库(https://insights.ceicdata.com/Untitled-insight/myseries)。

6.2.2 英国地方公债的资金运行管理

在举债用途上,英国法律禁止地方政府举债用于经常性支出,但允许地方政府为资本性支出借款。英国地方政府的举债方式主要包括三种:中央政府贷款、地方政府发债融资和公私合营模式(Public-Private-Partnership,PPP)。

第一种方式是中央政府贷款,主要由债务管理办公室(The Debt Management Office,DMO)向地方政府提供借贷。1998年,英国财政部正式成立了独立的债务管理办公室。2000年4月3日,债务管理办公室接替中央银行(英格兰银行),开始全面执行中央政府国库现金管理的各项职能。其主要职责是负责英国政府债务和现金债务,具体职能包括:向地方政府提供贷款和管理特定公共部门的资金;负责发布政府每一年的借款计划,按季公布债券拍卖计划,并定期与主要的市场参与者协商;等等。

债务管理办公室主要通过其下属的英国工程贷款委员会(PWLB)向地方政府提供贷款,用于地方政府的资本性支出。债务管理办公室同时也肩负着在危机中充当"最后贷款人"的责任。其贷款利率通常略高于英国国债的利率。通过工程贷款委员会,中央政府可将地方政府借款控制在公共支出和债务管理体系内。对地方政府而言,工程贷款委员会的贷款利率与市场利率相比更为优惠,并且灵活多样,在保证贷款安全的同时降低了融资成本。

第二种方式是地方政府发债融资。2004年之前,英国地方政府的信贷和举债融资必须由中央政府授予信贷批准,并设有上限。直到《地方政府法案》(2003年)取消了原有的信贷批准制度,地方政府用于资本性支出的信贷和举债融资改为通过"审慎资本融资系统"。在该系统下,只要地方政府的融资在自身收入能够审慎负担的范围之内,无须中央政府批准。该法案执行之后,尽管在法律上对英国地方政府举债融资做了松绑,但由于通过工程贷款委员会获得的贷款利率相对较低,且银行贷款相对稳定,因此英国地方政府在2004—2009年发债融资并不多。2010年以后,受欧债危机影响,工程贷款委员会的贷款利率两次上调,且银行也收紧贷款,对地方政府的财政预决算产生了严重的负面影响,因此通过发行债券获得较低成本且稳定的资金来源成为地方政府的首选。然而,除了少数经济实力强、规模大的地方政府外,英国大部分地方政府都无法负担高额的发行费用。在此背景下,英国地方政府大多选择由专门机构(英国地方政府协会)出面协调,联合多个地方政府共同发行地方债券,并按比例分担发行费用。由于地方政府之间相互担保,联合发债的信用评级可接近主权债券级别,因此可以获得低利率资金。

第三种方式是PPP。PPP是指政府与社会资本通过合作以提供公共产品或服务的一种方式。广义上的PPP泛指公共部门与民营部门为提供公共产品或服务而建立的各种合作关系,具体可分为外包、特许经营和私有化三类,各参与方共同承担风险并履行相应的管理职责。狭义上的PPP仅指政府与私营部门以合资组建公司的形式展开合作,共享收益,共担风险。PPP模式最早起源于英国的"公共私营合作"融资机制,其发展大致经历了私人融资计划(Private Finance Initiative,PFI)和新型私人融资

（PF2）两个阶段。经过多年实践，英国的 PPP 模式逐步走向成熟，成为地方政府筹措资金的一种重要手段。

专栏 6-1

英国的 PPP 模式

英国在完善 PPP 模式（见图 6-3）的过程中，主要有以下四个方面的措施。

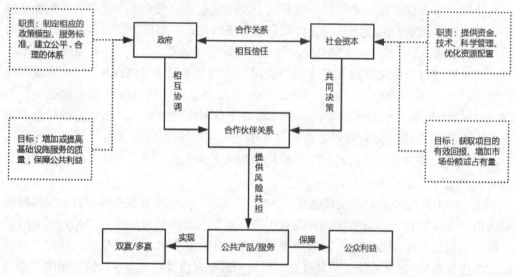

图 6-3 英国的 PPP 模式示意图

一是设立专业化机构，为 PPP 运行提供支撑。早在 2000 年，英国政府为推广 PPP 理念，专门建立了合作伙伴关系组织（Partnerships UK, PUK），旨在为开展 PPP 相关活动提供管理和程序上的技术援助。为了更好地协调运作 PPP 模式，英国政府又将 PUK 与财政部的 PPP 政策小组合并，组建了英国基础设施局（Infrastructure UK, IUK）。IUK 负责执行全国性的基础设施发展战略，为公共部门提供各领域 PPP 的技术援助。2009 年，为提高 PPP 项目技术援助和评估服务的针对性，英国财政部又与地方政府协会联合设立了"地方合作伙伴关系"（Local Partnerships）组织，主要服务于地方政府。

二是注重健全与完善 PPP 监管体制机制，包括建立监管机构、加强社会监督和完善相关法律法规。英国政府不但将 PPP 项目纳入政府采购的规范体系，还以此衍生出以竞争性谈判制度为核心的 PPP 相关法律制度，加强 PPP 项目运作和政府管制的规范性。

三是不断完善 PPP 相关政策顶层设计。尽管英国没有出台针对 PPP 的专门法律，但却根据 PPP 发展的阶段特点不断制定和完善了相关规范性政策文件。在 PFI 阶段，先后制定执行了《应对投资风险》（2003 年）、《强化长期伙伴关系》（2006 年）和《基础设施采购：实现长期价值》（2008 年）三个政策性文件。在 PF2 阶段，又制定了《PPP 的新方式》（2012 年）和《标准化 PF2 合同》（2012 年）等。

四是建立相对完善的评价制度。2004 年，英国财政部专门印发了《资金价值评估指南》和《定量评价用户指南》，其中《资金价值评估指南》被看作推动公共部门成本比较的重要方法，对物有所值评价方法（Value for Money，VFM）的评价程序做出标准化规定；《定量评价用户指南》则起到帮助采购部门对项目资金价值做出评价决策的作用。

英国的 PPP 模式具有四个特点：一是 PPP 项目覆盖行业范围广，以医疗、教育、交通等项目为主；二是较少采用依赖使用者付费的特许经营方式，一般情况下，以政府买单的 PFI/PF2 模式为主，典型的如英国教育和医疗是全民免费，因此大多选用 PFI 模式；三是组建新的中央控制单元（Central Government Unit，CGU）来履行公共机构的股权投资职能，并享有与私人股权投资人一样的权利；四是运营期限相对较长的 PPP 项目占比较高，如期限在 20~30 年的项目占到了全部项目的 80% 以上。

资料来源：闫海龙. 英国 PPP 模式发展经验借鉴及对我国的启示[J]. 商业时代，2016（12）：122-123.

6.2.3　英国地方公债管理实践的主要特点

第一，设立专职的债务管理机构。财政部下设独立的债务管理办公室，统一管理国家债务。其主要职责包括：贯彻中央政府的债务管理政策；最大限度地降低融资成本和控制风险；管理公共工程贷款委员会；在危机中充当"最后的借款人"。

第二，构建债务融资的谨慎规则。英国实施谨慎性举债制度，对地方政府举债实行专业管理和自律约束。地方政府举借债务不需中央政府批准，但举债不得超过地方自身的承债能力。在谨慎性制度框架下，地方政府所有借款和债务应当谨慎可靠，且具有持续性。具体表现为：① 地方政府在财政许可范围内控制债务规模，同时债务规模需满足地方政府的融资需求；② 地方政府应当从收入总体结构出发考虑其举债需求，并且使用全部收入保证债务安全性；③ 地方政府不得使用资产作为债务抵押；④ 当债务不可持续时，地方政府应通过提前提取偿债准备金、出售政府资产或压缩公共支出等方式，尽快恢复债务可持续性；⑤ 如果以上救助措施失效，中央政府有权直接接管地方政府，代其行使相应职能。

第三，建立偿债准备金制度。为应对地方政府的各种偿债压力，英国中央政府建立了偿债准备金制度，要求地方政府编制年度预算时须安排相当于债务本金 4% 的财政收入用于偿还债务，化解偿债压力。在某些年份，虽然对偿债准备金的数额没有统一规定，但地方政府需根据债务项目性质和构成的不同设置偿债准备金，以确保偿债计划得以实现。

第四，重视地方债务风险控制。一方面，中央政府时刻关注地方政府财政和债务状况，借助谨慎性监管框架，评估地方政府的偿债能力。谨慎性指标包括纳入资本融资计划的债务规模和债务到期情况、可获得收入来源，以及对现有债务的还本付息承诺等。通过对系列指标进行实时监控，及时掌握地方债务的发展趋势和风险级次，可以有效地预警和防范地方财政风险。另一方面，地方政府债务要求透明化。英国是实施权责发生制改革比较彻底的国家，在政府会计制度改革过程中，注重核算公共部门占有和支配的全部经济资源，并以权责发生制为基础编制政府预算和财务报告，及时披露重要的非现金交易信息，全面、准确地反映政府部门的财务信息，提高地方公债的透明度。

6.3 德国地方公债的管理体制与政策实践

6.3.1 德国地方政府和地方公债概述

德国是市场经济发达国家，也是欧洲最大的经济体，实行联邦、州、市（地方）三级管理。各州和地方政府依法自主管理当地事务，具有较高的独立性。与政权设置相适应，德国财政也分为三级，即联邦财政、州财政和地方财政，其中州财政与地方财政也拥有较高的自主性。尽管如此，德国联邦政府对州和市保持强大而广泛的影响力。一方面，全国在几乎所有重要问题上的立法都保持一致，包括税制的统一等。对于公共产品的提供，德国《宪法》强调全国生活水平的一致性，而不是保证各地生活水平的最低标准。另一方面，不同级别的政府在政策实施上保持高度的协调性。

长期以来，德国地方政府举借的公债由地方政府和地方性公共机构根据各州法律按规定发行，联邦政府不予干预。地方政府原则上只能发行筹集投资性经费的地方政府债务，但在经济不景气时也可以破例发行赤字债。自 20 世纪 90 年代初开始，德国《宪法》中的限制性规定和相关财政政策并未阻止德国公共部门巨额赤字和债务规模持续增长。

图 6-4 显示了 1950—2006 年德国各级政府债务占政府总债务的比重。从图 6-4 中可以看出，德国地方政府债务占比整体而言是逐步下降的：1950 年，州和市政府的债务占比合计超过 60%；2006 年，合计占比下降至不到 40%。2006 年，德国的市政府债务占政府总债务的比重仅约 8%，州政府债务占政府总债务的比重约为 31%，联邦政府债务占政府总债务的比重约为 61%。

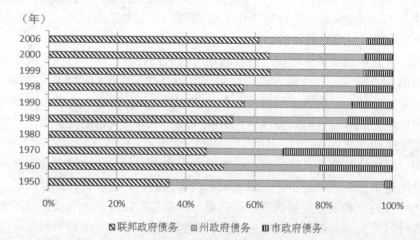

图 6-4　1950—2006 年德国各级政府债务占政府总债务的比重

资料来源：根据中国财政部和亚洲开发银行 2008 年 7 月在中国举办的"地方政府债务管理国际会议"资料整理。

图 6-5 反映的是 1995—2018 年德国地方公债占国内生产总值的百分比。从图 6-5 中可看出，德国地方公债占比在 2010 年达到峰值，在 2010 年后呈逐步下降趋势。究其原因，德国的"债务刹车"制度在控制地方公债规模增长上发挥了重要作用。

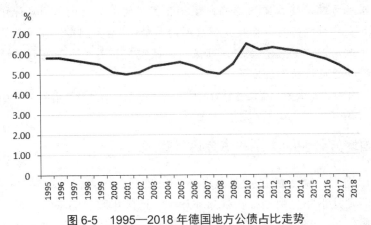

图 6-5　1995—2018 年德国地方公债占比走势

资料来源：CEIC 数据库（https://insights.ceicdata.com/Untitled-insight/myseries）。

德国的"债务刹车"制度

2008 年全球金融危机爆发后，德国的州和地方政府举债力度进一步加大。2009 年，德国国内生产总值下滑了 5%，而债务增速远高于国内生产总值和税收收入的增速。德国政府先后推行了两轮刺激方案，对促进就业和推动经济发展起到了积极作用，但同时也加重了财政负担，扩大了财政赤字，大幅提高了政府负债。因此，为了控制各级政府债务规模持续扩大，德国于 2009 年出台《新债务限额》法案，即"债务刹车"制度，并正式成为德国《宪法》的一部分。

德国政府的"债务刹车"制度规定，自 2016 年起，排除经济周期引起的赤字后，德国的结构性赤字不能超过国内生产总值的 0.35%。首先，德国联邦政府从 2010 年起每年需在联邦预算中节省 100 亿欧元。其次，联邦政府于 2019 年终止对五个高负债州的财政援助，2020 年开始，除特殊情况外不允许高负债州新增任何债务。再次，各州可以根据债务的实际情况采取灵活方式实施"刹车"制度，如采取"点刹"的策略循序渐进开展。最后，设立财政稳固委员会加强财政监管，增加财政预算透明度，并且监督"债务刹车"政策的遵守情况。

通过贯彻"债务刹车"政策，德国各级政府不断扩大的债务规模得到控制，而且各级政府的债务状况有了明显的改善。2010 年，德国政府负债占国内生产总值的比重达到 82.4%，创了历史新高，而联邦、州和地方政府三级政府的负债总额达 20 116 亿欧元，各级政府均面临高额的利息支出。但到 2014 年，德国实现了财政盈余，而 2015 年的财政盈余甚至达到了 1990 年以来的最高值。

目前，德国联邦政府已提前完成"债务刹车"任务。州政府通过出台减债强制措施，帮助州本级和下辖地方政府改善财政状况、规范既有债务、分担社会福利支出。地方政府可自愿选择加入本州的债务管理强化方案，作为享受州政府资金补贴的前提条件。这要求地方政府建立更为严格的预算管理制度、明确成本削减计划，同时在地方财政收支和公共行政行为方面接受州政府的监督。"债务刹车"制度的施行一方面降低了德国各级政府沉重的债务负担，确保了财政稳定，另一方面有利于德国各级政府更好地利用财政稳定推动经济发展。

资料来源：张峰，徐波霞. 德国各级政府债务的"刹车"制度及其借鉴[J]. 中国财政，2017（23）：68-69.

6.3.2 德国地方公债的类型和资金运行管理

在举债用途上，除了满足投资需求外，州政府在很大程度上用银行贷款弥补赤字，而市政府则几乎完全用银行贷款弥补赤字。德国州政府的举债方式主要包括州债券、"兰德债券"（面值 5 亿欧元的集合债券）、戴普发银行（Deutsche Pfandbrief Bank，DEPFA Bank）贷款、储蓄银行贷款以及州清算银行贷款等。州政府信用等级由国际机构评估，都为 AAA 级。市政府超过 90%的债务是通过州政府控制的银行或各市的地方储蓄银行融资的。此外，德国不存在市级债券市场，因此国家难以通过市场规则约束市政府的借款行为，这也解释了为什么德国需要实行更明确和具体的监督管理方式。

德国州政府和市政府向金融部门的借款主要来自公共部门控股的银行（主要包括州立银行和地方政府控股的储蓄银行）。较大的市通常有储蓄银行，其主要股东是地方政府。州立银行通常也是本州储蓄银行的清算中心，所在地的州政府是其控股股东。此外，州立银行还负责为联邦或州政府项目筹集资金，并为州政府管理公共基金等。德国州立银行和储蓄银行在盈利的同时也承担一定的社会责任。然而，由于其与政府固有的紧密联系，公共部门控股的银行也暴露出一些问题。政府担保一方面对其他银行而言助长了不公平竞争，另一方面诱使一些州立银行和储蓄银行追求高风险与高收益。2005 年 7 月起，德国政府逐步取消对公共部门控股的银行的政府担保。失去了政府担保，公共部门控股的银行不能再以较低成本筹资，业务模式受到影响而被迫进行改革。多数州立银行、储蓄银行打破原有经营界限，进行多元化经营，同时积极开拓国外市场。

除了上述举债方式外，德国地方政府还通过将公共基础设施投资项目外包给私营企业的方式吸引资金。由私营企业提供兴建公共基础设施项目所需的资金，政府部门负责监督而不参与建设，同时为该私营企业提供担保。在项目竣工后，政府将在一定时间内偿还建设费用及相关财务费用。这种方式可以在短时间内减轻地方政府的财政压力，但却是以缩小今后的财政控制权为代价的。

6.3.3 德国地方公债管理实践的主要特点

第一，设立债务专职管理机构。德国联邦财政部下设 10 个理事会，其中第七理事会负责国内和国际金融市场与货币政策，其下属的 A 理事会负责债务管理及国际债务战略，并由它的两个分支机构分别负责"债务管理和控制"与"国际债务战略、债务重构、金融贷款"。

第二，德国州和地方政府债务管理有较强的纵向控制特征。德国《宪法》第 115 条中明确规定了政府举债的限制性要求："政府债务收入不得超过预算草案中的投资性支出，在扭转宏观经济失衡情况时允许有例外。政府举债的细节必须由联邦政府立法规定。"地方政府必须向联邦财政部或相应的地区机构提交预算，提高地方预算透明度，从而有利于上级政府对地方财政实施预警监督。在极端情况下，当某地方政府出现财政困难时，财政部会拒绝该地方的预算申请，由地方政府修改后重新提交。此外，当地方政府面临财政困难时，州政府必须帮助地方政府填补债务缺口，避免地方政府破产。

第三，地方政府各部门在债务管理中存在横向制衡。市长主导的举债计划及财政支出方向必须经市政会议授权并通过地方预算部门执行，未经市长或市政会议许可，预算部门不得改变资金用途。地方议会有权查看任一年度任一预算项目（包括举债资金投资项目）的详细情况。在每个预算年度结束后的四个月内，地方市政会议必须完成年度财政报告，并提交给地方议会和地区审计署。本级审计署检察所有预算数据，并对全市财务状况发表审计意见。

第四，中央政府提供隐性担保。由于州政府缺乏税收自主权，债权人并不将其看作财务独立的主体。尽管如此，主要的信用评级机构对德国所有州的债务评级都是 AAA 级。这是因为其评级的基础是中央政府的财政稳健，并且评级机构相信中央政府会履行"均等生活条件"的《宪法》义务，不允许任何一个州政府陷入破产困境。事实上，这形成了中央政府对州政府的隐性担保。

6.4 法国地方公债的管理体制与政策实践

法国位于欧洲西部，是具有较深中央集权传统的单一制国家，也是发行地方公债时间较早、规模较大的国家。受其政治体制影响，法国的地方政府债务管理主要以行政控制为基础，即上级政府直接控制地方政府的借贷权限。法国地方政府不仅要接受立法、行政和司法机关的直接监管，还要接受银行的间接监管。完善的监管机制对于减少地方政府债务风险发挥了重要作用。此外，法国有着规范的政府收支管理体制，也为地方公债的科学管理提供了良好的制度基础。

6.4.1 法国地方政府和地方公债概述

1982 年 3 月，法国颁布实施《关于市镇、省和大区的权利和自由法案》，在维护单一制国家体制的前提下，开始实施地方分权改革，目前实行的是中央、大区、省和市（镇）四级管理体制。在经济上，法国推行"混合经济"模式，其特点是：① 国有部门和私有部门并存；② 计划指导和市场机制互为补充；③ 宏观政策调控和微观运行机制相互协调。

根据法国《宪法》规定，各级地方政府均可通过举债方式融资。1982年政治体制改革以前，地方政府负债的主要方式是向银行借款，并且地方政府只有在中央政府特许的情况下才可发行债券。1982年政治体制改革之后，地方政府自主权扩大，发债和借款成为地方政府筹措资金的重要来源。地方政府可自主决策是否举借债务，不需要中央政府批准。1987年后，地方政府可通过公开市场方式获得借款，并且可自由选择结款方式和对应机构。2003年，法国新《宪法》明确了地方政府自由发行债券的权利，自此地方政府可自主决定发行债券的规模。但市（镇）政府无权直接发行债券，其举债方式仍是向银行借款。

总体上看，法国各级地方政府通过举债筹集资金的情况比较普遍。举债时，地方政府一般以政府资产作为抵押或担保：向银行借款时，通常以市（镇）政府财产作为质押，借款利率与市场利率相同；地方政府发行的债券以地方财政收入做担保，发行利率通常高于国债发行利率，但低于企业债券的发行利率。

6.4.2 法国地方公债的资金运行管理

举债用途上，法国各级地方政府无论是采取向银行借款还是发行债券的形式，所筹集的资金只能用于投资或建设地方公共工程，不能用于弥补政府预算经常性收支的缺口。法国地方政府的负债绝大部分来自银行，较少依赖发行债券进行融资，原因是相较于银行贷款，债券融资的成本较高，并且缺乏弹性。多家银行之间的激烈竞争使地方政府能选择合适的贷款利率。

对于地方政府举借的债务，法国中央政府原则上不承担偿还责任，只能由地方财政偿还。地方政府偿债资金的主要来源包括地方税收、中央对地方的各种补贴（拨款）和发行新的地方政府债券（借新还旧）。为了防范债务风险，法国各级政府均建立了偿债准备金制度。当地方政府不能偿还到期债务时，可先使用偿债准备金支付，以降低债务风险对地方财政正常运行的不利影响。同时，偿债准备金的设置也对地方政府扩大债务规模产生约束。

法国各级地方政府的自律性较强，较少出现地方政府过度借款或滥发债券而造成地方财政破产的情况。一旦出现地方公债无法持续导致政府运转不灵的情况，中央政府将进行干预。此时，原地方政府或地方议会将宣告解散，其债务由中央政府先为代偿，待新的地方政府和地方议会经选举成立后，制订新的增税计划以偿还原有债务和中央政府垫付资金。

6.4.3 法国地方公债管理实践的主要特点

第一，各级地方政府负债和财政运行状况受到多方面监控。法国构建了由议会、审计法院、财政部、财政部派出监督机构和银行"五位一体"的常态化监督体系，提高了地方公债监管的覆盖范围和有效性。

议会对地方公债的监控主要包括两个方面：一方面，议会通过对财政预算草案的审查批准，从法律层面对地方公债进行事前监控；另一方面，在预算法案通过后，议会的专门委员会和议会委托的审计法院对政府部门及其下属单位的各项债务进行审计监督。

法国的审计法院是一个独立的国家机构，各级政府部门及其下属单位、国有独资企业及国有控股企业等，都必须按时将其财务决算报送审计法院审查，并负责向审计法院提供有关资料。审计法院强有力的监督，使得地方政府举债时比较谨慎。

国库司是法国财政部的重要职能部门之一，而隶属于国库司的"债务管理中心"的主要职责是对各级政府的资产和负债进行监督管理，提出并落实政府债券具体运作的指导措施等，确保各级政府能及时偿还债务，以及履行对欧盟承担的义务（政府公债总额不超过国内生产总值的60%）等。

财政部派驻各省、市（镇）的财政监督机构也发挥对地方公债的监控作用。地方议会或政府决定举债前，首先要征求财政部驻本地的财政监督机构的意见。如果地方政府与这些派出机构存在分歧，虽然地方政府仍可独立决策，但要向这些派出机构就意见分歧提供专门说明，并自行承担举债的全部责任。财政部派驻各省、市（镇）的财政监督机构对各级地方政府的财政运行和负债情况进行常态化督导和检查，一旦发现问题，及时向地方政府提出意见，并向上级财政部门汇报。

各级地方政府举债还受到银行等金融机构的间接监控。各级地方政府均在银行设立了专门的资金账户，并且通常由银行代理进行举债（除直接向银行借款外，地方政府发行地方债券一般由银行代为发行）。因此，银行对地方政府的财政运行状况和负债情况非常了解，一旦地方财政出现风险，银行将向地方政府发出警告，并停止为地方政府提供各种直接和间接的举债代理服务。

第二，联合发债成为主要形式。近年来，法国地方政府逐渐倾向于通过联合发债的形式筹集资金。2014年，Agence France Locale（AFL）成立，主要服务于多个地方政府，通过"评估—吸纳—申请"的流程进行联合发行债务。AFL属于一类规范的地方政府融资平台。它通过两套独立、完整的指标体系对每项联合发债的潜在风险进行全面审核：一是经济财政状况指标，包括发债地的人均可支配收入、失业率以及人均地方税收收入等；二是债务状况指标，包含债务规模、负债率和债务率等。

第三，主动管理债务风险。20世纪80年代以来，法国政府积极探索并借鉴私人部门资产组合管理的经验，使得公债风险管理逐步由被动执行转向系统风险管理。例如，根据投资组合有效边界和多样化原则，综合运用定量分析模型对不同债务组合的有效性和风险度进行测算，兼顾成本与风险的平衡，实现债务最优组合。

6.5 意大利地方公债的管理体制与政策实践

意大利是一个单一制国家，共有四级政府，包括中央政府、20个地区政府、99个省政府、8088个市政府，是欧洲四大老牌工业强国之一。

6.5.1 意大利地方政府和地方公债概述

"二战"以来，意大利中央政府与地方政府之间的财政关系具有纵向财政不平衡程度高、支出责任不明确，以及政策缺乏透明度和稳定性等问题。1990 年，意大利颁布了旨在改革地方政府行政管理体系的框架性法律，规定了三条总原则：① 中央政府的拨款将被限制在提供"必要"支出的范围内，即由中央政府向地方政府分配相应拨款，地方政府负责筹集公共服务所需其他财政资金；② 为了增加地方政府的财政责任感，中央政府将更多的税种下放给地方政府，同时相应地减少拨款；③ 地方政府及其所属机构的管理者须对其经济效益负责。但是，上述法律规定仍未明确应由哪一级政府最终负责筹集政府支出所需资金，这为地方公债的持续扩张提供了制度温床。

根据意大利中央银行（意大利银行）公布的数据，意大利的地方公债可分为狭义的债务和广义的债务。狭义的债务包括地方政府发行债券和向银行借款产生的债务。在狭义的债务统计口径的基础上，广义的债务还包括其他类型的债务：① 经济财政部（MEF）向地方政府垫付的应付贸易款项；② 在意大利国有银行（CDP）转型为公司时，意大利国有银行向地方政府发放的属于经济财政部的贷款份额；③ 经济财政部向各地区发放的用于弥补其医疗保健赤字的贷款；④ 经济财政部向各地区提供的用于债券回购业务融资的贷款；⑤ 内政部向各省和直辖市提供的预付款，作为确保地方政府财政稳定的轮换基金的一部分。①

图 6-6 显示了 2000—2019 年意大利的地方公债余额和负债率情况。从狭义统计口径看，2000 年意大利的地方公债余额为 38 121.80 百万欧元，而 2019 年债务余额达到 84 376.90 百万欧元，相比 2000 年增长了约 121.34%；2000—2019 年，狭义债务的平均负债率（狭义债务余额占 GDP 的比重）为 5.66%。从广义统计口径看，2000 年意大利的地方公共债务余额为 65 969.60 百万欧元，而 2019 年债务余额达到 122 111.60 百万欧元，相比 2000 年增长了约 85.10%，平均负债率为 7.40%。

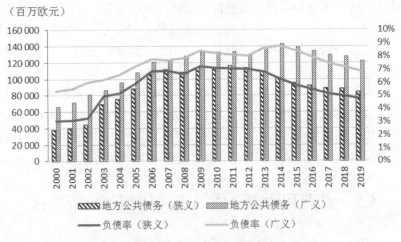

图 6-6 意大利的地方公债余额和负债率情况

资料来源：意大利银行官网。

---

① 参见意大利银行官网（https://infostat.bancaditalia.it/inquiry/home?spyglass/taxo:CUBESET=/PUBBL_00&ITEMSELEZ=PUBBL_00|false&OPEN=true&ep:LC=EN&COMM=BANKITALIA&ENV=LIVE&CTX=DIFF&IDX=2&view:CUBEIDS=&timestamp=1587603942277）。

6.5.2 意大利地方公债管理实践的主要特点[①]

第一,约束地方政府举债规模。意大利地方公债管理体制的整体特征是行政控制型。中央政府对地方公债实施直接控制,每年对地方政府发行债券进行授权和审批管理,并定期对地方公债管理进行监督检查。意大利地方政府的偿债比例不得超过地区自有财政收入、卫生收费收入净额与公共基金之和的25%。此外,意大利《宪法》第五章规定,地方政府只能将债务用于公共投资,不得为经常项目支出融资而发行债券。对于投资项目,各省市可以向银行、储蓄与贷款基金会以及政府控股的银行机构借款,但必须提供偿债计划。

第二,详细规定债务危机处理方式。为了避免地方公债的无序扩张,意大利政府制定了详细的防范化解债务风险的操作程序。以地方公债的重组为例,《关于竞争力和社会正义的紧急措施第89号修正案》要求债务重组需满足以下条件:① 地方政府与经济财政部签订的贷款合同,剩余期限在5年及5年以上,且剩余债务摊销额超过2000万欧元;② 剩余期限在5年以上,发行面值在2.5亿欧元以上的地方政府债券。

第三,建立债务风险管理组织体系。近年来,意大利政府逐步重视地方公债潜在风险的严重性,为使债务风险管理更加专业化、集中化,建立了债务管理办公室(DMO),使地方公债的管理分工更为明确,由专业部门构成的组织体系来防范化解地方公债风险。

6.6 北欧国家地方公债的管理体制与政策实践

北欧(Nordic Europe)是政治地理名词,特指北欧理事会的五个主权国家:丹麦、瑞典、挪威、芬兰和冰岛。本节将简要介绍瑞典、芬兰和丹麦的地方公债管理情况。

6.6.1 瑞典地方政府和地方公债概述

瑞典是单一制的君主立宪国家,除了中央政府,存在两种类型的地方政府——省政府和市政府。省政府是地区一级的地方自治政府。市政府是层级最低的地方自治政府,管辖范围包括城市和周边乡镇。为提供各类公共服务,瑞典中央政府与地方政府之间以各种形式开展长期合作。公共活动的总框架由内阁和国家议会确立,但在框架内,地方政府享有较大的自主权,可根据本地条件制订和执行公共计划。中央政府的各项工作往往是在地方政府计划基础上制订的。

在法律上,瑞典对地方一级政府的事权做了明确规定:市政府负责中小学教育、社会服务、公共事业和市政规划;省政府负责所有医院、健康保健和公共运输。瑞典地方行政管理的基本原则是地方政府由地方直接选举产生的代表进行管理。对市政府

[①] 意大利公共债务管理主要由经济财政部的国库司负责,本节资料主要来源于意大利经济财政部国库司的公开文件(http://www.dt.mef.gov.it/en/debito_pubblico/enti_locali/nota_esplicativa/)。

而言，市议会是其最高决策机构。省一级的决策机构是省议会。省议会和市议会每四年由选民直接选举产生。市议会和省议会为各自的管辖地区做出原则性的重要决策，并对预算、税收、收费和债务等负责。

瑞典的地方政府在其职责范围内享有宪法规定的自治权和自由决策权。例如，地方政府可以自由选择如何提供公共服务，包括雇用私营公司和通过地方政府附属公司提供。瑞典《地方政府法》规定，瑞典地方政府附属公司的运行必须遵循健全的财务管理原则，并对附属公司参与地方政府各项服务的方式和程度做了限制，以避免附属公司的谋利行为影响地方政府为居民提供公共服务。根据《地方政府法》和健全的财政管理原则，地方政府在享受较大的自由决策权的同时，必须在每个财政年度结束时将预算盈余上交中央政府。

此外，瑞典还实行地方财政均等化制度，确保地方政府为居民提供公共服务时具备同等的基本条件。该制度由收入均等化和成本均等化两部分组成。收入均等化由财政拨款资助，主要目的是消除地方政府的税基差异。成本均等化的主要目的是消除成本结构的地区不平衡，由成本结构良好的地方政府支付费用，补助给成本结构不利的地方政府。税收和国家补助金都可用于支付投资的运营成本和费用支出。财政均等化制度在一定程度上削弱了财力不均衡对地方政府提供公共服务的影响。

在地方公债方面，瑞典地方政府依靠发行债券或借款为大型投资项目提供资金。一些规模较大的自治市有权直接在金融市场上发行债券，而规模较小的自治市通常选择由银行等金融机构代表他们发行债券，目的是分担风险和降低利息成本。当地方政府无力承担高额的债务偿付费用、濒临破产时，中央政府会出面救助，但这笔救助资金将由该地方政府在未来分期偿还。

6.6.2　芬兰地方政府和地方公债概述

芬兰是一个高度发达的资本主义国家，也是一个高度工业化的市场经济体。作为欧盟成员国之一，芬兰的人均产出远高于欧盟平均水平，与其邻国瑞典相当。芬兰实行两级行政体制，包括中央政府和市镇政府。其中，市镇等地方政府承担了广泛的公共服务责任，尤其是在教育、卫生和社会服务以及地方基础设施等领域。芬兰的各级政府拥有相对雄厚的财政实力和相对健全的财政制度，为提供优质的公共服务创造了有利条件。芬兰的教育一直是经合组织中做得最好的国家之一，而且其医疗保健系统服务质量高并提供全民覆盖。此外，该国还拥有良好的基础设施和广泛的社会安全网。在财权问题上，芬兰同瑞典一样采取了相对集中的做法，便于宏观经济管理和政令统一。因此，芬兰的中央税收入占较大比重。同时，中央政府通过转移支付支持地方发展。

芬兰允许地方政府举债。在地方政府债务管理上，芬兰采取的是市场约束模式。中央政府不直接参与地方政府借贷的具体事务，由市场力量确保地方债务得到有效的管理和控制。在上述管理模式下，地方政府有更大的自主权决定其融资的数量、渠道和用途。与此同时，自由和公开的金融市场、获得有关地方债务及偿还能力的信息渠道畅通、没有上级政府对陷入债务危机的地方政府进行援助的预期等，都对芬兰地方公债的有效管理产生积极而又重要的影响。在市场约束模式下，信用评级机构在芬兰地方政府举债的市场约束中发挥重要作用，而且地方政府有动力限制自身借贷来获得更高的信用评级，以降低融资成本。

6.6.3 丹麦地方政府和地方公债概述

丹麦是一个高度发达的单一制国家。2007 年起，丹麦实行新的行政区划。全国设5 个大区、98 个市以及格陵兰、法罗群岛 2 个自治领地。大区政府不再具有征税权。市政府负责提供社会服务、义务教育等。中央政府主要负责监督地方，并与地方政府共同承担就业服务责任。

丹麦的转移支付具有显著的福利性质，是一种平衡经济发展水平和缩小收入差距的财政手段。由于地方政府税收收入难以承担所有支出，因此需要中央政府的补助及均衡计划等措施的支持。例如，现金补助及恢复重建费用由中央政府和地方政府共同承担，而养老金和儿童津贴全部由中央政府的转移支付承担。

在地方公债管理方面，丹麦采取的是协商控制模式。地方政府举债的限额由中央政府和地方政府协商确定。地方政府通过与中央政府的协商谈判，直接参与制定整个国家的宏观经济目标、相应的政府总体收入和支出水平，以及债务总体规模和各地配额。协商控制模式的优点在于它促进了丹麦中央政府和地方政府的信息交流，使得最终的政府收支和债务规模不仅反映了中央政府的政策意图，而且融合了地方政府的意愿，更容易被当地政府接受和完成。这有助于在完成宏观总量调控的同时，兼顾地区差异，保留地方政府的灵活性。

上述协商控制模式的优势能否得以发挥，取决于以下四个先决条件：一是中央政府在协商中的谈判能力较强；二是政府间存在着相互协商和协作的传统；三是地方政府间的差异不悬殊；四是不存在严重的财政或债务危机。如果不满足上述条件，协商控制将削弱中央政府的领导力，诱使地方政府向中央政府要求更多的转移支付，恶化预算软约束。

6.7 欧洲地方公债的管理经验总结和未来改革展望

6.7.1 欧洲地方公债的管理经验总结

从欧洲多个国家的政策实践来看，欧洲（尤其是欧盟成员国）普遍建立了较为健全的地方政府融资体系，绝大部分国家允许地方政府发行地方债券或向金融机构借款。同时，由于政治体制和经济发展水平的差异，各国的地方公债管理体制各具特色。例如，在部分国家，中央政府是地方政府债务风险的最后承担者，肩负着重要的债务管理与监督职能，而在另一些国家，公债的管理责任和风险主要由地方政府承担。

根据前述各国地方公债管理实践的主要特点，欧洲国家地方公债的管理主要有以下四点经验。

第一,实行地方公债的法治化管理。无论是实行联邦制的德国,还是实行单一制的英国和法国,欧洲国家各级政府的事权和财权划分普遍由宪法或相关法律做出明确规定。这增强了各级政府的责任感,避免了不必要的互相推诿或为争取资金而采取不当手段。此外,各国在融资来源、资金运行管理等方面也有明确的法律规定,大多数国家均规定地方政府债务主要用于基础设施建设等公共工程,特别是市政设施建设。

第二,建立专职监管机构。从欧洲发达国家的情况看,各国均有一整套系统化的公债监督管理和组织体系,并在各国财政部设立独立的政府债务监管专职机构,承担管理地方公债的职能,如英国财政部下设的债务管理办公室(DMO)、德国财政部第七理事会下属的 A 理事会等。部分国家由司法、审计等部门执行地方公债控制与监督职能,配以其他手段形成全方位的监督体系,如法国"五位一体"的地方公债监控体系。

第三,完善债务管理体制,强化地方政府的风险管理意识。为了防范地方公债风险,欧洲发达经济体虽将发债权限下放地方,但同时也强化了地方政府的责任和风险管理意识。例如,英国构建的地方政府资本融资谨慎性监管框架、德国的纵向控制和横向制衡、法国的偿债准备金制度等。通过建立中央政府宏观调节与地方政府微观管控相结合的管理机制,各级政府严格遵循并实施债务计划。

第四,建立健全地方政府债务风险的预警机制。管理地方公债的一种有效手段是建立科学的风险预警机制。欧洲发达国家的中央和地方政府根据各国国情,建立了具有本国特色的风险预警管理体系。在举债源头上,中央政府对地方政府举债进行总量控制;在债务资金使用过程中,建立信用评级与风险预警等相结合的监督机制,及时监控债务风险。例如,英国中央政府对地方政府债务的一系列指标进行实时监控,及时掌握地方公债的发展趋势和风险等级,有效地预警地方财政风险;法国政府借鉴私人部门资产组合管理的经验,逐步实现由地方公债风险的被动监控转向积极主动的系统化风险管理。

6.7.2 欧洲地方公债管理的未来改革展望

欧债危机爆发十年以来,欧洲各国的经济发展总体延续复苏态势,但步伐迟缓,表现分化。德国、荷兰等相对稳健,法国增速放缓,意大利等债务风险上升。展望未来,英国脱欧、欧洲央行货币政策转向等都将为欧洲的经济发展带来挑战。就欧洲国家的地方公债管理而言,未来需要改进的方向至少包括以下几个方面。

第一,加强地方公债管理应对宏观经济冲击的能力。欧债危机爆发的原因之一是美国金融危机冲击下欧洲某些国家政府债务的急剧增长,这反映出欧洲已有债务管理体制未能充分考虑宏观经济冲击对公债的影响。因此,地方公债管理应考虑充足的流动性缓冲,以应对不时之需;同时,应加大地方财政压力测试力度,做好应对外部冲击的充分准备。

第二,加强地方公债管理与其他宏观经济政策的协调。地方公债管理部门与其他政府部门（包括金融管理部门等）的联系日益紧密，不但地方公债信用风险的恶化会影响金融部门的稳定性，反过来金融部门动荡也会增加地方公债的风险。因此，应加强地方公债管理与财政政策、货币政策之间的协调：一是进一步加强地方公债管理部门与其他宏观经济管理部门的信息沟通；二是密切关注公债管理政策与其他宏观经济政策的相互影响；三是在制定包括地方政府债务在内的公债管理与其他宏观政策的具体目标时，应加强部门之间的协同，避免政策相互掣肘。

第三，避免中央政府对地方政府过度救助。在地方政府债务融资充分市场化的情况下，不排除一些地方政府出现违约的可能。因此，在危机处理中需要把握好以下三个原则：一是中央政府应以地方政府债务重整为契机，约束地方政府举债行为乃至其财政收支行为，建立长效的风险防范机制；二是以"救小、救弱优先"为原则，优先救助市、县级层面的债务危机，而对于管辖权较大的地方政府，应先让其自我承担财政责任；三是中央救助资金在债务重整总资金中的占比不宜过高。

本章拓展

关于瑞典地方公债更深入的导论，参见 Knezevic（2020），文中对瑞典市政部门的债务期限结构进行了全面的实证分析；André 等（2014）的研究详细介绍了芬兰的地方政府改革，即通过自愿合并建立更加高效的地方当局。欧债危机的爆发还暴露了欧洲经济治理体制中长期存在的问题，如经济政策架构不完善、货币与财政政策分离等。

小结

- 英国地方公债管理具有设立专职的债务管理机构、构建债务融资的谨慎规则、建立偿债准备金制度、重视地方债务风险控制四个特点。
- 德国地方公债管理的特点是：设立债务专职管理机构；德国州和地方政府债务管理有较强的纵向控制特征；地方政府各部门在债务管理中存在横向制衡；中央政府提供隐性担保。
- 法国地方公债管理的特点是：各级地方政府负债和财政运行状况受到多方面监控；联合发债成为主要形式；主动管理债务风险。
- 目前，意大利各地区的地方公债规模（包括利息和本金）不得超过地区自有财政收入、卫生收费收入净额与公共基金之和的25%。
- 北欧国家的地方公债管理模式以市场约束型和协商控制型为主。

思考题

1. 简述欧洲国家地方公债管理的四种常见模式。
2. 英国地方公债管理体制的特点主要有哪些？
3. 德国地方公债管理体制的特点主要有哪些？

4. 论述你对欧债危机和欧洲国家地方公债管理经验内在联系的认识。

阅读与参考文献

[1] 财政部预算司. 德国地方政府债务管理概况[J]. 经济研究参考，2008（62）：31-36.

[2] 李萍. 地方政府债务管理：国际比较与借鉴[M]. 北京：中国财政经济出版社，2009.

[3] 熊爱宗. 公共债务管理：金融危机的挑战与未来改革方向[J]. 国际金融研究，2015（8）：44-52.

[4] 闫海龙. 英国 PPP 模式发展经验借鉴及对我国的启示[J]. 商业时代，2016（12）：122-123.

[5] 张峰，徐波霞. 德国各级政府债务的"刹车"制度及其借鉴[J]. 中国财政，2017（23）：68-69.

[6] 张志华，周娅，尹李峰. 法国的地方政府债务管理[J]. 经济研究参考，2008（22）：32-33.

[7] 中国银行课题组. 把握政府与市场的边界：英国地方政府债务管理的国际镜鉴[J]. 金融市场研究，2014（11）：44-52.

[8] 宗正玉. 国外地方政府债务管理的基本情况[J]. 财政研究，2012（9）：63-65.

[9] ANDRÉ C, GARCÍA C. Local Public Finances and Municipal Reform in Finland[J]. OECD Economics Department Working Paper, 2014(1121): 1-37.

[10] ELLIS M A, SCHANSBERG D E. The Determinants of State Government Debt. Financing[J]. Public Finance Review, 1999, 27(6): 571-587.

[11] KNEZEVIC D. Intertemporal Diversification of Sub-sovereign Debt[J]. Empirical Economics, 2020, 58(2): 453-487.

[12] LIANG Y, SHI K, WANG L, et al.Local Government Debt and Firm Leverage: Evidence from China[J]. Asian Economic Policy Review, 2017, 12(2): 212-232.

7 日本的地方公债实务

 学习目标

- ▶▶ 了解日本地方公债的发展历程；
- ▶▶ 了解日本的政府间财政关系；
- ▶▶ 了解日本的财政体制改革；
- ▶▶ 了解日本地方公债的资金运行及风险管理体制。

 引例

从 2008 年开始，日本参与市场公募债发行的地方政府陆续引入地方政府信用评级体制。2012 年，在发行市场公募债的 52 个日本地方政府中，有 25 个地方政府开展了信用评级。其中，爱知县采用了三家评级机构的信用评级；东京都、静冈县、大阪市和京都市四个地区的地方政府采用了国内和国外双评级，并以国际评级机构的评级为主。进行信用评级的地方政府多为发债较多的地区，目的多是将评级作为宣传手段，这也反映了日本地方政府对其信用的重视和对到期偿还债务的自信。

日本作为与中国相邻的市场经济发达国家，较早地开展了地方公债的相关实践，因此，其地方公债相关制度趋于成熟。本章将结合日本的政府间财政关系和财政体制改革，着重介绍日本的地方公债管理实践。

7.1 日本地方公债发展简史

日本是一个有地方自治权的单一制国家。到目前为止，全国由 1 都（东京都）、1 道（北海道）、2 府（大阪府和京都府）、43 个县（相当于中国的省）及其下设的若干个市、町（相当于中国的镇）、村组成。以上任一层级政府都是自治体，拥有自治权，其中都、道、府和县直接隶属于中央政府。日本的地方公债主要是指以上自治体举借的债务。

在日本，明治维新时期就出现了地方公债，至今已有一百多年的发展历史。作为

筹集财政资金的一种方式，地方公债一直随不同时期财政政策和经济发展等因素的变化而变化。1879 年，日本确立了"举借地方政府债务必须通过议会决定"的原则，标志着地方公债的相关制度正式建立。此后，日本中央政府在 1888—1890 年陆续颁布了《市制及镇村制》《府县制》《郡制》等法律，对地方公债做了进一步的制度规范。由于当时内外部经济环境的变化及财政体制的中央高度集权，日本地方公债的发行规模一直起伏不定，且远低于国债规模。由表 7-1 可知，"二战"全面爆发前，无论是地方银行，还是城市银行，[①]所持有的地方公债的规模都变化明显，最高能到国债的五分之一，最低则只有国债的二十分之一。

表 7-1　1932—1940 年日本银行业持有国债和地方债与银行存款之比

单位：%

年份		1932	1933	1934	1935	1936	1937	1938	1939	1940
地方银行	国债	13	14.9	18.1	20.1	24.2	21.2	23.2	22.9	25.5
	地方公债	3.2	2.6	2.3	2.1	2.6	2.2	2	1.8	1.3
城市银行	国债	16.7	20.2	24.2	23.9	22.4	19.1	24.6	23.3	22.9
	地方公债	3.6	3.7	4.1	4.7	4.3	3	2.4	1.7	1.2

资料来源：日本地方财政学会. 财政危机与地方债制度[M]. 东京：劲草书房，2002.

"二战"后，日本的地方公债规模大幅增长。进入 21 世纪前，日本的地方公债共出现过四次快速增长的时期，且每一次的快速增长都与当时的地方财政危机或是国家财政危机有着密不可分的关系。

第一次快速增长出现在 20 世纪 50 年代中期。当时正值日本经济发展的黄金时期，日本各地的财政支出急剧增加，同时中央政府却在实行紧缩政策，导致地方财政发生了"二战"后的首次危机。以此为契机，地方公债的发行量迅速增长，发行规模从 1955 年的 967 亿日元增加到了 1956 年的 1134 亿日元，增速达到了 17.2%。而地方公债依存度[②]一度达到 9.1%的高水平，以至于在之后一段时间，地方公债发行额的增速有时虽能高达 27%（1959 年），但地方公债依存度基本保持在 4%～5%的水平上，并一直持续到 20 世纪 60 年代中期。

第二次快速增长出现在 20 世纪 60 年代中期。由于正处于经济高速增长时期，地区开发政策逐步落实，日本地方政府的财政赤字也因此迅速增加，导致了"二战"后日本第二次出现地方财政危机。在此背景下，为充实地方建设资本，日本的地方公债发行再次出现快速增长的局面，发行总规模从 1964 年的 2104 亿日元迅速增加到 1965 年的 3139 亿日元，增长率近 50%。地方公债依存度从 1963 年的 4.66%、1964 年的 5.38%，迅速提高到 1965 年的 7.01%、1966 年的 7.86%。

[①] 日本商业银行分为城市银行和地方银行两类。城市银行以东京、大阪等大城市为中心设立总行，分支机构遍布全国，经营范围十分广泛，属于全国性的金融机构。地方银行一般以总行所在地命名，原则上只在本地区内开展业务，属于地方性的金融机构。

[②] 债务依存度一般指债务收入占财政支出的比例，但《日本地方财政白皮书》中"地方债依存度"作为专有名词，指的是债务收入占财政收入的比例。

日本地方公债第三次快速增长是由国际局势引起的。20 世纪 70 年代，两次世界石油危机的爆发导致日本与其他西方发达国家一样出现了严重的经济"滞涨"，日本中央政府也因此发生了财政危机。由于地方政府的大部分财源依赖于中央的财政转移支付，中央政府的财政困难不可避免地导致地方财政危机，从而导致地方公债再度迅速增长。地方公债的发行规模从 1973 年的 14 357 亿日元和 1974 年的 19 254 亿日元，猛涨到 1975 年的 31 799 亿日元，增长速度达到前所未有的 65.2%。地方公债依存度也迅速从 1974 年的 8.20% 增长到 1975 年的 12.21%，1978 年更是达到了空前的 12.72%。进入 20 世纪 80 年代，日本地方公债恢复低速增长，增速最高不超过 17%（1986 年），并经常出现负增长的现象。地方公债依存度也随之逐渐滑落，在整个 20 世纪 80 年代基本保持在 7%~10% 的较低水平。

20 世纪 90 年代发生了日本地方公债的第四次快速增长。随着泡沫经济破灭，日本经济陷入了长期停滞的泥潭。为了刺激经济，日本地方政府于 20 世纪 90 年代初期开始大规模增发公债，使得地方公债规模从 1990 年的 62 579 亿日元迅速扩大至 1992 年的 101 007 亿日元，年增长速度达到 40% 以上。更引人注目的是，自 1992 年起，地方公债依存度再次大幅上升，并且在接下来的 20 年内一直保持在 11%~17%，于 1995 年达到峰值 16.8%，也是目前为止的历史最高水平。但 21 世纪以来，日本地方公债依存度有所下降，并保持相对稳定，维持在 10%~13%，如图 7-1 所示。

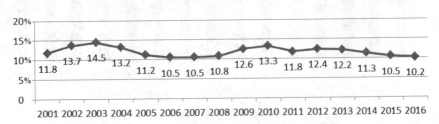

图 7-1　2001—2016 年日本地方公债依存度变化

资料来源：根据历年《日本地方财政白皮书》整理得到。

到 21 世纪初的 2001 年，日本地方公债余额已达到 131 万亿日元，为 1970 年的 44 倍，达到同期国债规模的三分之一（同期普通国债余额为 392.4 万亿日元）。若加上公营企业债和交付税特别借款[①]，2001 年年末的地方公债余额更是高达 188 万亿日元，占当年 GDP 的 37%。

图 7-2 和图 7-3 分别显示了 21 世纪以来日本地方公债收入额和余额的变化。21 世纪的前十余年，日本地方公债没有再发生快速增长的情况，而且在 2003 年之后，日本的地方公债余额基本稳定在 200 万亿日元左右（普通会计口径），维持在 GDP 总额的 40% 左右。20 世纪 90 年代，泡沫经济破灭直接导致了日本现在居高不下的地方公债规模，但在日本政府持续的行政控制下，地方公债规模并没有进一步扩张，而且公债发行与债务余额都比较稳定。

---

① 《日本地方财政白皮书》中以普通会计口径计算地方公债时将公营企业债和交付税特别借款包括在内。

地方公债学：理论与实务

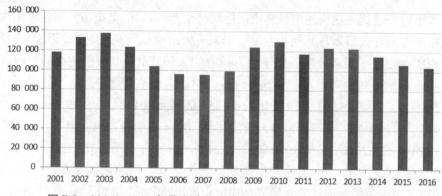

图 7-2　2001—2016 年日本地方公债收入额的变化（单位：亿日元）

资料来源：根据《日本地方财政白皮书》整理得到。

图 7-3　2001—2016 年日本地方公债余额的变化（单位：亿日元）

资料来源：根据《日本地方财政白皮书》整理得到。

7.2　日本地方财政管理体制概述

日本在政治上虽然给予地方自治权，但在经济上却表现出相当高程度的中央集权。如今日本中央政府依然控制着地方财政收支，但同时也在努力进行财政分权改革来克服过度集权的弊端。地方公债作为地方筹集资金的手段也受到中央政府的严格监管，其管理体制融合在中央对地方的财政管理之中。本节介绍日本中央与地方的财政关系及其重要改革，了解这些制度沿革对理解日本的地方公债管理实践有很大帮助。

7.2.1　日本政府间财政关系

日本的地方财政体制与地方公债均形成于明治维新时期，是一场自上而下的政治改革，从一开始就被刻上了中央集权的烙印。现行的日本政府间财政关系建于"二战"之后，主要以《地方自治法》和《地方财政法》等法律为基础，但一样带有鲜明的历史痕迹。中央政府依然直接参与决定地方政府的财政收支，对地方公债的发行进行严格管控。此外，总务省每年年初还会制订"地方财政计划"与"地方债计划"。2006 年地方公债发行制度改革之前，地方政府需要在中央政府制定的框架内进行各项财政活动与地方公债的发行。

虽然"二战"后实施的《地方自治法》让日本建立了现代意义上的地方自治制度，但没有经济主导权的地方政府依然只能是名义上的地方自治，经常被称为"三分自治"或"四分自治"。这是因为日本地方政府的税收收入只占全国税收收入的 30%～40%，但地方财政支出却占到全国财政支出的 60%～70%，无法自主平衡财政盈亏，所以地方财政支出相当一部分依靠中央政府转移支付，包括地方交付税和国库支出金等。此外，还可以按照总务省年初制订好的地方公债计划发行债券以弥补财政收支缺口。进入 21 世纪，日本地方政府财政资金的构成如图 7-4 所示。下文将以此探讨日本中央政府如何控制地方政府的财政收支。

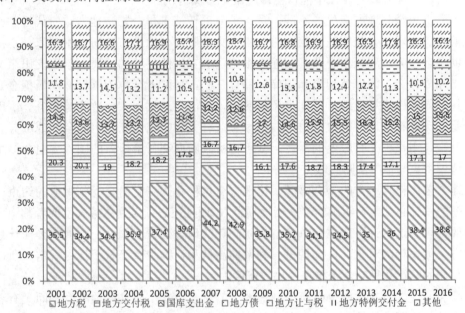

图 7-4　2001—2016 年日本地方政府财政资金构成比

资料来源：根据《日本地方财政白皮书》整理得到。

注：由于地方让与税和地方特例交付金占比偏低，因此图中未标注以上两类财政资金占比的数值。

根据图 7-4 可知，地方税是日本地方财政资金的最大来源，而地方税的税目和税率都需要根据中央政府制定的《地方税法》确定，不能由地方政府出于自己的意愿或者当地实际状况决定。虽然原则上《地方税法》中并没有强制要求地方使用基准税率，但事实上，一旦地方政府的税率低于标准税率，中央政府就会对地方政府进行处罚，如限制发行地方公债。因此，在实践中，几乎所有的地方政府都不会自行设定税率，而是使用《地方税法》的标准税率。

地方交付税是地方财政资金的第二大来源。地方交付税属于一般性转移支付，是中央政府向地方政府拨付财政资金的关键部分。交付税制度是一种各级政府交付一定比例的税额给中央政府作为平衡地方财政的预算基金，由中央政府统一管理并分配的财政管理方式。其中,由都道府县及以下级别的地方政府交付的部分称为地方交付税。地方交付税的分配采用因素法,即通过统一的标准计算出各个地方政府本年度的标准财政收入额和标准财政支出需要额,若后者大于前者,则中央政府根据差额的一定比例向地方政府下拨地方交付税。

虽然原则上地方交付税是中央对地方的非指定用途的转移支付,但实际上在计算标准财政收入额和标准财政支出需要额时,使用的大部分指标反映的都是中央政府的意愿。表面上看,地方政府可以通过减少"标准财政收入额"或增加"标准财政支出需要额"获得更多的地方交付税,但在实际操作过程中存在诸多问题。例如,减少"标准财政收入额"意味着地方政府消极对待自身收入,可能出现由此得到的地方交付税未必能弥补收入减少的情况。增加"标准财政支出需要额"意味着地方政府必须增加列入计算标准的财政支付项目,使得地方的支出往往不得不被动地反映中央政府的意愿。所以,地方政府往往不能自由地支配地方交付税。

国库支出金与地方交付税不同,是一种专项转移支付。它是地方政府代行某些国家职能及国家对地方政府进行奖励时,由中央政府支付给地方政府且由国家规定用途的补助金,地方政府无权更改其用途。根据资金支出的目的和性质,国库支出金又可分为国库委托金、国库负担金和国库补助金三类,后两者合称为国库补助负担金。国库委托金是指中央委托地方处理事务的费用,如国会选举和人口普查等事务。国库负担金是指国家补偿地方财政支出中与国家利益有关的应由国家负担的全部或部分。国库补助金是中央出于行政上的需要,基于自身判断而交付给地方的国库支出金,主要用于协调中央与地方的财政收支矛盾。

地方公债作为地方的补充财源,比地方交付税和国库支出金受到更多的约束。地方公债的发行必须要有明确的"适债性项目",而且还必须得到总务大臣或者都道府县知事的许可。这种许可建立在总务省年初制订的地方公债计划之上。地方公债计划还对地方公债发行的对象、资金规模、利率的高低和认购主体等做了详尽规定。所以,地方公债的发行几乎完全掌握在中央政府手中。

综上所述,日本的中央政府控制着地方的财政收支,而且各项制度之间又有着很强的互补与协调性,从而使日本财政的中央集权更加牢固。地方公债作为地方的补充性财源从出现起就背负着制度枷锁,更是受到中央政府从立项到发行的多重控制。近些年,日本也在努力改变这一现状,开展了多次相关改革,但近二十年来地方财政的收支结构并没有实质性变化,可以认为这些改革收效甚微。

7.2.2 日本地方财政体制的改革

在过去的一百年中,日本高度中央集权的财政体制保证了大规模社会基础设施建设的财力所需,使土开发等能在国家的统一指导下有计划地、均衡地实施,在国力发展中起到了积极作用。但是,过度集权也会带来负面影响:一是地方政府容易缺乏主动性和积极性,过于依赖中央的财政安排;二是光靠中央来协调资源容易造成效率损失和财力浪费。20 世纪 90 年代以来,日本经济陷入持续衰退,中央和地方财政都背负了日益沉重的债务负担,导致集权的财政体制难以为继。在社会与经济的双重压力下，日本中央政府决定向地方放权，让地方政府在财政上有一定的主导性，在举借债务上也有一定的灵活性。

1992年，日本当时的执政党自民党决定实施分权化改革。1993年，众议院和参议院通过了《分权推进决议》，并于2000年4月开始实施《地方分权一览法》，标志着分权化改革正式进入实施阶段。《地方分权一览法》从法律上明确了中央与地方不再是"上下主从"关系，而是新的"对等合作"关系。这次分权改革的理念是"地方能做的，就交给地方去做"，其主要内容正是财政分权，包括"三位一体"改革和地方公债审批制度改革。

1. "三位一体"改革

"三位一体"改革是将国库支出金、地方税和地方交付税制度作为一个整体，同时进行改革。国库支出金改革主要是废除、削减国库补助负担金；地方税改革是在国库支出金改革的基础上，中央直接对地方进行税源转让以补充地方财政收入；地方交付税改革主要是削减交付税总额以及简化交付税计算公式等。前两者改革的目的是给地方分权，后者的目的则是重组财政资源的分配规则。

国库支出金、地方税和地方交付税作为地方财政资金的主要来源，对其进行整体改革是对地方财政体制的大规模重塑，必然触及各方利益。国库补助负担金的改革会削弱掌管国库负担金的各省厅的权力，甚至会有部分公职人员面临失业的危险；对地方的税源转让会使日本中央政府财权弱化，且在中央政府本已欠下巨额债务难以偿还的情况下，日本财务省会面临更加严峻的形势；减少地方交付税会使某些地方的财政收入减少，地方政府在背负着沉重债务的情况下一样会面临更大的压力。各职能省厅、财务省及各地方政府的利益基本不能达成一致，所以"三位一体"改革从2002年正式实行起就是一个矛盾冲突与利益协调的过程。

2007年6月，"三位一体"改革完成，主要成果有三个方面：① 废除、削减国库补助负担金约4.7万亿日元；② 实现了以基干税（所得税）为主的税源转让，共向地方政府转让税源约3万亿日元；③ 地方交付税实现了总额控制，减少约5.1万亿日元，地方交付税的计算方法得到简化。

"三位一体"改革如期完成了数字目标，也突破了既得利益集团构筑的层层阻力，撬动了牢不可破的日本中央集权体制的一角，但"分权"这一目标的成效十分有限，各职能省厅对地方财政仍拥有不小的控制权。

2. 地方公债审批制度改革

对于日本地方政府，地方公债属于针对特定项目的补充性财源。长期以来，中央政府对地方公债的发行有着一整套的法律限制和行政指导，一直不允许由地方政府根据地方议会的决议自行决定地方公债的发行规模和投资项目，并且实行严格的审批制度。在审批制度下，地方政府发行地方公债需要得到总务大臣或都道府县知事的审批许可，过程烦琐。其中，总务大臣审批都道府县发行的公债，都道府县知事在与总务大臣商议后审批市町村发行的公债。

建立债务审批制度的目的主要有：① 总量上确保地方公债有充足的应债资金；

② 通过地方财政计划及地方交付税制度,在财源上保障债偿资金,确保地方财政健康运行;③ 保持对地方公债的发行进行适当限制,维持或提高地方公债的信用度;④ 防止资金向富裕地区过度倾斜,平衡债务资金分配。

在分权化改革过程中,日本的地方分权推进委员会提出,为了加强地方政府的财权自主性,应该废止地方公债审批制度,替代以新的协商制度。这一建议于1998年提交到日本内阁,1999年的《地方分权一览法》决定修改《地方财政法》及《地方自治法》的相关条款,并确定于2006年实现地方公债的发行由审批制度过渡到协商制度。

协商制度是指地方政府发行地方公债时,需要先经过地方议会批准,然后再与总务大臣或都道府县知事协商。但与之前的审批制度不同的是,在协商制度下,即使没有得到大臣或知事的同意,地方政府依然可以发行地方公债。其中,经过大臣或知事同意的称为"同意地方公债",否则称为"不同意地方公债"。"同意地方公债"的发行可得到低利息的财政资金投资,并且其本息偿债资金可计入地方财政计划。这意味着它会成为地方交付税中标准财政支出需要额的计算因素,地方政府也会得到更多的地方交付税。"不同意地方公债"通过地方议会的批准即可发行,但这部分地方公债既没有低利息的财政资金投资,其债务本息偿还资金也不能计入地方交付税的计算因素。

此次改革并非完全废除审批制并由协商制代替,而是审批制与协商制并行。少数指定地区仍沿用审批制。根据新的制度,如果实际偿债率[①]不超过18%,可实施协商制度;实际偿债率超过18%的地区依然实行审批制度。而且,如果实际偿债率在18%~25%,须起草债务管理计划,由总务省根据之前公布的规则对计划进行审查,通过审查的方可举债;如果实际偿债率在25%~35%,那么债务资金就只能用于指定项目;如果实际偿债率超过35%,债务资金会被进一步限定在公共住房、教育和福利设施建设上。

协商制度大大简化了地方公债发行手续,增加了发债的灵活性和地方议会对地方公债的约束力。更为重要的是,协商制度既增加了日本地方政府发行地方公债的自主性,也更符合发债风险自担的原则。

7.2.3 日本地方公债的管理体系

1. 日本地方公债的管理机构

(1)自治财政局。自治财政局是日本总务省的内设机构,主要发挥协调和控制区域经济发展的作用。自治财政局通过制订地方财政计划,保障并协调居民所需的公共服务的财源,如福利、教育、医疗和交通等。受职能所限,自治财政局主要通过地方公债和地方交付税调节地方财政收支差距。每年年初的"地方公债计划"也是由自治财政局负责制订,由此确定地方公债的发行项目,合理分配举债收入。

(2)财务省内设机构及下属分支机构。从日本财务省的职能分工看,主要有两个部门负责地方公债的管理——理财局和地方分支财政局。

理财局是日本财务省的内设机构,主要负责地方公债和财政投资贷款计划等事

[①] 实际偿债率是指偿债支出占一般财政收入的比例。其中,一般财政收入包括税收收入和地方交付税。

务。财政投资贷款计划包括财政贷款、工业投资和政府担保三个部分,其中的财政贷款会涉及为地方公债融资提供资金来源。

地方分支财政局是财务省的地方分支机构,它涉及地方公债的职能有:管理和投资财政贷款;监管地方政府公债交易;提交并审查债券等。以大阪市的地方分支财政局为例,其下设的财务部有两个部门涉及地方公债管理事项:一是财源科下的财政调查小组,它负责地方公债的发行、偿还和贷款事项,公共企业、准公共企业的预算和资金结算,以及地方交付税的收支等;二是财务科,主要承担地方融资计划的研究与规划。

(3) 日本地方政府公债协会。1979年4月,在内务省(现总务省的前身)的授权下,由日本各地方政府共同组建成立日本地方政府公债协会。其主要职能是帮助地方政府完善地方公债管理体制,确保地方政府的偿债资金来源,支持地方财政的高效稳定运行,并提供数据收集和研究分析等服务。

2. 日本地方公债管理体制的转变

自明治维新以来,日本的地方公债管理体制不断趋于完善。从制订地方财政计划与地方公债计划,一直到地方公债的审批发行,这一过程将地方公债的发行数量与种类、发行条件、发行时机、资金运用、偿还条件、偿还公债的财源安排等一系列管理工作的主要内容完整地纳入计划,保证了日本地方公债管理体制的谨慎而严密。但如前文所述,高度计划性也存在明显缺陷,即过于依赖中央的财政安排,计划僵化而缺乏灵活性,导致地方政府缺乏积极主动性和公共产品供给的低效与浪费等。现阶段,日本地方公债管理体制正艰难地由行政控制型向制度约束型转变。在分权化改革背景下,日本中央政府在向地方政府进行部分财权转让的过程中,不再采取严格的行政监管方式控制地方公债的发行,而是尝试通过市场机制约束地方公债的发行。

7.3 日本地方公债的举借和资金运行管理

随着地方公债制度的不断发展,日本地方公债的发行和资金管理也趋于完善,形成了一套完整的制度安排。本节将概述日本地方公债的举债方式、应债资金来源、举债用途以及偿债资金安排。

7.3.1 举债方式

日本地方公债主要有两种举借方式,即证书借款和发行债券,如图7-5所示。

1. 证书借款

证书借款是指地方政府使用借款收据为凭据,向债权人筹措资金的举债方式。这是日本地方政府发行公债的主要方式,尤其是在借入中央政府资金(包括财务省资金运用部资金与简易生命保险资金)和公营企业金融公库资金时,一般采用这种举债方式。近些年,银行对地方政府的借款加强了审查条件,如要求地方政府近几年要保持经常性预算平衡、借新还旧的比例要合规等。

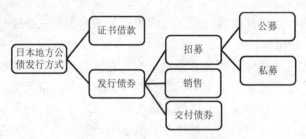

图 7-5　日本地方政府举债方式

资料来源：根据收集的相关资料绘制。

2. 发行债券

发行债券是指地方政府通过向金融机构等发行债券来筹借债务资金的举债方式。这类举债方式具体包括以下三种类型。

（1）招募。根据募集资金规模及是否公开投标，招募又可分为公募和私募两种。公募是指利用债券市场发行地方公债筹措资金。公募债的发行条件随行就市，一般是 10 年期及以上的债券。只有在自治大臣和财务大臣协商通过之后，地方政府才可使用公募方式发行债券。抛开行政管理因素，使用公募方式举债的一般是经济发展足够好的地区，因为经济羸弱地区的地方公债信用较低，或是发行规模较小，公募发行成本过高。在 20 世纪五六十年代时，仅有东京、大阪、兵库县、名古屋等共 8 个地区的地方政府有资格公募发债，不过这一数字一直在不停扩大。截至 2010 年，共有 27 个地区的地方政府可使用公募方式举债。

私募是指地方政府直接与有关机构交涉并发行债券以筹借债务资金。这些机构除了在地方政府的辖区内经营，一般都与地方政府有一定的业务关系。主要包括以下几种：① 地方公务员共济协会等组织，根据日本《共济协会法》规定，地方公务员共济协会、警察共济协会、公立学校教职员共济协会除了按规定将其资金转存资金运用部外，剩余部分只能用于购买地方公债；② 银行、农协等金融机构，这些机构一般由地方政府指定代其管理资金，发挥地方金库作用；③ 受益于地方公共事业的公司，如填海工程承包商；④ 保险公司，如保险公司认购用于消防、安全设施建设的地方公债等。

（2）销售。销售是一种存在于规定中的举债方式，现实中从未被使用过。在这种举债方式下，地方政府需要先公布其销售公债的条件和规模等，然后再接受各承购商的购入申请，并于规定期限内向申购者销售地方公债。

（3）交付债券。在这种举债方式下，地方政府先向债权人发行债券，然后约定债权人在未来某个时间再支付应债资金。交付公债是一种比较常用的举债方式，但规模一直较小。

7.3.2　应债资金来源

根据图 7-6 可知，日本地方公债的应债资金来源多元化，主要包括中央政府资金、公营企业金融公库资金、银行资金和其他资金等。

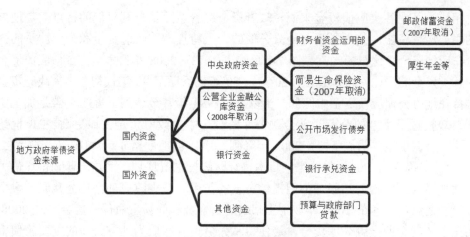

图 7-6　日本地方公债的应债资金来源

资料来源：根据收集的相关资料绘制。

(1) 中央政府资金。如图 7-6 所示，中央政府资金主要包括财务省资金运用部资金和简易生命保险资金，而资金运用部资金的来源主要是邮政储蓄资金、厚生年金以及国民年金等中央事业类特别会计①的积累基金和结余资金等。资金运用部的资金同时具有公共性与有偿性，而且期限较长（最长为 30 年，还可加上 5 年的宽限期），所以这部分资金对地方政府举债而言十分有利。

简易生命保险资金是指邮政部门利用邮局网点开展的简易生命保险制度的闲置资金。简易生命保险属于社会保障性质的生命保险制度，因收费低、手续简便等优点而备受日本国民欢迎。此项保险的参保人数十分可观，积累了相当高数额的资金。邮政大臣掌管简易生命保险资金的运用，其投资方向之一便是购买地方公债。当此项资金用于购买地方公债或对地方政府进行融资时，与资金运用部资金规定了相同的利率和期限。

(2) 公营企业金融公库资金。公营企业金融公库是根据日本《公营企业金融公库法》成立，专门对地方公营企业提供融资的机构。成立初期，该公库的融资对象是不能发行公募债的地方政府。1981 年之后，其融资对象扩大到所有地方政府。公营企业金融公库采用证书借款的方式融资，有基础利率（相当于资金成本的利率）和特别利率（参照资金运用部资金的低利率）两种利率。2008 年之后，通过公营企业金融公库资金为地方公债融资的方式被废止。

(3) 银行资金。银行资金主要来自日本的城市银行、地方银行和长期信用银行等。20 世纪 80 年代之前，地方公债的相当一部分资金来源为银行资金。但之后，银行资金所占比重开始明显降低，主要原因是 1980 年起国债地位上升，银行纷纷把债券业务的重点转向流通性更强的国债。

(4) 其他资金。其他资金主要是共济协会、保险公司及其他公司等提供的资金。

---

① 特别会计制度是日本对需要举办的特定事业，划拨出特定数量的资金进行单独核算管理的一种财政资金管理制度。中央事业类特别会计是其中的一类。

相比于其他各类应债资金来源，政府资金有着期限长、利率低的特点，是地方公债的主要应债资金。这也是日本地方公债的一大特点，即政府资金和公共性质的公库资金在应债资金中比重相当高。图 7-7 反映了 1973—2008 年日本地方公债应债资金来源中各类资金的占比。可以看出，20 世纪 80 年代后期至 90 年代初，中央政府资金一直维持在地方公债应债资金来源的一半以上，1988 年甚至达到了 63%。若是加上实际属于财政投融资资金的公营企业金融公库资金，中央政府资金占比更高。21 世纪以来，这一比例出现了明显下降，2005 年降到 30%，近期数据显示 2016 年已降到 22% 左右[①]。这是因为自 2001 年以来，日本执行财政投融资计划，而这一计划旨在最大程度地增加私人部门为公共服务部门提供资金的作用，减少政府部门在公共服务融资中的作用。之后，日本在 2007 年取消了邮政储蓄资金和简易生命保险资金，在 2008 年又终止了公营企业金融公库资金，这使得私人资本逐渐成为地方公债的主要应债资金来源。2008 年之后，地方公债的应债资金来源构成趋于稳定，私人部门的资金比例稳步增长。

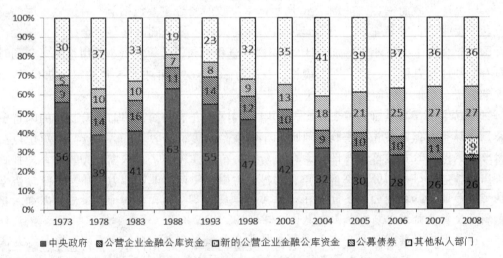

图 7-7　1973—2008 年日本地方公债的应债资金来源构成

资料来源：李萍.地方政府债务管理：国际比较与借鉴[M].北京：中国财政经济出版社，2009：148.

此外，都道府县和市町村两类不同层级的地方政府的公债的应债资金来源也大不相同。以 1984 年为例，对于都道府县，政府资金加上公营企业金融公库资金仅占地方公债应债资金来源的 30.7%，银行资金和市场公募债占比却达到 58.4%；但对于市町村，政府资金及公营企业金融公库资金占比高达 73.3%，远超私人部门资金占比之和，如表 7-2 所示。再以 2016 年为例，政府资金及新的公营企业金融公库资金占都道府县地方公债应债资金来源的比例进一步降低到 17.6%，其余基本都是私人部门资金；而在市町村的公债应债资金中，政府资金及公营企业金融公库资金的占比也降到了 48.2%，银行资金和市场公募债的比例明显升高，如表 7-3 所示。综上分析，日本中央政府对筹资能力较弱的市町村一级地方政府发行公债的支持力度更强，即使是经

---

① 详见《日本地方财政白皮书》2018 年版，第 27 页图 21。

历了地方公债市场化改革，市町村一级地方政府的地方公债应债资金仍依赖于中央政府提供的资金。

表 7-2 1984 年日本各级地方政府公债的资金来源构成

	都道府县	市町村	合计
政府资金	24.5%	64.8%	46.3%
公营企业金融公库资金	6.2%	8.5%	7.5%
银行资金	47.1%	14.4%	29.4%
其他金融机构资金	5.0%	2.7%	3.7%
交付公债	0.4%	0	0.2%
市场公募债	11.3%	3.3%	6.9%
其他	5.5%	6.3%	6.0%
合计	100%	100%	100%

资料来源：佐藤进，高桥诚. 地方财政读本[M]. 3 版. 东京：东洋经济新报社，1988：167.

表 7-3 2016 年日本各级地方政府公债的资金来源构成

	都道府县	市町村	合计
政府资金	10.4%	34.3%	21.7%
新的公营企业金融公库资金	7.2%	13.9%	10.4%
银行资金	33.9%	24.3%	29.5%
其他金融机构资金	8.4%	9.9%	9.1%
交付公债	0	0	0
市场公募债	36.9%	12.1%	25.3%
其他	3.2%	5.5%	4.0%
合计	100%	100%	100%

资料来源：《日本地方财政白皮书》2018 年版，第 42 页。

7.3.3 举债用途

日本地方公债的用途受到严格限制。《地方公债法》第五条明确规定"地方政府的财政支出必须以地方政府债务以外的收入作为财源"，只有特定的"适债性项目"才允许将地方公债作为财源。上述规定既加强了日本中央政府对地方财政的控制，也有助于防止地方政府出于平衡财政收支的目的随意发债。

"适债性项目"包括以下五条：① 交通、煤气和水道等地方公共团体经营的企业（地方公营企业）所需经费；② 对地方公营企业的投融资；③ 地方公债还本付息所需经费；④ 灾害应急项目、灾后重建项目及其他救灾项目所需经费；⑤ 文教、卫生、消防和土木工程等公共设施建设。《地方公债法》还规定，即使是以上"适债性项目"，要通过发行地方公债筹措资金也必须有经常性财源。这意味着地方公债终究只是一种补充性财源，不得作为地方政府开展各项公共事务的主要财源。

此外，出于其他政策考虑，即使不属于"适债性项目"，必要时也可以通过制定特别法案发行地方政府债券，以平衡财政收支。在实际操作中，这种债务在日本十分普遍。1975 年财政危机以后，日本地方政府就经常将地方公债作为应急财源弥补收支缺口,于是出现了"地方税临时减收填补债"和"财政对策债"等赤字地方债。2008年,此类债务已占地方公债余额的30%左右。

日本的地方公债还被用于协助财政政策的实施。这是因为地方税制和地方交付税等是以法律形式确定的,难以用于配合财政政策以抵消经济周期性波动的影响,使得地方公债成了协助财政政策的理想工具。当日本中央政府实行扩张性财政政策时,地方公债在地方收入中所占的比例会上升,反之则会下降。

7.3.4 偿债资金安排

每年年初,由总务省、财务省和国会审议批准后公布的地方财政计划会预估地方公债的本金和利息偿还额。日本地方政府拥有一定程度的自主征税权,而税收收入可以作为他们发行地方公债的担保。此外,中央政府拨付给地方政府的地方交付税中也包含了偿债资金。为了进一步降低风险,日本地方政府还设立了偿债准备金,规定每年须按照债务余额的三分之一提取偿债准备金。上述措施都为地方政府按时偿还债务提供了有力的保障。

7.4 日本地方公债的风险控制

日本地方公债的风险控制体系较为成熟,违约事件罕见。2012年9月,美国穆迪公司甚至将日本地方政府的信用评定为 Aa3 级(稳健),与日本中央政府相同。本节将概述由交付税制度、审核制度、风险预警与财政重建、审计监督共同组成的日本地方公债风险控制体系。

7.4.1 交付税制度

交付税制度的全称是地方交付税补助制度(Local Allocation Tax Grants System, LAT)。地方交付税是一种补助金,当地方政府的税收收入不足以覆盖其全部支出时,中央政府通过地方交付税进行补助,其中也包括偿还地方公债本息的资金。前文已介绍,日本的地方交付税是地方财政资金的第二大来源,其重要程度仅次于税收收入。地方交付税给予了地方政府额外的偿债能力,是地方公债的重要担保资金,也是地方公债风险控制的一道屏障。

日本中央政府通过交付税制度加强对地方财政控制的同时,也调节了地区财政平衡度,保证了地方政府提供基本公共服务和社会基础设施的能力。地方交付税的总量按照国税[①]的一定比例计算,分别由所得税和酒税的 32%、法人税的 35.8%(2007 财年开始调整为34%)、消费税的29.5%及烟草税的25%加总构成。地方交付税可细分为一般交付税和特别交付税,分别占交付税总量的 94%和 6%。一般交付税主要用于弥补地方政府财政缺口,若其不能应付某种特殊的财政支出(如用于处理自然灾害事

[①] 国税是指由中央政府征收的税种,包括所得税、法人税、消费税和酒税等。

件），则用特别交付税补助地方政府。

地方交付税对地方公债的担保主要体现在标准财政支出需要额的计算中。总务省每年根据复杂的计算公式分配地方交付税，只有标准财政支出需要额超过标准财政收入额的地方政府才有获得地方交付税的资格。在标准财政支出需要额的计算中，包括人口稀疏地区援助债券、临时特别措施财政债券、临时减税补充债券等地方公债的还款成本。

7.4.2 审核制度

2006 财年以来，在"三位一体"改革大背景下，地方公债的发行制度由严格的审批制变为较为宽松的协商制。上述改革使日本地方政府举债拥有了更多的选择权，有利于地方政府更加顺利、平稳地举债。

在协商制下，总务大臣负责审核地方政府财政状况及债务安全程度，以确保地方公债的安全性。若地方政府的财政状况满足一定条件，可以直接举债而无须总务大臣同意。在协商制下，日本地方公债发行的审核流程如图 7-8 所示。

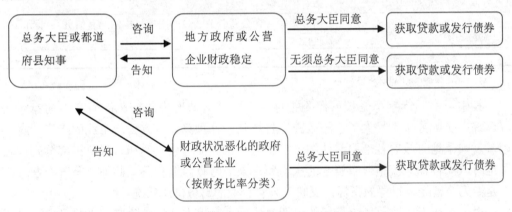

图 7-8 日本地方公债发行的审核流程

资料来源：根据收集的相关资料绘制。

在审核各地方政府的发债申请时，总务大臣既需要参考地方政府的债券计划，也需要遵循与财务大臣事先商定的审核方针。审核方针在每年地方政府决定债券计划之后才决定，主要内容是确定当年不批准发债或限制发债的地方政府名单。具体标准包括：① 对于不按时偿还地方公债本金，或发现以前通过明显不符合事实的申请获准发债的地方政府，不批准发债；② 对于债务依存度[①]在 20%～30%的地方政府，不批准发行用于基础设施建设事业的地方公债，而对于债务依存度 30%以上的地方政府，一般不批准发行地方公债；③ 对当年地方税的征收比率不足 90%或赛马收入较多的地方政府，限制发债；④ 严格限制财政出现赤字的地方政府和公营企业发债。

未经总务大臣审核批准的"不同意地方公债"，将失去公共资金筹资的资格，也不受交付税制度的支持，所以几乎没有发行这类地方公债的地方政府。对于地方公债的

---

① 这里是指债务余额与一般财政支出之比。

风险控制，传统的审批制依靠强硬的行政手段避免了较高风险的债务，而协商制则通过审核制度的震慑促使地方政府不得不放弃举借较高风险的债务。

7.4.3 风险预警与财政重建

日本的地方公债风险预警体系是一种审查地方政府财务状况的专门制度，其目的是通过预警避免地方政府陷入债务危机。该体系的主要内容有三点：① 通过全面的财政风险指标监控地方政府的财政状况；② 中央政府介入地方政府的财政重建；③ 临时赤字融资可用来支付地方公债本息。根据以上规定，地方政府需要披露规定的财务信息，并在其财务恶化的早期受援和改善财政状况。

表 7-4 列出了日本地方政府必须披露的财政风险指标及含义。

表 7-4　日本地方政府必须披露的财政风险指标及含义

财政风险指标	含　义
实际赤字率	赤字额/标准财政收入
综合实际赤字率	综合赤字额/标准财政收入
实际债务偿还率	债务偿还额/标准财政收入
未来负担率	债务余额（含公营企业、政府附属机构的或有债务）/标准财政收入
公营企业亏损率	公营企业上一财年的资金亏损额/该企业上一财年的总资产

资料来源：根据收集的相关资料整理。

其中，实际赤字率是核心监测指标，反映地方政府为履行职能而产生的赤字状况。综合实际赤字率扩大了监测范围，将特别会计预算和地方公营企业的赤字计算在内，反映了地方政府各部门整体的赤字状况。实际债务偿还率和未来负担率分别反映了地方政府偿债对流量财政资金的压力和未来的财政紧缩状况。此外，公营企业亏损率是专为公营企业设置的指标，反映了公营企业的财务健康状况。

根据上述五类财政风险指标的前四类，日本对地方公债风险监控划出了风险预警和财政重建两条界限（见表 7-5），供不同层级的地方政府对自身债务风险程度进行预警分析。

表 7-5　日本地方公债风险预警和财政重建计划的界限

财政风险指标	风险预警界限		财政重建界限	
实际赤字率	都道府县	3.75%	都道府县	5%
	市町村（依财政规模）	11.25%～15%	市町村	20%
实际综合赤字率	都道府县	8.75%	都道府县	15%
	市町村（依财政规模）	16.25%～20%	市町村	30%
实际债务偿还率	都道府县及市町村	25%	都道府县及市町村	35%
未来负担率	都道府县和指定城市	400%		
	市町村	350%		
管理改善界限				
公共企业亏损率	20%			

资料来源：根据收集的相关资料整理。

根据表 7-5 中的风险界限，日本将地方政府财政状况分为以下三个状态：① 健康，是指所有财政风险指标必须充分披露且均在风险预警界限以下的状态。该状态下地方公债风险较小。② 预警，是指存在至少一项财政风险指标在风险预警界限以上，但全部指标均未超过财政重建界限。该状态下，地方政府须制订财政复兴计划，并由外部审计机构复核、地方议会批准，向中央政府报告。③ 重建，是指存在至少一项财政风险指标突破了财政重建界限。此时，地方政府必须在中央政府的严格监督下制订财政重建计划。由于日本法律不允许地方政府破产或免除债务，所以该状态下地方政府将不得不采取有力措施削减支出并增加财政收入，以清偿债务。

与上述三个状态对应的法律规定如图 7-9 所示。进入财政重建阶段，地方政府将可能失去自治权，必须在中央政府的参与下进行财政重组。财政重建分为自我重建和中央政府财政援助两类。选择自我重建意味着拒绝中央政府的财政援助，此时地方政府可保留自治权。选择自我重建的地方政府需要通过减少不必要的公共服务以降低公共支出，并通过加大征税等方式增加财政收入。在此过程中，中央政府不能强制要求地方政府采取增税措施。实践中，尽管在某种程度上自我重建是更优方案，但由于地方政府的"搭便车"心理和希望受到更少的预算约束，中央政府财政援助显得更有吸引力。财政援助避免了地方政府破产，但也让地方政府更加消极地对待公债风险。

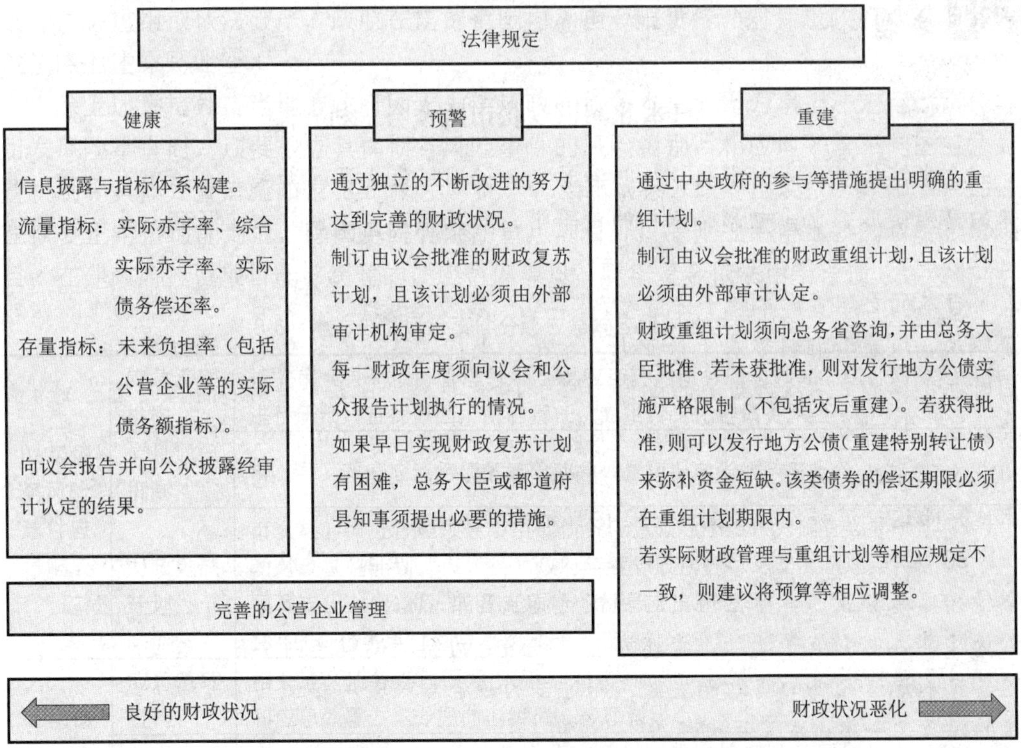

法律规定

健康	预警	重建
信息披露与指标体系构建。 流量指标：实际赤字率、综合实际赤字率、实际债务偿还率。 存量指标：未来负担率（包括公营企业等的实际债务额指标）。 向议会报告并向公众披露经审计认定的结果。	通过独立的不断改进的努力达到完善的财政状况。 制订由议会批准的财政复苏计划，且该计划必须由外部审计机构审定。 每一财政年度须向议会和公众报告计划执行的情况。 如果早日实现财政复苏计划有困难，总务大臣或都道府县知事须提出必要的措施。	通过中央政府的参与等措施提出明确的重组计划。 制订由议会批准的财政重组计划，且该计划必须由外部审计认定。 财政重组计划须向总务省咨询，并由总务大臣批准。若未获批准，则对发行地方公债实施严格限制（不包括灾后重建）。若获得批准，则可以发行地方公债（重建特别转让债）来弥补资金短缺。该类债券的偿还期限必须在重组计划期限内。 若实际财政管理与重组计划等相应规定不一致，则建议将预算等相应调整。

完善的公营企业管理

← 良好的财政状况　　　　　　　　　　　　　　　财政状况恶化 →

图 7-9　日本地方公债风险预警与财政重建的相关法律规定

资料来源：根据收集的相关资料整理。

7.4.4 审计监督

审计监督是风险预警的补充,也是连接地方公债风险控制体系的纽带。审计监督在任何国家的公债风险控制中都必不可少,而日本财政体系对审计监督尤为看重,在地方公债风险控制的诸多法律条文中都对审计监督做出了明确规定。例如,地方政府的财政风险指标须在接受审计人员评估后再向议会报告并予以披露;财政重建计划须在外部审计人员进行审计之后方可向地方议会批准并报告中央。

日本的审计机构主要包括国家会计检察院和地方监察委员会。国家会计检察院是日本的最高审计机关,负责对中央财政收支决算及法律上规定的会计事项进行审计监督,属于国家行政序列,但独立于内阁,不受中央政府干涉。为了保证国家会计检察院的独立地位,日本法律对其在预算、人事和日常管理等方面有特殊规定。

地方监察委员会负责对地方财政收支及行政行为进行审计监督。针对每一审计对象,地方监察委员会分别出具一份审计报告,直接提交给国会或委托审计的政府部门。对于审计中发现的问题,地方监察委员会通常不直接做出处理,而是提出改进意见,并建议对出现问题的部门实施处罚等措施。因此,其建议往往受地方政府重视。

专栏

日本北海道夕张市的债务危机

夕张市位于北海道中央,从明治时期开始因煤炭资源而繁荣。夕张市有昂贵、美味的夕张蜜瓜,也是电影《幸福的黄手绢》的拍摄地,但最"出名"的却是地方公债危机。

日本的自然资源本就十分匮乏,"二战"后为振兴经济,又将产业政策的重点放到了钢铁、煤炭和肥料等基干产业上。于是,坐拥煤炭资源的夕张市的经济迅速发展,同时也支撑着日本战后经济的成长。但自1955年起,日本开始用石油取代煤炭成为主要能源,这对夕张市的经济造成了巨大打击,导致大量矿山倒闭,经济衰退,市民流出。夕张市政府为保障剩余市民的生活,不得不买下医院、住宅等设施及煤炭公司的土地,而这一过程发行了高达332亿日元的地方公债。

20世纪80年代,夕张市为摆脱经济衰退,响应国家建设观光产业的号召,再度举债兴建旅游业。具体措施包括将煤炭产业的余留当作观光资源,开设主题公园、滑雪场及举办电影节等活动,修建酒店、宾馆,力图打造观光新夕张。这些观光产业伴随着日本泡沫经济的终结而失败,而过多的投资和经营不善积累了大量赤字,给夕张市的财政又一次造成了巨大压力。

为处理观光产业投资失败产生的大量赤字,夕张市曾计划发行公债,但由于财政状况已然恶化,发债没能得到批准。于是,夕张市把年内应返还的短期借款调配给了观光产业,再利用做假账的方式,用从观光业得到的返还款偿还了短期借款。由于观光业每年都出现赤字，假账的操作反复进行，导致短期借款急速膨胀。雪上加霜的是，进入21世纪后，中央政府又取消了对夕张市的煤炭产地补助等财政支持，并随着"三位一体"改革减少了对夕张市的地方交付税。在多重因素的共同作用下，夕张市的发债担保荡然无存，更无法偿还债务，公债危机再也无法掩盖。2006年6月20日，夕张市宣布选择以国家协助的方式进行财政重建。此时，夕张市的公债余额高达630亿日元，是其当年税收收入的14倍。

2007年3月，日本总务省批准了夕张市的财政重建计划。财政重建计划预计用时18年，主要内容包括：大幅裁减政府部门公职人员，提高公共支出使用效率，关闭大量公共场所并偿还353亿日元的债务。这一计划将夕张市陷入严峻境地，2007年财政支出不得不从2006年的568亿日元骤降至84亿日元，公共服务处于全国最低水准，公务员人数由309人降为127人，公务员工资平均下降30%，等等。

夕张市的债务危机震动了整个日本，促使日本建立了早期风险预警机制和更公开透明的财务监管体制。这一点对我国而言同样值得借鉴。产业转型失败和财务弄虚作假等是夕张市破产的直接原因，而财务的公开透明无疑是地方政府避免陷入严重债务危机最直接有效的方法。我们同样有必要建立有效的地方政府举债监督机制，提高中央政府的监督能力和公民的参与感，防患于未然。

资料来源：孙悦. 地方政府破产与财政重建研究：以日本北海道夕张市为个案[J]. 公共行政评论，2011，4（1）：122-136+182.

7.5 日本地方公债的发展与展望

近年来，日本在财政分权化和债券市场化方面不断改革，以加强地方政府的自给自立，活跃地方经济，提高财政运行效率。日本地方公债的市场化改革主要体现为以下三点。

第一，地方公债的发行制度由审批制转变为协商制。这一制度转变一定程度上使日本中央政府从"默认式的信用担保"中解放出来，减轻了财政压力，同时也增强了地方政府债务风险意识，提高了有效管理的积极性和资金的使用效率，在地方公债的市场化改革中具有十分重要的意义。

第二，地方公债的融资结构由政府资金为主向民间资金为主转变。长期以来，日本地方公债的资金来源以政府资金为主。1999年财政投融资改革之前，地方公债的应债资金有60%以上来自政府资金，主要是中央财政资金、邮政公社资金和公营公库资金等。2001—2008年，日本相继废除了邮政储蓄资金和简易生命保险资金等对财政投融资机构的融资，还废止了邮政公社资金和公营公库资金。相应地，2002年地方公债的应债资金来源中，政府资金（加上公营公库资金）的比重高达57.5%，2008年降至36.6%，2012年进一步降至24.4%。可见，这些改革显著地削弱了政府资金对地方公债的融资能力，地方公债的融资转由民间资本主导，有利于推动地方公债的市场化改革。

第三，地方公债的发行由总务省统一规定发行条件逐步走向市场化发行。长期以来，日本地方政府在发行公债时，无论是发行规模和价格，还是发行利率及偿还方式，基本上都由总务省统一决定。这一"统一条件的交涉方式"制度最大的弊端是，不同地方政府的财力状况很难反映在其发行条件之中，因此地方公债市场难以反映市场的实际需要。2002 年，东京都率先采取"个别条件的交涉方式"，摆脱了总务省的主导，独自决定其公债的发行条件。之后，横滨市、神奈川县和名古屋市也加入这一行列。由于这种"个别条件的交涉方式"克服了"统一条件的交涉方式"的弊端，2007 年 9 月开始，日本所有地方政府的公债发行都转变为"个别条件的交涉方式"，由发行地政府根据金融市场的实际情况自主决定地方公债的发行条件。

此外，"三位一体"改革和推行"小政府"（即推行市町村的合并）也有利于地方公债的市场化。但是，日本地方公债的约束仍然是以中央政府和上级政府的干预为主，市场约束机制暂时还没有在地方公债的管理中起到决定性作用。

本章拓展

相比于日本，韩国的地方公债规模较小（地方公债收入占可支配财力的比重不到4%），因此本章未就韩国的地方公债展开专门介绍。现阶段，韩国地方公债呈现三个主要特点：① 由中央政府主导，债务规模大小由中央政府视情况通过政策倾斜手段来影响；② 向人口密集与经济发达地区集中的趋势较为明显；③ 海外市场起步早，融资成本低，规模稳定。但由于相比日本起步较晚，韩国的地方公债实践中仍存在一些不足。例如，融资渠道相对单一，资金来源以政府性基金为主；缺乏融资统计与监测的基础数据库，目前的信息系统对债务数据不够重视；缺乏风险预警机制或类似地方财政重建计划的破产保护机制。感兴趣的读者可参阅 Kim（2013）和胡华（2014）。

小结

> 日本地方公债制度具有明显的中央行政控制和中央隐性担保的特点。
> 经过上百年的发展，日本地方公债管理体制已趋于成熟，建立了从立项、审批、发行到风险监控、预警、审计、偿还一整套较为完善的债务管理制度。
> 近些年，日本政府一直致力于分权化、市场化改革，让地方政府对地方公债有更多的选择和控制权，也加强了市场对地方公债的约束能力。

思考题

1. 简述日本地方公债的发展历程。
2. 日本的政府间财政关系如何影响地方公债管理？
3. 论述日本"三位一体"的财政体制改革对地方公债管理的影响。
4. 简述你对日本地方公债风险控制的认识。

阅读与参考文献

[1] 陈会玲. 日本地方政府债券发行管理制度研究[J]. 湖南社会科学，2013（1）：16-18.

[2] 胡华. 韩国普通交付税制度研究[J]. 韩国研究论丛，2014（2）：277-293.

[3] 奥塔维亚诺·卡努托，刘唎唎. 地方政府债务应急处置的国际比较：世界银行专家谈地方政府债务[M]. 本书翻译组，译. 北京：中国财政经济出版社，2015.

[4] 李萍. 地方政府债务管理：国际比较与借鉴[M]. 北京：中国财政经济出版社，2009.

[5] 李三秀. 日本分权改革进程中政府间财政关系的调整[J]. 公共财政研究，2017（5）：21-30.

[6] 庞德良，唐艺彬. 日本地方债制度及其变革分析[J]. 现代日本经济，2011（5）：11-15.

[7] 孙悦. 地方政府破产与财政重建研究——以日本北海道夕张市为个案[J]. 公共行政评论，2011，4（1）：122-136+182.

[8] 王峰，贾银华. 中日地方政府债务多维视角的比较与分析[J]. 金融理论与实践，2016（5）：95-100.

[9] 魏加宁，土居丈朗. 地方债问题研究[R]. 北京：中国国务院发展研究中心，2002.

[10] 杨珊. 我国地方政府债务融资的法律规制研究[D]. 重庆：西南政法大学，2015.

[11] 张志华，周娅，尹李峰. 日本的地方政府债务管理[J]. 经济研究参考，2008（22）：14-16.

[12] Kim H, Kim J. Local Fiscal Consolidation in Korea: Local Debt and Liabilities of Public Enterprises[R]. Korea Institute of Public Finance, 2013.

8 中国的地方公债实务

学习目标

- 了解改革开放以来中国地方公债制度的形成过程;
- 熟悉中国地方公债的发行权限和债务构成;
- 熟悉中国地方公债的限额分配和应急管理。

引例

东北生产建设折实公债是东北人民政府于 1950 年发行的地方债券,票样如图 8-1 所示。折实公债共发行两期,公债募集及还本付息均以实物为计算标准,单位定名为"分",总额为 3000 万分。东北生产建设折实公债发行过程顺利,人民群众积极认购,在短期内为东北经济建设提供了大量资金,是中华人民共和国成立以来地方政府发行公债的首次尝试。

图 8-1 东北生产建设折实公债票样

中国地方公债制度的演变是改革开放以来中央与地方财政关系变革的核心内容。地方公债也在中国城镇化进程和区域经济发展中起到重要作用。本章将概括介绍中国地方公债制度形成的关键步骤,以及地方公债现行管理制度的整体框架。学有余力或对中国地方公债的制度和实务感兴趣的读者可在本章基础上,继续学习本书第 3 篇各章。第 3 篇五个章节将以热点专题的形式,对债务与区域经济、中国地方公债的增长动力、债务结构、债务风险及地方融资平台公司市场化转型等予以详细介绍。

8.1 中国地方公债的体制变革

分税制改革以来，我国地方公债的制度变迁经历了以下三个阶段。

第一个阶段是 1994—2008 年。1995 年实施的《预算法》不允许地方政府及其部门举借债务。为了筹措资金，各地纷纷成立地方融资平台公司，承担地方政府的融资功能。由于地方融资平台公司的债务不纳入政府预算，也不纳入公债余额管理，这一阶段的地方政府举债被形象地称为开"后门"。此外，这一阶段的地方政府举债的动机也经历了变化。1994—2004 年，地方政府举债相对被动，主要是弥补财政收支缺口。2005 年，随着城镇化进程加快，地方公债与城镇化建设关联日益紧密，地方政府由"被动负债"转为"主动负债"。

第二个阶段是 2009—2014 年。这一阶段地方政府主要通过发行债券和地方融资平台公司举债两种方式进行债务融资，即"前门"和"后门"同时打开。一方面，地方政府发行债券的试点工作积极推进；另一方面，地方融资平台公司债务仍快速增长。

第三个阶段是 2015 年至今。新《预算法》明确规定地方政府可在预算约束下以"自发自还"的方式举借债务。地方政府举债的"前门"（发行政府债券）被完全打开，而"后门"（通过地方融资平台公司举债）逐步关闭，标志着地方公债的制度建设进入一个新阶段。

上述三个发展阶段以 2015 年为分水岭。图 8-2 梳理了 2015 年前后我国地方政府举债权的变化情况。原有地方政府通过企业举借的债务及承担担保救助责任的债务逐步纳入地方政府预算管理。1994—2009 年，法律规定地方政府不得发行地方政府债券；2009—2014 年，发行和偿还地方政府债券开始试点改革，但仅部分省份可以通过发行地方政府债券举借债务；2015 年以后，全国各省级政府均可通过"自发自还"方式发行地方政府债券。

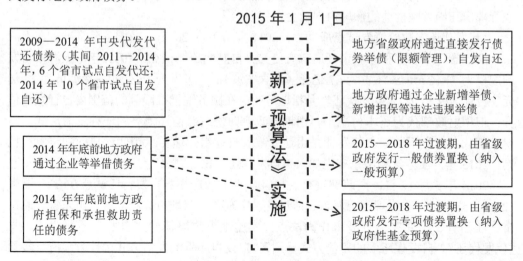

图 8-2　新《预算法》实施前后我国地方政府举债权变化情况

资料来源：毛捷，徐军伟. 中国地方政府债务问题研究的现实基础——制度变迁、统计方法与重要事实[J]. 财政研究，2019（1）：3-23.

本节根据举债方式不同将地方公债划分为地方政府债券和地方融资平台公司债务，并分别介绍这两类地方公债的历史沿革和制度变迁。

8.1.1 地方政府债券的制度变革

地方政府债券作为地方政府显性债务，具有较高的透明度和规范性，有助于有效地管控地方公债规模，防范和化解债务风险。地方政府债券的发行方式主要分为三种：一是统一发债，即由中央政府统一发债，决定发债总额，并将债务资金转贷给地方，中央政府对债务负有偿还责任；二是代理发债，即由财政部门（如财政部）代理某个地方政府发债，债务到期时先由财政部偿还，然后再由地方政府偿还中央政府；三是自主发债，即由地方政府自行决定发债规模和融资项目，并自行承担偿债责任。

由于地方政府债券构成了我国地方公债制度的核心，因此地方政府债券的制度变革与上述地方公债制度的变迁保持同步，也分为三个阶段。

第一阶段为 1994—2008 年。该阶段不允许地方政府直接举借债务。1995 年实施的《预算法》明确规定地方政府不得发行政府债券。这一阶段存在的地方政府债券主要以"国债转贷"的形式出现。为了应对 1998 年亚洲金融危机，中央政府发行长期建设国债，通过国债转贷地方的方式，为地方政府提供资金支持。2005 年，"国债转贷"停止。

第二阶段为 2009—2014 年。在经历了"代发代还""自发代还""自发自还"三类不同发行方式的试点改革后，"前门"（允许地方政府发行债券）逐步打开。2009 年，财政部印发的《2009 年地方政府债券预算管理办法》（财预〔2009〕21 号）规定，允许以"代发代还"的形式发行地方政府债券。"代发代还"是指经国务院批准同意，以省、自治区、直辖市和计划单列市政府为发行和偿还主体，由财政部代理发行并代办还本付息和支付发行费。"代发代还"的特点是债务发行额度需要中央政府审批，代理发行部门在国务院批准的额度内向社会发售债券。

"代发代还"政府债券试点成功后，2011 年 10 月 20 日，经国务院批准，在上海市、浙江省、广东省和深圳市开展政府债券"自发代还"试点。2011 年，上海市自发债规模为 71 亿元，浙江省为 67 亿元（不含宁波），广东省为 69 亿元，深圳市为 22 亿元，合计 229 亿元。"自发代还"是指地方政府在国务院批准限额的范围内自行发行债券，但由财政部代为还本付息，再由地方政府向财政部偿还债务的一种发债形式。与财政部代发债券不同，自行发债是由地方政府自行组建债券承销团，自行制定发行机制。2013 年，江苏省和山东省也加入"自发代还"试点。

2014 年 5 月 12 日，财政部发布《2014 年地方政府债券自发自还试点办法》（财库〔2014〕57 号），明确规定上海市、浙江省、广东省、深圳市、江苏省、山东省、北京市、江西省、宁夏省和青岛市作为试点，实施地方政府债券"自发自还"改革。与"代发代还""自发代还"的发债方式不同，"自发自还"的发债方式由地方政府直接承担偿债责任。根据财政部规定，地方政府发债需要评级机构对债券进行综合性评价。由于债券筹资的数额巨大，对发行单位的资信评级必不可少。从评级情况看，虽然各评级机构的评级报告对各地公债的信用风险在一定程度上有所反映，但存在区分度不高等问题，不利于投资者有效地识别地方公债风险及监管部门开展风险监控。

第三阶段为 2015 年至今。地方政府债券的"自发自还"在全国范围内推广，成为地方政府举债的唯一合法方式。2015 年新《预算法》第三十五条规定："经国务院批准的省、自治区、直辖市的预算中必需的建设投资的部分资金，可以在国务院确定的限额内，通过发行地方政府债券举借债务的方式筹措。"此后，我国政府出台了一系列政策规范地方政府债券的发行。表 8-1 梳理了 2015—2019 年我国地方政府债券的相关政策法规及其主要内容。政策法规的不断完善有利于提高地方政府债券的发行规范性和信息透明度。

表 8-1　2015—2019 年我国地方政府债券的相关政策法规

政策法规	发文字号	主要内容
《2015 年地方政府专项债券预算管理办法》	财预〔2015〕32 号	（1）省级政府发行的专项债券不得超过国务院确定的本地区专项债券规模 （2）专项债券收入、安排的支出、还本付息、发行费用纳入政府性基金预算管理
《2015 年地方政府一般债券预算管理办法》	财预〔2015〕47 号	（1）省级政府发行的一般债券不得超过国务院确定的本地区一般债券规模 （2）一般债券收入、安排的支出、还本付息、发行费用纳入一般公共预算管理
《关于对地方政府债务实行限额管理的实施意见》	财预〔2015〕225 号	合理确定地方政府债务总限额；逐级下达分地区地方政府债务限额；严格按照限额举借地方政府债务；将地方政府债务分类纳入预算管理
《地方政府一般债务预算管理办法》	财预〔2016〕154 号	（1）一般债务收入、安排的支出、还本付息、发行费用纳入一般公共预算管理 （2）一般债务收入应当用于公益性资本支出，不得用于经常性支出 （3）一般债务本金通过一般公共预算收入（包含调入预算稳定调节基金和其他预算资金）、发行一般债券等偿还；一般债务利息通过一般公共预算收入（包含调入预算稳定调节基金和其他预算资金）等偿还，不得通过发行一般债券偿还
《地方政府专项债务预算管理办法》	财预〔2016〕155 号	（1）专项债务收入、安排的支出、还本付息、发行费用纳入政府性基金预算管理 （2）专项债务收入应当用于公益性资本支出，不得用于经常性支出 （3）专项债务本金通过对应的政府性基金收入、专项收入、发行专项债券等偿还；专项债务利息通过对应的政府性基金收入、专项收入偿还，不得通过发行专项债券偿还
《新增地方政府债务限额分配管理暂行办法》	财预〔2017〕35 号	（1）新增限额分配选取影响政府债务规模的客观因素，根据各地区债务风险、财力状况等，并统筹考虑中央确定的重大项目支出、地方融资需求等情况，采用因素法测算 （2）新增限额分配应当体现正向激励原则，财政实力强、举债空间大、债务风险低、债务管理绩效好的地区多安排，财政实力弱、举债空间小、债务风险高、债务管理绩效差的地区少安排或不安排

续表

政策法规	发文字号	主 要 内 容
《地方政府土地储备专项债券管理办法（试行）》	财预〔2017〕62号	（1）省级政府为土地储备专项债券的发行主体；经省级政府批准，计划单列市政府可以自办发行土地储备专项债券 （2）发行土地储备专项债券的土地储备项目应当有稳定的预期偿债资金来源，对应的政府性基金收入应当能够保障偿还债券本金和利息
《地方政府收费公路专项债券管理办法（试行）》	财预〔2017〕97号	（1）省级政府为收费公路专项债券的发行主体；经省级政府批准，计划单列市政府可以自办发行收费公路专项债券 （2）发行收费公路专项债券的政府收费公路项目应当有稳定的预期偿债资金来源，对应的政府性基金收入应当能够保障偿还债券本金和利息
《试点发行地方政府棚户区改造专项债券管理办法》	财预〔2018〕28号	（1）省级政府为棚改专项债券的发行主体；经省政府批准，计划单列市政府可以自办发行棚改专项债券 （2）试点发行棚改专项债券的棚户区改造项目应当有稳定的预期偿债资金来源，对应的纳入政府性基金的国有土地使用权出让收入、专项收入应当能够保障偿还债券本金和利息
国务院总理李克强主持召开国务院常务会议	2019年9月4日	国务院首次明确，地方政府专项债券不得用于土地储备及房地产相关领域

资料来源：根据相关政策文件整理得到。

伴随制度变革，地方政府债券的发行和偿付规模也出现明显的变化。根据图 8-3 不难发现：① 地方政府债券发还试点改革期间，债券发行规模不大，2009—2011 年地方政府债券每年发行 2000 亿元，2012 年提高到 2500 亿元，2013—2014 年发行额略有提升，但增长幅度有限；② 2015 年新《预算法》明确地方举债权后，地方政府债券发行规模迅速扩大，2015 年当年的发行额突破 3.8 万亿元，是 2014 年的 9 倍多，2016 年达到峰值 6.05 万亿元，2017—2019 年一直维持较大的规模；③ 从偿付规模看，地方政府债券的偿付规模从 2015 年开始逐年递增，2019 年还本付息额将近 2 万亿元，偿债压力不断增加。

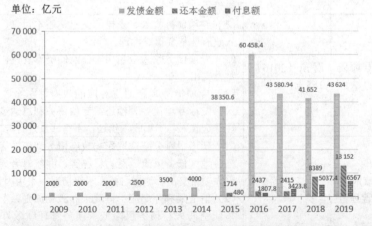

图 8-3 2009—2019 年中国地方政府债券发行额和兑付额变化情况（单位：亿元）

资料来源：财政部政府债务研究和评估中心（http://www.governbond.org.cn/）。

8.1.2 地方融资平台公司的发展历程

地方融资平台公司是指由地方政府及其部门和机构等通过财政拨款或注入土地、股权等资产设立的，承担政府投资项目融资功能，并拥有独立法人资格的经济实体。[①] 从法律上讲，地方融资平台公司是地方国有企业，而地方政府是其唯一或主要股东。地方融资平台公司主要通过银行贷款、发行城投债、融资租赁、信托私募等形式获得建设资金，其债务构成了地方政府隐性债务的主要部分。依据制度演变路径，本节将地方融资平台公司的发展历程分为以下四个阶段。

第一阶段是孵化期（1987—1996 年）。改革开放初期，我国经济体制从计划经济向市场经济过渡，计划经济时期延续下来的财政管理体制不能完全适应社会主义市场经济的发展需要。为此，一些地区绕开当时的制度约束进行体制创新，成立了最早的一批地方融资平台公司，如上海久事公司。地方融资平台公司作为市场主体，可以满足地方政府的融资需求，促进投融资体制的改革。但这一时期，地方融资平台公司数量较少，举债规模较小，并且涉及的业务比较单一，主要集中在城市基础设施建设项目上。因此，它对社会资源配置效率和地方财政风险的影响比较有限。

第二阶段是巩固发展期（1997—2007 年）。随着城镇化进程的推进，地方融资平台公司承担起地方基础设施建设的投融资功能，形成了"地方政府—地方融资平台公司—银行和资本市场"的间接融资关系。2008 年之前，地方融资平台公司的举债受限较多，主要是以下两种类型的地方融资平台公司被允许举债：一是从事道路、桥梁建设的地方融资平台公司；二是从事城市建设发展的地方融资平台公司。此外，这一阶段地方融资平台公司主要集中在省级和地级市层级，因此地方融资平台公司的抗风险能力整体较强。

1997—2005 年，城投债的发行规模较小，原因是这一时期地方融资平台公司的债务主要是用于解决县乡财政困难、弥补财政缺口的"被动负债"。2005—2007 年，城投债发行规模急剧扩大，因为这一时期地方融资平台公司的债务主要用于城镇化建设的"主动负债"。

第三阶段是加速发展期（2008—2014 年）。这一阶段，中央政府出台了一系列政策鼓励地方政府通过地方融资平台公司进行举债。例如，中国人民银行、中国原银行业监督管理委员会联合发布的《关于进一步加强信贷结构调整 促进国民经济平稳较快发展的指导意见》（银发〔2009〕92 号文）首次提出支持地方融资平台公司发展，以拓宽地方基础设施建设项目融资渠道。[②] 财政部、住建部发布的《关于加快落实中央扩大内需投资项目地方配套资金等有关问题的通知》（财建〔2009〕631 号文）规定，地方政府可通过地方融资平台公司借助市场机制筹措基础设施建设配套资金。[③]

[①] 融资平台公司的定义参见《国务院关于加强地方政府融资平台公司管理有关问题的通知》（国发〔2010〕19 号）。

[②] 银发〔2009〕92 号文明确规定："鼓励地方政府通过增加地方财政贴息、完善信贷奖补机制、设立合规的政府投融资平台等多种方式，吸引和激励银行业金融机构加大对中央投资项目的信贷支持力度。支持有条件的地方政府组建投融资平台，发行企业债、中期票据等融资工具，拓宽中央政府投资项目的配套资金融资渠道。"

[③] 财建〔2009〕631 号文规定："地方各级财政部门要统筹安排财力，切实保证中央扩大内需投资项目地方政府配套资金及时落实到位，推动实现扩大内需促进经济增长战略目标。地方政府配套资金可通过以下渠道筹集……利用政府融资平台通过市场机制筹措的资金……"

有了上述文件的支持，地方融资平台公司的数量迅速增加，并吸收了大量银行存款。地方融资平台公司在缓解地方财政压力、促进地方经济发展中发挥了重要作用，同时不规范操作和低效率投资等问题也不断涌现。此外，地方融资平台公司对短期银行贷款的依赖容易造成流动性风险。因此，在这一阶段，虽然地方融资平台公司迎来发展的"黄金时期"，但也导致地方财政金融风险不断累积。

第四阶段是转型发展期（2015 年至今）。根据 2015 年 1 月 1 日开始实施的新《预算法》，2015 年及以后，地方融资平台公司新增债务依法不属于政府债务。为适应新的法律框架和管理体制，地方融资平台公司逐步向市场化转型，但也有部分地方融资平台公司借助一些新的融资模式进行违规举债，包括 PPP（政府和社会资本合作）、政府投资基金等，导致 2015—2017 年地方融资平台公司债务非但没有减少，反而出现了进一步增长。2017 年下半年以来，中央政府加强对隐性债务的防控，有效地控制了地方融资平台公司的违规举债。有关地方融资平台公司的市场化转型，本书第 14 章将做详细介绍。

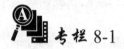
专栏 8-1

中国地方政府性债务的来源

2014 年 10 月 28 日，财政部发布《地方政府存量债务纳入预算管理清理甄别办法》（以下简称《办法》），部署各地清理存量债务，甄别政府债务，并要求地方各级政府及时将政府存量债务分类纳入预算管理。《办法》明确了政府和企业的责任，规定企业债务不得推给政府偿还，切实做到谁借谁还、风险自担。国发〔2014〕43 号文[①]提出要求，抓紧将存量债务纳入预算管理。根据《办法》，存量债务是指截至 2014 年 12 月 31 日尚未清偿完毕的债务。表 8-2 为 2013 年 6 月底中国地方政府性债务资金来源情况表。从中可以看出，地方政府性债务来源种类繁多，其中银行贷款的占比最高，超过 50%，而且 BT、发行债券、应付未付款项和信托融资等占比也较高。

表 8-2 2013 年 6 月底中国地方政府性债务资金来源情况表

单位：亿元

债权人类别	政府负有偿还责任的债务	政府或有债务	
		政府负有担保责任的债务	政府可能承担一定救助责任的债务
银行贷款	55 252.45	19 085.18	26 849.76
BT	12 146.30	465.05	2152.16
发行债券	11 658.67	1673.58	5124.66
其中：地方政府债券	6146.28	489.74	0
企业债券	4590.09	808.62	3428.66
中期票据	575.44	344.82	1019.88
短期融资券	123.53	9.13	222.64

[①]《国务院关于加强地方政府性债务管理的意见》（国发〔2014〕43 号文）。

续表

债权人类别	政府负有偿还责任的债务	政府或有债务	
		政府负有担保责任的债务	政府可能承担一定救助责任的债务
应付未付款项	7781.90	90.98	701.89
信托融资	7620.33	2527.33	4104.67
其他单位和个人借款	6679.41	552.79	1159.39
垫资施工、延期付款	3269.21	12.71	476.67
证券、保险业及其他金融机构融资	2000.29	309.93	1055.91
国债、外债等财政转贷	1326.21	1707.52	0
融资租赁	751.17	193.05	1374.72
集资	373.23	37.65	393.89
合计	108 859.17	26 655.77	43 393.72

资料来源：国家审计署2013年全国政府债务审计报告。

8.2 中国地方公债的管理体制

随着新《预算法》的出台和实施，地方政府获得了发行债券直接举债的权利，我国的地方公债制度体系也随之不断完善。本节将介绍中国现行的地方政府债务（即显性债务）发行制度、新增限额分配制度和应急管理制度等内容。

8.2.1 中国地方公债的发行权限与债务构成

根据新《预算法》的规定，省、自治区和直辖市可采用发行政府债券的形式适度举借债务。根据支出领域不同，可将地方政府债务分为一般债务和专项债务。原则上，没有收益的公益性事业发展确需政府举借一般债务的，由地方政府通过一般债券方式融资；有一定收益的公益性事业发展确需政府举借专项债务的，由地方政府通过发行专项债券方式融资。

在发行权限上，一般债券和专项债券的发行主体均为省、自治区或直辖市政府。设区的市、自治州、县、自治县、不设区的市、市辖区政府确需发行一般债券或专项债券的，应当纳入本省、自治区或直辖市一般公共预算或政府性基金预算管理，由省、自治区或直辖市政府统一发行并转贷给市（县）级政府。经省政府批准，计划单列市政府可自办发行一般债券和专项债券。

地方政府一般债务由三部分构成：① 地方政府一般债券；② 地方政府负有偿还责任的国际金融组织和外国政府贷款转贷债务；③ 清理甄别认定的截至2014年12月31日非地方政府债券形式的存量一般债务。一般债务收入、安排的支出、还本付息和发行费用均纳入地方政府的一般公共预算管理。一般债务收入应当用于公益性资本支出，不得用于经常性支出。在本息偿还方面，一般债务本金通过一般公共预算收入（包含调入预算稳定调节基金和其他预算资金）或发行一般债券等偿还。而一般债务利息通过一般公共预算收入（包含调入预算稳定调节基金和其他预算资金）等偿还，不得通过发行一般债券偿还。

地方政府专项债务包括两个部分：① 地方政府专项债券；② 清理甄别认定的截至 2014 年 12 月 31 日非地方政府债券形式的存量专项债务。专项债务收入、安排的支出、还本付息和发行费用均纳入政府性基金预算管理。专项债务收入应当用于公益性资本支出，不得用于经常性支出。在本息偿还方面，专项债务本金通过对应的政府性基金收入、专项收入或发行专项债券等偿还。专项债务利息通过对应的政府性基金收入或专项收入偿还，不得通过发行专项债券偿还。

相比较一般债务，专项债务在收支管理上限制更多：专项债务收支应当按照对应的政府性基金收入、专项收入实现项目收支平衡，不同政府性基金科目之间不得调剂。执行中，专项债务对应的政府性基金收入不足以偿还本金和利息的，可从相应的公益性项目单位调入专项收入弥补。

8.2.2 中国地方公债的新增限额分配制度

根据新《预算法》的规定，中国地方公债实行限额管理、规模控制。在合理确定全国地方政府新增债务总额的基础上，逐级下达各地区地方政府新增债务限额。各省、自治区和直辖市政府新增债务限额总和不得超过全国地方政府新增债务总限额。省本级、各市和县政府新增债务限额总和不得超过该省、自治区或直辖市政府新增债务总限额。

全国地方政府一般债务和专项债务的新增限额由国务院确定，并经全国人大或其常委会批准；各省、自治区、直辖市和计划单列市地方政府一般债务和专项债务的新增限额由财政部在全国人大或其常委会批准的地方政府债务规模内测算，报国务院批准后下达地方；省本级及市（县）的新增债务限额由省级财政部门在财政部下达的本地区新增限额内测算，报经省级政府批准后，按照财政管理级次向省本级及市（县）级财政部门下达。

中国地方公债新增限额的分配总体上体现正向激励原则。对于财政实力强、举债空间大、债务风险低和债务管理绩效好的地区，多分配新增限额；财政实力弱、举债空间小、债务风险高和债务管理绩效差的地区，少分配或不分配新增限额。同时，地方公债新增限额的分配还需综合考虑中央确定的重大项目支出和地方融资需求等情况。

中国地方政府债务新增限额的分配计算公式与公式解读如表 8-3 所示。

表 8-3 中国地方政府债务新增限额的分配计算公式及公式解读

公式	某地区新增限额=[地区财力×系数1+地区重大项目支出×系数2]×地区债务风险系数×波动系数+债务管理绩效因素调整+地方申请因素调整	
公式概念解读	地区财力	由一般公共预算财力和政府性基金预算财力两部分构成。具体计算分别用以下公式： 某地区一般公共预算财力=本级一般公共预算收入+中央一般公共预算补助收入-地方一般公共预算上解 某地区政府性基金预算财力=本级政府性基金预算收入+中央政府性基金预算补助收入-地方政府性基金预算上解

续表

公式概念解读	系数1	系数1=(某年新增限额-某年新增限额中用于支持重大项目支出额度)/($\sum i$ 各地政府财力)。其中，i=省、自治区、直辖市、计划单列市
	地区重大项目支出	按照各地区落实党中央、国务院确定的"一带一路"倡议、京津冀协同发展战略、长江经济带战略等，以及打赢脱贫攻坚战、推进农业供给侧结构性改革、棚户区改造等重点方向的融资需求测算
	系数2	系数2=(某年新增债务限额中用于支持重大项目支出额度)/($\sum i$ 各地重大项目支出额度)。其中，i=省、自治区、直辖市、计划单列市
	地区债务风险系数	反映地方政府举债空间和偿债风险，根据各地区上年度政府债务限额与标准限额等比较测算。某地区地方政府债务标准限额=该地区可以用于偿债的财力状况×全国地方政府债务平均年限。全国地方政府债务平均年限是全国地方政府债券余额平均年限和非债券形式债务余额平均年限的加权平均值
	波动系数	以全国人大批准的新增限额平均增长率为基准确定波动区间，各地区新增限额增长率严格限制在波动区间内
	债务管理绩效因素调整	财政部将根据地方政府债务收支预算编制、项目管理、执行进度、存量债务化解等因素，对地方政府债务管理绩效予以评估，并根据管理绩效情况对该地区的新增债务额度予以适当调整。该项调整有利于保障地方公债债权人的合法权益，提高债务资金使用效益
	地方申请因素调整	各地区的新增限额不应超过本地区申请额。如果根据公式中前面各项计算所得该地区新增债务限额超过申请额，则通过本项调减

资料来源：《新增地方政府债务限额分配管理暂行办法》（财预〔2017〕35号）。

8.2.3 中国地方公债的应急管理

1. 地方公债风险事件的界定

地方公债风险事件是指当地方政府已经或者可能无法支付政府债券本息，或者无法履行或有债务的法定民事代偿责任，需要采取应急处置措施予以应对的事件。地方公债风险事件容易导致社会群体性事件，妨害政府有效运转，威胁地方基本民生，甚至引发区域财政金融风险。

根据《地方政府性债务风险分类处置指南》（财预〔2016〕152号），地方公债风险事件具体可分为四种类型：① 政府债券风险事件，指地方政府发行的一般债券或专项债券的还本付息出现违约；② 其他政府债务风险事件，指除地方政府债券外的其他存量政府债务的还本付息出现违约；③ 政府提供担保的债务风险事件，指由企事业单位举借、地方政府或其下属部门提供担保的存量或有债务出现风险，地方政府需要依法履行担保责任却无力承担；④ 政府承担救助责任的债务风险事件，指企事业单位因公益性项目举借、由非财政性资金偿还，地方政府在法律上不承担偿债或担保责任的存量或有债务出现风险，政府为维护经济安全或社会稳定需要承担一定救助责任却无力救助。

综合考虑地方公债风险事件的性质、影响范围及危害程度等因素，地方公债风险事件可分为四个等级,且每个等级的风险事件触发条件不同,具体的分级界定标准如表 8-4 所示。

表 8-4 中国地方政府债务风险事件级别划分及触发标准

I 级(特大)债务风险事件	II 级(重大)债务风险事件	III 级(较大)债务风险事件	IV 级(一般)债务风险事件
出现下列情形之一将被视为 I 级(特大)债务风险事件: (1)省级政府发行的地方政府债券到期本息兑付出现违约; (2)省级或全省(区、市)15% 以上的市(县)政府无法偿还地方政府债务本息,或者因偿还政府债务本息导致无法保障必要的基本民生支出和政府有效运转支出; (3)省级或全省(区、市)15% 以上的市(县)政府无法履行或有债务的法定代偿责任或必要救助责任,或者因履行上述责任导致无法保障必要的基本民生支出和政府有效运转支出; (4)全省(区、市)地方政府债务本金违约金额占同期本地区政府债务应偿本金 10% 以上,或者利息违约金额占同期应付利息 10% 以上; (5)省级政府需要认定为 I 级债务风险事件的其他情形	出现下列情形之一将被视为 II 级(重大)债务风险事件: (1)省级政府连续 3 次以上出现地方政府债券发行流标现象; (2)全省(区、市)或设区的市级政府辖区内 10% 以上(未达到 15%)的市级或县级政府无法支付地方政府债务本息,或者因兑付政府债务本息导致无法保障必要的基本民生支出和政府有效运转支出; (3)全省(区、市)或设区的市级政府辖区内 10% 以上(未达到 15%)的市级或县级政府无法履行或有债务的法定代偿责任或必要救助责任,或者因履行上述责任导致无法保障必要的基本民生支出和政府有效运转支出; (4)县级以上地方政府债务本金违约金额占同期本地区政府债务应偿本金 5% 以上(未达到 10%),或利息违约金额占同期应付利息 5% 以上(未达到 10%); (5)因到期政府债务违约,或者因政府无法履行或有债务的法定代偿责任或必要救助责任,造成重大群体性事件,影响极为恶劣; (6)县级以上地方政府需要认定为 II 级债务风险事件的其他情形	出现下列情形之一将被视为 III 级(较大)债务风险事件: (1)全省(区、市)或设区的市级政府辖区内两个以上但未达到 10% 的市级或县级政府无法支付地方政府债务本息,或者因兑付政府债务本息导致无法保障必要的基本民生支出和政府有效运转支出; (2)全省(区、市)或设区的市级政府辖区内两个以上但未达到 10% 的市级或县级政府无法履行或有债务的法定代偿责任或必要救助责任,或者因履行上述责任导致无法保障必要的基本民生支出和政府有效运转支出; (3)县级以上地方政府债务本金违约金额占同期本地区政府债务应偿本金 1% 以上(未达到 5%),或者利息违约金额占同期应付利息 1% 以上(未达到 5%); (4)因到期政府债务违约,或者因政府无法履行或有债务的法定代偿责任或必要救助责任,造成较大群体性事件; (5)县级以上地方政府需要认定为 III 级债务风险事件的其他情形	出现下列情形之一将被视为 IV 级(较大)债务风险事件: (1)单个市(县)政府本级偿还政府债务本息实质性违约,或因兑付政府债务本息导致无法保障必要的基本民生支出和政府有效运转支出; (2)单个市(县)政府本级无法履行或有债务的法定代偿责任或必要救助责任,或因履行上述责任导致无法保障必要的基本民生支出和政府有效运转支出; (3)因到期政府债务违约,或者因政府无法履行或有债务的法定代偿责任或必要救助责任,造成群体性事件; (4)县级以上地方政府需要认定为 IV 级债务风险事件的其他情形

资料来源:《地方政府性债务风险分类处置指南》(财预〔2016〕152 号)。

2. 地方公债的应急处置举措

地方政府对其举借的债务负有偿还责任，中央实行不救助原则。根据《地方政府性债务风险分类处置指南》（财预〔2016〕152号）规定，当地方公债出现债务风险事件时，地方政府将通过以下途径筹措资金、偿还债务。

第一，以一般公共预算收入作为偿债来源的一般债务出现违约的，在保障必要的基本民生支出和政府有效运转支出的前提下，采取调减投资计划、统筹各类结余结转资金、调入政府性基金或国有资本经营预算收入、动用预算稳定调节基金或预备费等方式筹措资金偿还，必要时处置政府资产。对政府提供担保或承担必要救助责任的或有债务，政府无力承担相应责任时，也按照上述原则处理。

第二，以政府性基金收入作为偿债来源的专项债务因政府性基金收入不足造成债务违约的，在保障部门基本运转和履职需要的前提下，应当通过调入项目运营收入、调减债务单位行业主管部门投资计划、处置部门和债务单位可变现资产、调整部门预算支出结构或扣减部门经费等方式筹集资金偿还债务。对部门提供担保形成的或有债务，政府无力承担相应责任时，也按照上述原则处理。

第三，因债权人不同意变更债权债务关系或不同意置换，导致存量政府债务无法在规定期限内依法转换成政府债券的，由债务单位通过安排单位自有资金、处置资产等方式自筹资金偿还。若债务单位无力自筹资金偿还，可按市场化原则与债权人协商进行债务重组或依法破产，政府在出资范围内承担有限责任。对存量政府或有债务，也按照上述原则处理。

除上述举措外，当地方政府因无力偿还政府债务本息或无力承担法定代偿责任等引发风险事件时，还要根据具体债务风险事件的风险级别，相应地采取不同的应急处置机制。具体处置措施如表8-5所示。此外，当市（县）政府出现债务风险事件后，在恢复正常偿债能力前，除国务院确定的重点项目外，原则上不得上新的政府投资项目；在建政府投资项目能够缓建的，应暂停建设，腾出资金依法用于偿债。

表8-5　地方公债风险事件分级应急响应机制的主要内容

IV级债务风险事件应急响应	应急管理机构	相关市（县）债务管理领导小组应当转为债务应急领导小组，对风险事件进行研判，查找原因，明确责任，立足自身化解债务风险
	信息通报机制	市（县）政府应当将债务风险应急处置情况向省级政府报备
	财政重整计划	市（县）债务管理领导小组或债务应急领导小组认为确有必要时，可以启动财政重整计划。市（县）政府年度一般债务付息支出超过当年一般公共预算支出10%的，或者专项债务付息支出超过当年政府性基金预算支出10%的，债务管理领导小组或债务应急领导小组必须启动财政重整计划
III级债务风险事件应急响应	应急管理机构	相关地区债务管理领导小组应当转为债务应急领导小组，将债务风险情况和应急处置方案专题向上级债务管理领导小组报告
	信息通报机制	市（县）政府应当将债务风险应急处置进展情况和处置结果上报省级政府，并抄送省级财政部门
	寻求应急救助	市（县）政府偿还省级政府代发的到期地方政府债券（包括一般债券和专项债券）有困难的，可以申请由上级财政先行代垫偿还，事后扣回

续表

Ⅱ级债务风险事件应急响应	应急管理机构	省级债务管理领导小组应当转为债务应急领导小组,汇总有关情况向省级政府报告,动态监控风险事件进展,指导和支持市(县)政府化解债务风险
	信息通报机制	省级债务应急领导小组督促市(县)政府落实债务风险应急处置措施,跟踪债务风险化解情况
	寻求应急救助	市(县)政府统筹本级财力仍无法解决到期债务偿债缺口并且影响政府正常运转或经济社会稳定的,可以向省级债务应急领导小组申请救助
	事故责任追究	省级债务应急领导小组对市(县)政府救助申请提出审核意见,报省级政府批准后实施,并立即启动责任追究程序
	限制发债权限	省级政府适当扣减Ⅱ级债务风险事件涉及市(县)新增地方政府债券规模
	财政重整计划	必要时,省级政府可以成立工作组进驻风险地区,帮助或者接管风险地区的财政管理,帮助制订或者组织实施风险地区的财政重整计划
Ⅰ级债务风险事件应急响应	信息通报机制	省级债务应急领导小组应当及时将债务风险情况和应急处置方案向财政部报告,必要时由财政部向国务院报告。市(县)政府建立债务风险处置信息定期向省级债务应急领导小组报告的机制,重大事项必须立即报告
	寻求应急救助	省级政府偿还到期地方政府债券本息有困难的,国务院可以对其提前调度部分国库资金周转,事后扣回。必要时国务院可以成立工作组进驻风险地区,予以指导和组织协调
	事故责任追究	省级债务应急领导小组报请省级政府通报Ⅰ级债务风险事件涉及市(县)名单,启动债务风险责任追究机制
	限制发债权限	省级政府暂停Ⅰ级债务风险事件涉及市(县)新增地方政府债券的资格

资料来源:《地方政府性债务风险分类处置指南》(财预〔2016〕152号)。

专栏 8-2

债务风险事件应急处置中的财政重整计划

在地方公债风险事件分级应急响应机制中,财政重整计划的概念被屡次提及。所谓的财政重整计划,包括但不限于以下内容。

(1)拓宽财源渠道。依法加强税收征管,加大清缴欠税欠费的力度,确保应收尽收。落实国有资源有偿使用制度,增加政府资源性收入。除法律、行政法规和国务院规定的财税优惠政策之外,可暂停其他财税优惠政策,待风险解除后再行恢复。

(2)优化支出结构。财政重整期内,除必要的基本民生支出和政府有效运转支出外,视债务风险事件等级,本级政府其他财政支出应当保持"零增长"或者大力压减。一是压缩基本建设支出。不得新批政府投资计划,不得上新的政府投资项目。二是压缩政府公用经费。实行公务出国(境)、培训和公务接待等项目"零支出",大力压缩政府咨询、差旅和劳务等各项支出。三是控制人员福利开支。机关事业单位暂停新增人员，必要时采取核减机构编制和人员等措施；暂停地方自行出台的机关事业单位各项补贴政策，压减直至取消编制外聘用人员支出。四是清理各类对企事业单位的补助补贴。暂停或取消地方出台的各类奖励、对企业的政策性补贴和贴息，以及非基本民生类补贴等。五是调整过高的支出标准，优先保障国家出台的教育、社保、医疗和卫生等重大支出，地方支出标准不得超过国家统一标准。六是暂停土地出让收入的各项政策性计提。土地出让收入扣除成本性支出后，应全部用于偿还债务。

（3）处置政府资产。指定机构统一接管政府及其部门拥有的各类经营性资产、行政事业单位资产和国有股权等，结合市场情况予以变现，多渠道筹集资金偿还债务。

（4）申请省级救助。采取上述措施后，风险地区财政收支仍难以实现平衡的，可以向省级政府申请临时救助，包括但不限于：代偿部分政府债务，加大财政转移支付力度，减免部分专项转移支付配套资金。

（5）加强预算审查。实施财政重整计划以后，相关市（县）政府涉及财政总预算、部门预算、重点支出和重大投资项目、政府债务等事项，在依法报本级人民代表大会或其常委会审查批准的同时，必须报上级政府备案。

（6）改进财政管理。相关市（县）政府应当实施中期财政规划管理，妥善安排财政收支预算，严格做好与化解政府性债务风险政策措施的衔接工作。

资料来源：《地方政府性债务风险分类处置指南》（财预〔2016〕152 号）。

本章拓展

尽管新《预算法》在法律意义上废除了融资平台公司为地方政府融资的职能，并对地方政府债务实行严格的总量控制，但是地方政府仍有强烈的举债冲动，并通过融资平台、影子银行等途径满足地方政府的融资需求。Chang 和 Esfahani（2013）创建了"隐匿负债"模型，综合考虑预算内债务存量、借贷成本和预算内外活动的成本对比等因素，发现地方政府竞争会加剧地方政府规避债务限额的隐性债务膨胀。

小结

- 中国地方政府举债经历了一个较长时期的渐进式赋权过程，从"关前门、开后门"，到"前门后门同时开"，再到"开前门、关后门"。目前，省级地方政府通过发行债券的形式直接举债。
- 地方政府债券可以分为一般债券和专项债券，在债务管理上实行预算管理、总额控制。
- 各级地方政府新增债务限额分配总体上按照正向激励的原则。
- 当出现公债风险事件时，将根据风险事件的性质和影响程度予以分级响应，采取不同的应对措施。

思考题

1. 简述中国地方公债的制度演变过程。
2. 简述中国地方政府一般债券和专项债券的主要区别。
3. 在中国地方政府新增债务限额分配公式中，如何体现正向激励原则？
4. 什么是地方债务风险事件？当出现地方债务风险事件时，中国的地方政府可以通过哪些途径筹集资金偿还债务？

阅读与参考文献

[1] 范剑勇，莫家伟．地方债务、土地市场与地区工业增长[J]．经济研究，2014，49（1）：41-55．

[2] 郭玉清，何杨，李龙．救助预期、公共池激励与地方政府举债融资的大国治理[J]．经济研究，2016，51（3）：81-95．

[3] 姜长青．新中国成立以来三次发行地方债券的历史考察：以财政体制变迁为视角[J]．地方财政研究，2010（4）：20-25．

[4] 毛捷，徐军伟．中国地方政府债务问题研究的现实基础：制度变迁、统计方法与重要事实[J]．财政研究，2019（1）：3-23．

[5] 魏加宁．地方政府投融资平台的风险何在[J]．中国金融，2010（16）：16-18．

[6] 王永钦，戴芸，包特．财政分权下的地方政府债券设计：不同发行方式与最优信息准确度[J]．经济研究，2015，50（11）：65-78．

[7] 余子良．地方政府融资平台的来龙去脉与风险规避[J]．改革，2013（1）：76-81．

[8] 杨志勇．中国财政制度改革 30 年[M]．上海：格致出版社，2008．

[9] CHANG E, ESFAHANI H S.On the Determinants of Hidden Public Debt[M]. University of Illinois at Champagne-Urbana Working Paper, 2013: 1-32.

9 其他发展中国家的地方公债实务

 学习目标

- ▶▶ 了解巴西等发展中国家的财政体制概况;
- ▶▶ 了解巴西等发展中国家地方公债的制度概况;
- ▶▶ 了解巴西等发展中国家的地方债务危机及其原因。

 引例

据墨西哥《经济学家报》2017年4月27日的报道,墨西哥地方政府债务达到5362亿比索(1美元约合17比索),占国内生产总值的3%。该国于2017年发布的财政纪律法做出规定,短期政府债务必须登记,并在政府任期结束前3个月还清;在门户网站上公布与金融机构和开发银行签订的借款合同内容,以便公众了解地方政府融资情况;等等。2017年,墨西哥财政部计划设立地方公债统一登记的专门体系,并每天更新。此外,还将设立地方公债的风险预警系统。这些举措旨在进一步加强该国地方公债的透明度,防范债务风险。

本章将介绍拉丁美洲(巴西、墨西哥和哥伦比亚)和亚洲(印度)具有代表性的发展中国家的地方公债概况,包括与地方公债管理相关的财政体制、地方公债的管理制度和地方公债危机及其原因等。

9.1 巴西地方公债概述

巴西是南美洲的重要国家,虽然近些年经济发展较为迟缓,但对地方公债的管理十分重视。这是由于巴西的地方财政管理曾经一度过于松弛,在20世纪经历了三次地方公债危机,且影响严重、持续时间长。本节将介绍巴西地方公债的基本情况及其应对债务危机的经验和教训。

9.1.1 巴西的财政体制概况

巴西是一个联邦制国家,政府构成如下:联邦政府、26个州和1个巴西利亚联邦

区、5500 余个大大小小的市政府。由于 1988 年巴西《宪法》正式承认了市政府作为联邦成员的地位，所以市政府也拥有较高的自治权。

巴西各级政府的财权在集权和分权中交替发展。1891 年，巴西联邦共和国的第二部《宪法》规定实行广泛的财政分权，赋予各州较大的税收控制权。1930—1945 年，由于内乱和政权不稳定，巴西开始所谓的"支持财政集权化的非民主政权"时期。1946 年新《宪法》的颁布，标志着更加分权的财政结构形成。1964—1985 年的军事独裁，再度让巴西回到集权时期。直到 1985 年，巴西的财政分权方才逐步恢复。当前的巴西政府间的财政关系是在 1988 年《宪法》基础上形成的。《宪法》并未对联邦政府和地方政府具体的支出责任做出明确划分。整体而言，巴西各级政府的支出责任在法律上较为模糊。

由于财权分散及经济发展迟缓，巴西联邦政府一直面临财政困境，这导致支出责任向地方分散的趋势越来越明显。在实践中，联邦政府主要负责社会保障、社会援助、一般行政管理及国债利息等方面的支出，其余绝大部分领域的政策制定和支出责任都由州政府承担，甚至有时是由州和市政府共同负责。除了一般行政管理支出，州政府的支出主要包括教育、社会援助及卫生等领域；市政府的支出集中于住房及市政服务、初级教育、卫生和公共交通等领域。

在收入划分上，除资产转让、信贷业务等资本性收入外，巴西财政收入几乎只靠税收收入。巴西实行分税制，联邦政府、州政府和市政府都有各自管辖的税种，且存在共享税。联邦政府负责征收个人所得税、公司所得税、农村财产税、资本收益税和特定增值税等；州政府负责征收一般增值税、机动车辆税、不动产税和赠与税等；市政府负责征收服务税、不动产转让税和城市不动产税。类似于支出责任中存在的问题，尽管法律规定税收立法权和管理权都集中在联邦政府，州政府和市政府仅对其征收的税种拥有部分的立法权，但实践中存在的税收权力重叠导致财政收入的混乱和不协调。

责任不明确、财权分散的财政体制，为巴西地方公债管理危机频发埋下了伏笔。

9.1.2 巴西地方公债管理概况

1. 巴西地方公债的管理方式

巴西通过制度约束管理地方公债。早期，巴西的国家法律和制度均不对州政府、市政府的借款计划进行约束，但后来不断膨胀的地方政府债务迫使联邦政府不得不采取法制手段对地方借款实施控制。尤其在三次债务危机过后，联邦权力机构（包括中央银行）采取了多种形式对州债务进行重新规划，最终将大部分地方政府债务风险转移给了联邦政府。其主要手段是通过立法对地方政府的举债资格进行限制。例如，1997 年的 9496 号法案明确规定，禁止州政府在依靠国库援助还债时期继续举债；2001 年，下议院通过了 2185 号法案，限制了 180 个市政府在募集还债资金的同时继续举债。

2. 巴西地方公债的管理机构

巴西对地方公债的管理主要体现在批准地方政府举债上，即管理机构的主要职责是负责审批地方政府提交的举债申请。1999年9月，巴西国家金融管理委员会颁布了2653号规定，对地方政府向银行借款进行了一定的限制。该规定的主要内容包括以下两个方面：一是授权中央银行以监管者身份管控商业银行对地方政府的贷款；二是明确管控的指导方针，即参议院78号法案关于地方政府借款监控的条款。参议院78号法案要求，所有向参议院提出的借款申请都必须先交给中央银行审查，而中央银行应在收到申请的30天内对地方政府的财政状况进行分析。若符合条件，中央银行将借款申请和其提出的具体建议提交至参议院；若地方政府提交的借款申请违反了78号法案的任一项规定，中央银行可拒绝向参议院转交申请。2000年5月，巴西通过了《财政责任法》（详见专栏9-1）。该法案规定需要贷款的地方政府应当先向财政部提出申请，并证明其申请符合法律规定，然后再由中央银行进行审查。

3. 巴西地方公债的举债方式

巴西的州政府主要有以下三种面向不同来源的举债方式。

第一种是向私人部门举债，用于短期资金管理和中期融资。短期举债的重要方式是"预期收入信贷"（ARO），即一种依托当期的预期税收收入并要求在同一财政年度内进行偿还的短期借款。此外，州政府还会以中期契约式债务的形式向国际私人机构取得贷款。20世纪90年代，巴西的一些州政府就成功发行过欧洲债券。

第二种是向联邦金融机构取得长期贷款。从20世纪60年代起，各州的长期贷款由联邦住房及储蓄银行和联邦经济与社会发展银行提供。在经历了债务危机之后的财政援助计划中，联邦政府的财政部和中央银行也成为州政府的债权人。

第三种是通过各种非正式机构实现资金融通。一种常见方式是，州政府通过拖欠供应商货款甚至是雇员工资弥补短期赤字。有时，州政府也会利用司法程序上的时滞获得"特殊的借款"。例如，征用土地时，尽可能地拖延法庭做出有效判决的时间，甚至当判决下达时征用已结束，从而规避征地的相关成本。

9.1.3 巴西地方公债的风险控制

在经历过三次地方公债危机后，巴西政府在法律上对地方公债的风险进行了细致而严格的控制。以下从四个方面概述巴西在地方公债风险控制上做出的努力。

第一，完善法律法规。巴西《宪法》对地方政府举债有一系列限制措施。例如，《宪法》规定参议院有权规范州政府的举债行为。但由于中央政府受利益集团纠葛的影响严重，上述措施难以得到贯彻落实。相比之下，1997年的9696号法案和2000年的《财政责任法》发挥了更为重要的作用，尤其是后者对地方财政预算和债务管理等做出了明确规定，并得到了较好的执行，改善了债务危机后巴西地方政府的财政状况。

第二，加强规模控制。巴西采取需求控制与供给控制相结合的措施，控制地方公债规模。需求控制主要由1998年参议院通过的78号法案规定。这一法案加强了对地方借贷的监督和控制，对借款渠道、借款额、借款主体财力和信用评估、政府担保额和债券偿还比例等都做出了明确规定或限制。供给控制主要依据巴西国家金融管理委员会的相关规定，包括：中央银行应限制各银行向公共部门贷款；禁止各银行向债务余额或赤字上限超过议会规定的州政府贷款；州政府不得从其下属银行借款。

第三，强化预算管理。各级政府的财政收支都必须经由年度预算立法批准，地方公债的融资必须在预算立法和附加信贷立法中分别列出；债券债务的再融资金额变动，不能超过预算指导原则或其他特别法律规定；禁止支出目标不明确或分配不受限制的债务融资；等等。

第四，实施财政监督检查。根据巴西的《财政责任法》，巴西立法机构必须直接或在审计法院和各部门内控系统的帮助下，对各级政府进行财政监督检查。在检查过程中，举债是否符合预算指导原则和信贷业务的限制条件、债务资金的使用情况和债务未完成责任的记录等是重中之重。

此外，信贷业务中的政府担保、中央银行的间接调控，以及提高地方政府债务报告的透明度等，也是巴西在制度层面控制地方公债风险的方式。

9.1.4　巴西经历的三次地方公债危机

1964 年，巴西进入军事政府独裁时期。军事政府进行了经济和管理体制改革，并长期实施进口代替工业化战略，使巴西经济十分依赖进口和资本品，尤其是石油及其衍生品。1973 年爆发了第一次石油危机，油价的暴涨和利率的攀升使国际经济形势随之动荡，本就依靠国际金融市场举债的巴西政府不得不面临更高的举债成本，债务加速累积。1979 年爆发的第二次石油危机更是直接导致了 1982 年巴西的经济和债务危机，并为后来的地方公债危机埋下了伏笔。

20 世纪 80 年代初，经济危机背景下的民主化浪潮鼓励民众向地方政府而非中央政府寻求公共服务。但军事政府放任州政府在国际金融市场大肆举债，导致巴西地方政府积累了高额外债，面临信贷紧缩、通货膨胀和偿债困难。支出义务的进一步增加使地方政府不得不进行更多的短期借款，即"预期收入信贷"（ARO）。这类借款在实践中经常被年复一年地累积，并且需要用比常规借贷利率高得多的利率来偿还。据统计，1989 年，ARO 借款已占到巴西州政府、市政府债务总额的 97%。

20 世纪 80 年代末，随着巴西联邦政府开展援助，州政府的外债压力有所减轻，但同时又产生了新的国内债务。由于缺乏有效的财政纪律约束，联邦政府的援助并不能根除军事政府时期便开始不断累积的地方公债风险。20 世纪最后二十多年里，巴西地方政府在此起彼伏的债务危机中度过。下文将以巴西三次地方公债重组为线索，介绍这二十多年巴西经历的地方公债危机。

第一次地方公债危机主要表现为外债危机。20 世纪 80 年代，巴西的州政府除了面对已经积累起来的巨额外债，还面临国内财政和货币政策导致的恶性通货膨胀，以及石油危机导致的利率急速上升。州政府逐渐无力偿还外债，以至于被迫停止对国外债权人的债务偿还。1989 年，联邦政府与各州达成救助协议，由联邦政府接管州政府 190 亿美元的外债，并由各州以 20 年为期限向联邦政府分期偿还这笔外债。

第二次地方公债危机是地方政府对联邦金融机构的债务偿还危机。1993 年，因各州政府纷纷无力履行其对联邦住房与储蓄银行的债务偿还，引发了第二次地方公债危机。危机出现后，联邦政府与州政府再次达成救助协议，由联邦财政部承担部分州政府拖欠联邦金融机构的 280 亿美元债务，而各州依然以 20 年为期限向联邦政府分期偿还。第一次和第二次危机下，联邦政府对地方政府的救助协议十分相似，仅有偿债利率和个别条款有所不同。

第三次地方公债危机是债券偿还危机，也是三次危机里最严重的一次，涉及包括证券在内的所有地方债务。巴西《宪法》禁止降低公务员工资标准，但由于 20 世纪 90 年代初通货膨胀依然严重，各州名义上的高工资并没有给地方财政造成过大的压力。1994 年，巴西开始推行雷亚尔计划①，在短期内控制住了通货膨胀，但也使各类债券的实际利率大幅升高，导致工资性支出和债券实际债务激增，使得州政府无力偿还债务，从而爆发了第三次地方公债危机。针对此次危机，1996 年，联邦政府相继与各州达成债务重组协议，主要内容依然是联邦政府承担各州的大部分债务，而各州以 6%的低利率分 30 年向联邦政府偿还地方所欠债务。但与前两次债务重组不同，本轮重组需要各州以其财政收入和联邦转移支付收入作为债务担保，并将各自的州银行和一些州政府所有企业进行私有化，甚至破产清算。

此外，在第三轮危机的债务重组中，联邦政府开始推行财政稳定计划，为州政府逐步偿还债务创造有利条件。该计划的主要内容包括：加强政策调节，提高公共部门财政盈余；推动社会保障与行政体制方面的制度改革；完善预算过程的相关条例。上述计划取得了明显成效，1998 年，巴西地方政府实现了实际上的财政零赤字；1999 年以后，地方财政盈余普遍超过 GDP 的 3%，2004 年财政盈余比例平均达到了 5%。

 专栏 9-1

巴西的《财政责任法》

面对此起彼伏的地方公债危机，时任巴西总统卡多佐清醒地意识到必须依靠严明的法律法规和严格的财政纪律才能彻底制服危机。于是在第三次地方公债危机的债务重组中，他本人付出了巨大努力推动修宪和立法，以根除债务危机频发这一顽疾。2000 年 5 月 4 日，卡多佐正式签署了集巴西财政体制改革之大成的《财政责任法》，并宣布从即日起开始实施。

作为一部强化财政纪律、防控债务风险的重要法律，《财政责任法》的主要对象是州政府，也适用于包括联邦政府和市政府在内的所有层级政府及其立法、司法机关。而且《财政责任法》属于补充法②，这保证了其不会被随意修改。这部法律的内容非常宽泛和复杂，主要解决以下几个方面的问题。

（1）计划与预算。《财政责任法》为行政部门编制年度预算法案定义了基本准则，为基本财政平衡设定了具体目标，还规定了对政府或有债务的详细评估规制。跨年度的财政收支计划和年度预算立法必须和《财政责任法》保持一致。

---

① 雷亚尔计划又称"黑奥计划"，主要措施是采用货币改革和汇率锚定以控制通货膨胀，实现经济稳定增长。
② 在巴西宪法框架下，补充法（Lei Complementar）是直接根据宪法要求、旨在补充宪法规定的法律。根据巴西《宪法》第 69 条的规定，普通法只需国会的简单多数即可通过，而补充法需要绝对多数才能通过。但补充法的效力并不优于普通法。

（2）债务。《财政责任法》对公共债券、地方政府信贷业务和担保做出了详细的界定，为政府借债及中央银行发行国债设置了严格规定，并禁止债权人在不同层级的政府间进行债务重组。

（3）人员经费。《财政责任法》对包括养老金和薪金支付在内的人员经费规定了最高限额。它规定，联邦政府的人员经费不得超过其经常收入净额的50%，而各州、市政府的人员经费不得超过各自经常收入净额的60%。此外，行政、立法和司法部门的人员经费也同样被设置了限额。一旦出现违规行为，违规单位或部门一律不得进行新的借贷行为，而且地方政府也不会收到联邦政府的转移支付或得到联邦政府的信贷担保。

（4）控制与透明度。预算报告及《财政责任法》规定的上述限额执行情况必须每两个月或四个月报告一次，并由以各级政府同级法院为支持的立法机构负责对相应政府的财政目标和限额执行情况进行监管。

《财政责任法》显著改善了巴西地方政府的财政状况。2000年之前，巴西所有州政府都面临财政赤字。《财政责任法》实施之后，各州开始出现财政盈余。2001年年底，财政盈余已占当年GDP的0.4%，同时地方公债占GDP的比例持续下降，如图9-1所示。此后，巴西没有再出现较大规模的地方公债危机，表明《财政责任法》在防控地方公债风险方面是有效的。

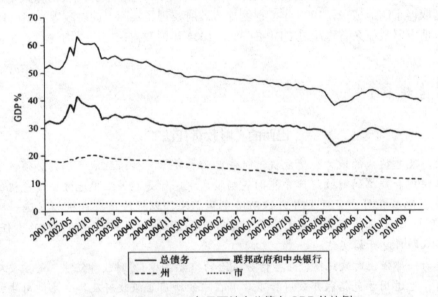

图9-1　2001—2010年巴西地方公债占GDP的比例

资料来源：巴西中央银行。

资料来源：财政部预算司课题组（张志华，周娅）.约束地方的财政责任法：巴西[J].经济研究参考，2009（43）：11-14.

9.1.5　巴西地方公债危机的启示

巴西的地方公债危机在发展中国家具有代表性，其产生涉及制度、管理和经济形势等多重因素，而危机化解的过程也是治标兼治本，值得包括中国在内的广大发展中国家学习和借鉴。

第一，建立科学的财政制度。巴西产生地方公债危机的根本原因是财政制度不科学，事权和支出责任划分模糊、不当。军事政府时期过于宽松的宏观经济政策和支出责任的不断下放，导致地方公债大量累积。1986 年制定的《宪法》赋予地方政府过多的权力和资源，但既没有明确地方政府的支出责任，也没有制定审慎财政的相关规定，导致地方公债危机反复出现。债务危机的化解根本上靠的是立法、行政和司法的强有力的控制手段，以及《财政责任法》等配套措施，尽可能地规范政府间的财政关系、优化支出结构。

第二，避免中央政府对地方公债的无条件援助。巴西爆发地方公债危机的直接原因是军事政府对地方政府的预算约束不硬，地方政府可以无约束地举债。在前两次危机的债务重组中，联邦政府无条件的援助更是强化了地方政府对联邦政府必将兜底的预期，恶化了州政府面临的软预算约束问题。联邦政府在第三次危机的债务重组中开始采取强硬手段，最终有效地控制了债务风险。巴西的惨痛教训充分说明了中央政府加强对地方公债约束的重要性和必要性。

第三，确保法律和制度得到有效实施。巴西采取了一系列行动来保证《财政责任法》的贯彻落实。例如，《财政责任法》的配套法律规定了对违规官员的刑事处罚，这对巴西的地方官员起到了震慑作用；依靠审计法院这一对公共行政施加外在控制的独立机构，进行债务审计和监督。

此外，巴西正在实行的一些风险控制手段，包括同时约束地方公债的需求和供给、提高地方财政状况透明度，以及加强公众和上级政府的监督等，也是值得借鉴的做法。

9.2 墨西哥地方公债概述

墨西哥地方财政收入大部分来自联邦政府，地方公债规模小。即使如此，墨西哥也经历了地方债务重组和地方公债管理体制改革。本节将介绍墨西哥地方公债的基本情况及其经历的重组与改革。

9.2.1 墨西哥的财政体制概况

墨西哥是一个联邦制国家，政府组成包括：联邦政府、32 个州政府（包括首都墨西哥城）和 2000 多个自治市。每个州都与联邦政府相同，有自己的行政、立法和司法机构，并且都有州宪法，但州宪法需服从联邦宪法。各州下辖的每个市享有自治权，但不设立法机构，不能颁布法律，只享有有限的征税权。

20 世纪 90 年代初，墨西哥结束高度中央集权时期，联邦政府开始不断将支出责任下放给地方政府，但并没有同时给予地方政府相应的筹资权力。例如，1994 年，地方政府财政支出占全国财政支出的 25%，但地方政府的财政收入仅占全国财政收入的 13%。墨西哥财政体系的显著特征是地方政府高度依赖联邦财政。地方政府的收入来源十分有限,州政府最重要的税收是工资税[①]及对车辆和汽油等所征税收,而市政府几乎只能征收财产税。[②]除了上述税种,其他税种都属于联邦政府。平均而言,地方财政收入的85%来自联邦政府。

9.2.2 墨西哥地方公债管理概况

墨西哥对地方公债的管理始于1917年颁布的《宪法》。该部《宪法》对地方公债做出了整体性规定,如债务资金必须用于生产性公共投资且地方政府不得举借外债等。

在20世纪90年代之前,地方政府举债需要经过联邦政府同意,其债务也由联邦政府担保。若地方政府出现债务危机,联邦政府会进行紧急救助,但同时也会影响政党领导人的政治前途。因此,当时墨西哥对地方公债的管理大多出于政治考虑。20世纪90年代起,尤其在经历了1995年的债务和经济危机之后,联邦政府重新审视地方公债的管理制度,并在债务重组的过程中推动体制变革。随后,联邦政府停止了为地方政府债务提供担保。地方政府用其获得的转移支付资金(基本是非指定用途的拨款)作抵押方可举借新债。

从发债的对象和方式来看,近年来,墨西哥各州政府经常以联邦政府的拨款为担保从银行系统获取贷款,而大部分贷款来自私人商业银行,其余部分来自州属的发展银行(这部分资金一般针对具体的基础设施项目)。各州也通过政府发展银行发行州政府债券,如经济较发达的州采用这种举债方式为收费公路等基础设施项目筹集建设资金。州政府债券的投资回报率由市场决定,政府不提供任何补贴。此外,市政府也会以财政拨款为担保从私人商业银行和政府发展银行获取贷款,以用于生产性公共投资项目。

表9-1反映了2011年墨西哥地方公债的存量结构。其中,私人商业银行持有51%的地方公债债权;政府发展银行持有24%;其余债务通过金融市场发行。自2005年以来,上述构成维持不变。

表9-1 2011年墨西哥地方政府债务结构

单位:十亿比索

贷 方	担 保 方		总 量	占GDP百分比/%
	联邦拨款	自有收入		
商业银行	186	15	201	1.5
发展银行	86	6	92	0.7
证券化	18	40	58	0.4
信托基金	8	11	19	0.1
其他	19	2	21	0.2
总额	317	74	391	2.9
占GDP百分比/%	2.4	0.6	2.9	

资料来源:墨西哥财政部。

[①] 地方工资税是对本州内运营的企业所支付的工资进行征税,税率由各州立法机构自行规定。以2011年为例,不同州以1%~3%的浮动税率征收工资税。
[②] 墨西哥市政府的税收收入只占GDP的0.2%。参考2009年ECLAC的数据和2010年OECD的数据,这个比例在拉丁美洲处于低水平,在世界上也是低水平。

从债务规模来看，与巴西、秘鲁和印度等国相比，墨西哥地方公债的存量较小，仅占 GDP 的 2.9%。图 9-2 反映了 2011 年墨西哥各州的地方公债占 GDP 的比例。在占比最高的科阿韦拉州，其地方公债占 GDP 的比例也不超过 10%。考虑 2008 年美国次贷危机对墨西哥地方财政造成的影响及对基础建设投资的需要，墨西哥地方政府的债务水平着实不高。因此，一些专家认为墨西哥存在某种隐蔽的紧急救助或能够刺激地方政府向联邦政府求助的手段，以此来控制地方财政风险和平衡年度预算，使得地方政府不必通过举债来平衡地方财政。①

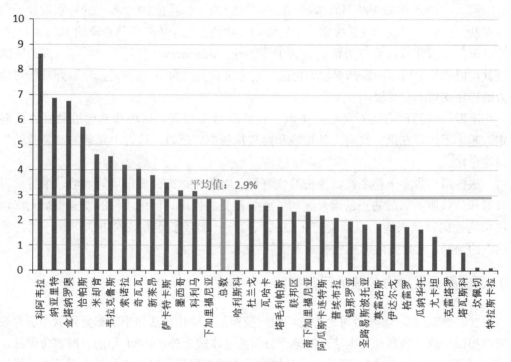

图 9-2　2011 年墨西哥各州的地方公债占 GDP 的比例

资料来源：墨西哥财政部。

9.2.3　龙舌兰酒危机下的地方债务重组

1994 年，墨西哥经历了严重的经济危机。外国投资持续减少，外汇储备大量流失。当年本国货币比索贬值 49.7%，次年再贬值 49%；次年 GDP 下降了 6.2%，通货膨胀率高达 49%，国债利率飙升。由于墨西哥最具象征性的产品是龙舌兰酒，因此这场经济危机被称为龙舌兰酒危机。

受 1994 年经济危机的影响，地方财政也不可避免地出现大幅波动。各州在偿还地方公债时，面临两个严重问题：一是大部分地方债务合同是按浮动利率签订的，因此利率的快速提升大幅增加了需要偿还的债务额；二是绝大部分的地方财政收入来自联

---

① 参见奥塔维亚诺·卡努托和刘琍琍（2014）第 110 页。

邦政府拨款，而经济危机使 1995 年非指定用途的联邦拨款减少了 22%，从而使得地方偿债资金大幅缩减。

在地方政府面临巨大的债务违约风险的情况下，联邦政府启动了一项重大的债务重组计划，主要内容包括以下四个方面。

第一，联邦政府通过财政部使地方公债的利率下降到 10.5%的名义固定利率，并且使平均到期年限从 6.6 年延长到 15 年。通过上述方式，直接重组了大约 80 亿美元的债务，约占地方总债务的 90%。

第二，1995 年和 1996 年，联邦政府每年给各州一笔近 10 亿美元的特别拨款，用于帮助各州对冲削减的联邦拨款。这笔特别拨款约占每年联邦拨款总量的 10%。

第三，联邦政府通过墨西哥公共工程银行（Banobras）策划了一项对地方的特别贷款，以非指定用途的联邦拨款为担保。这笔贷款大约为 5 亿美元，以联邦政府对地方的转移支付形式发放。

第四，联邦政府还对某些州采取了特殊的自由拨款。这种拨款通过独立协商确定，基本不出现在地方政府会计报表和财政报告中。所以，这种"隐蔽的紧急救助"很难量化。

这些措施贯穿于整个经济危机的恢复期，对防止地方公债市场的崩溃、维持地方政府和公共服务部门的正常运转起到了至关重要的作用。但无条件的债务重组无法解决结构性的财政失衡，反而会产生道德风险——加强了地方政府再次得到"紧急救助"的预期，让地方政府更容易陷入债务危机。

9.2.4 墨西哥地方公债的风险控制

2000 年之前，墨西哥对地方公债的风险控制主要依赖法律中的部分条款和联邦政府的担保。除了墨西哥《宪法》对地方公债的基本规定外，1980 年的《财政协调法》第 9 条规定了信贷的担保条件，并且规定地方政府投资项目只能从商业银行或发展银行贷款。1997 年，联邦政府对该条法案进行了修正，使担保条件更为严格，导致地方政府更难获得贷款，尤其是商业银行的贷款。

2000 年，墨西哥对地方公债的管理框架进行了改革，形成了介于法律和市场之间的混合制度。这一制度主要包括三个方面的内容：① 禁止联邦政府为地方公债做担保或提供援助，导致缺乏偿债能力的地方政府面临市场惩罚，降低了地方政府过度举债的动力；② 要求银行运用地方信用评级的资本风险权重对地方公债进行风险评估，并规定了地方政府向同一债权人举借债务的限额，从而鼓励地方政府开展行动提升自身信用，并限制其过度举债的能力；③ 要求所有担保债务都必须在财政部注册，增加地方公债市场透明度，如果未注册，贷款将被监管机构增加风险权重，并处以正常利率水平 150%的惩罚性利率。

2000 年的改革帮助墨西哥构建了一个兼顾联邦政府控制和市场监管的混合型地方公债管理体制，保障了墨西哥的地方公债不再产生宏观风险或系统性威胁。

9.3　哥伦比亚地方公债概述

哥伦比亚身处拉丁美洲，拥有优越的地理条件，经济发展一直在稳步前进。20 世纪 90 年代，哥伦比亚开始放开地方公债市场，但因经验不足造成了一定的债务困境。为应对困境，哥伦比亚中央政府很快颁布了一系列法律，加强对地方公债的管理。本节将介绍哥伦比亚地方公债管理和相关法律的基本情况。

9.3.1　哥伦比亚的财政体制概况

哥伦比亚是中央集权制国家，政府构成如下：中央政府、32 个省政府和 1000 多个市政府。哥伦比亚在 20 世纪 80 年代初开始由高度集权向分权转变，而 1991 年颁布的新《宪法》加速了这一转变过程。如今，哥伦比亚已经是拉丁美洲分权程度较高的国家之一。

事权上，《宪法》将大量支出责任下放到省和市。虽然这一举措的目标是实现对地方需求的更快反应，从而更高效地提供地方公共服务，但实际上当时的分权化进程正处在初级阶段，各省（市）基本都缺乏有效地执行支出职能的能力。因此，哥伦比亚依然延续着由中央政府确定支出原则并拨付相应款项的传统，而各省（市）只承担相当有限的财政责任。事实上，很多较小的市至今不具备用可支配收入满足经常支出需要的能力，只有一些较大的市才拥有现代的财政收支管理制度。

财权上，配合 1993 年 60 号法案，中央与地方的收入分享范围不断扩大。虽然哥伦比亚的主要税种（如增值税、关税和所得税）均由中央政府掌控，但这些主要税种的收入通过转移支付的方式实现了中央与地方的分享，并且地方分享的份额持续增加。上述转移支付非常必要，因为地方政府的自有收入十分有限，其最重要的收入仅是有关部门的酒类税收入及市政当局的营业税和财产税。在实践中，由于中央政府的转移支付几乎都会限定用途，因此地方政府能自由支配的资金依然很有限。

9.3.2　哥伦比亚地方公债管理概况

在 20 世纪 90 年代之前，哥伦比亚所有地方政府的借款行为都必须得到该国财政部的批准。虽然批准流程并不是十分严格，但由于地方自治度不高，地方的债务水平也保持在低水平上。

20 世纪 90 年代初期，随着哥伦比亚《宪法》对分权化进程的推进，中央政府开始鼓励地方政府举债。导致中央对地方借款放松限制的因素是多重的，如误导性的报告、对地方政府的控制放松，以及对银行的现金垫款缺乏有意识的控制等。1993 年 60 号法案通过后，中央对地方的转移支付力度加大，这让银行将地方政府视为优先贷款对象，使得地方政府可以获得的银行贷款大幅增加。但银行并不了解地方政府的预算规则和风险管理制度，而地方政府自身的收支管理比较混乱，因此导致地方政府债务日益膨胀，依靠银行部门实现的地方公债占 GDP 的份额从 1991 年的 2.6%提高到

1997 年的 4.6%。2000 年，哥伦比亚的地方公债规模达到了近年来的最高点，内外债合计占 GDP 的 9.1%。随后，地方政府的财政平衡整体上开始改善，地方公债占比也逐步下降。

尽管在 20 世纪 90 年代末，哥伦比亚开始努力通过立法建立市场约束和行政控制相结合的地方公债管理体制，但目前的债务管理体制依然以行政控制为主。根据举债方式的不同，中央政府对地方政府举债的控制程度也不同。例如，地方政府发行债券需要得到财政部和国家计划局的批准；但其他一些借债方式，如商业银行借款等，并没有受到严格限制。

9.3.3 哥伦比亚地方公债的风险控制

面对 20 世纪 90 年代的地方债务困境，哥伦比亚政府相继推出了《358 号法律》（1997 年，见专栏 9-2）、《617 号法律》（2000 年）、《795 号法律》（2003 年）和《819 号法律》（2003 年）等法律法规，以加强对地方公债的管理。以下介绍上述法案对哥伦比亚地方公债风险控制的三个方面的作用。

第一，控制规模。与其他拉美国家相似，哥伦比亚对地方公债的规模控制也是将需求控制和供给控制相结合。在需求控制方面，1995 年哥伦比亚财政部颁布了一项法令，规定地方政府用作借款担保的收入额占借款额的比重由 130% 提高到 150%。之后，由《358 号法律》牵头的四部法案对地方公债的需求控制进行了一系列限制，主要内容包括：① 流动性指标[①]大于 40%或偿债能力指标[②]大于 80%的地方政府不得借款；② 流动性指标小于 40%且偿债能力指标小于 80%的地方政府可以自行签订新的借款合同；③ 经常性盈余和债务利息之比不得低于 100%；[③]④ 不同地区视情况规定经常支出与非专项收入的比例上限。

在供给控制方面，对银行贷款的监管是限制地方政府过度举债的重要途径。1993 年，哥伦比亚出台了《80 号法律》，要求金融机构对地方政府的偿债能力进行检测。1995 年，该国财政部的法令也同样要求信贷机构在发放贷款时充分考虑地方政府的贷款额与资产净值之比。对于没有履行偿债义务的地方政府，无论是否有担保，银行都有责任拒绝给其提供贷款。之后的《358 号法律》和《617 号法律》还规定，财政机构和区域发展机构对地方政府的贷款必须满足规范条件和法律限制，否则信用协议无效，所借资金需要被立即偿还。

第二，控制或有负债。哥伦比亚地方政府没有自己的银行，而且也承担有限的财政责任，这为地方财政系统消除或有负债创造了有利条件。此外，中央政府一直控制着对地方或有负债的管理，并先后出台了多项法案。例如，《448 号法律》设定了一项特别基金，以支付某些或有负债引起的费用；《617 号法律》规定必须用非专项收入为

[①] 流动性指标即债务利息支出/经常性盈余，经常性盈余=经常性收入-经常性支出-对下级政府的转移支付。经常性收入主要包括税收、非税收入、中央政府的转移支付、中央与地方政府之间的收入分成和利息收入等。经常性支出包括工资、社会福利和社会保障支出等，但不包括利息支出。

[②] 偿债能力指标即债务余额/经常性收入。

[③] 这一限制意味着地方财政赤字必须为零，地方政府必须尽可能地减少不必要的开支，因此减少了债务需求。

地方实体的运行提供资助，资助范围包括或有负债。此外，哥伦比亚还要求公共部门出资或利用存款建立意外开支准备基金，用于偿还或有负债，同时将债务偿还作为支出列入预算。基金中的存款按照项目和各自的风险程度进行划分，因此不同部门的存款不会被混同。如果没有或有负债，或者或有负债规模不再扩大，公共部门的资金就会被退回或者用到其他项目上。

第三，提高透明度。哥伦比亚致力于地方财政公开、透明。根据相关法律和制度，哥伦比亚的公共实体（主要是地方政府）被要求定期披露关于公共财政的信息，但信息的质量和范围因地区而异。公众主要通过一些汇编资料，获得关于政府财政赤字的历史和当前信息。虽然《617 号法律》设立了关于地方政府债务（包括或有负债）的电子数据库，但能被公众获得的信息依然是粗略和不完整的。一项名为 FOSIT（2000 年第 2806 号令）的项目也在致力于改善地区财政信息系统的质量和实效性。

专栏 9-2

哥伦比亚地方公债风险防控的"交通灯"法

1997 年，面对规模日益膨胀的地方公债，哥伦比亚中央政府颁布了《358 号法律》，又称"交通灯"法。该法将地方政府举债与其偿还能力相结合，加强了中央政府对地方政府举债风险的控制。这部法律的一个亮点是引入了地方政府风险评级指标体系，主要包含两类指标：一是地方政府的债务利息支出与经常性盈余之比，它代表了地方政府的资金流动性，故称为流动性指标；二是债务余额与经常性收入之比，它评估了地方政府中长期债务的可持续性，故称为偿债能力指标。对于地方政府的举债申请，这两类指标的作用类似于交通信号灯。

具体方法如下：只要有一类指标为红灯，则为红灯区，而处于红灯区的地方政府被禁止举借新债；如没有红灯，只要有一类指标为黄灯，则为黄灯区，而处于黄灯区的地方政府需要经财政部批准才可举债；如果都为绿灯，则为绿灯区，而处于绿灯区的地方政府可自行举债。不同区域对应的指标数值如表 9-2 所示。

表 9-2　哥伦比亚《358 号法律》规定的地方政府风险评级指标体系

预警指标	绿灯区	黄灯区	红灯区
债务利息支出/经常性盈余（流动性指标）	小于 40%	40%～60%	大于 60%
债务余额/经常性收入（偿债能力指标）	小于 80%	小于 80%	大于 80%
对地方政府举债的规定	可自行举债	需经财政部批准才可举债	禁止举借新债

资料来源：哥伦比亚《358 号法律》。

以下对黄灯区做补充说明。黄灯区即债务中等风险区，处于黄灯区的地方政府必须先获得财政部允许，而且借款政府必须与金融机构签订业绩合同。该业绩合同规定了在某一时期内，地方政府必须达到的一系列改革目标，包括增加税收、削减开支或改善债务结构等。如果地方政府不能完成这些目标，未来借款会受到限制。例如，Valle 省与 23 个金融机构签订的业绩合同包括下列条件：① 该省必须与一家信托机构签订一份不可逆的信托存款合同，由该机构管理省政府的所有资金；② 该省必须与一家信托机构签订一份不可逆的信托存款合同，由该机构负责管理和出售由省政府所拥有的两家公司的股份；③ 省政府如欲将短期贷款展期或重新融资从而提高负债水平，必须得到中央政府批准；④ 在 1999 年和 2000 年这两年里，省政府必须每年至少减少人员和其他经常性支出的 5%；⑤ 任何经常性收入的增加必须首先用于偿还债务，只有经常性收入年增长超过 2.5%，省政府才能分配收入增量的 50%。

然而，《358 号法律》并没有得到贯彻落实。2003 年的《795 号法律》取消了《358 号法律》规定的黄灯区分类。修改后的法律对地方政府借款的限制更为严格，只要有一类指标亮红灯，即处在红灯区，将被禁止举债。哥伦比亚《795 号法律》规定的地方政府风险评级指标体系如表 9-3 所示。

表 9-3 哥伦比亚《795 号法律》规定的地方政府风险评级指标体系

预警指标	绿灯区	红灯区
债务利息支出/经常性盈余（流动性指标）	小于 40%	大于 40%
债务余额/经常性收入（偿债能力指标）	小于 80%	大于 80%
对地方政府的借款规定	可自行举债	禁止举借新债

资料来源：财政部预算司课题组（张志华，周娅）. 约束地方的财政责任法：哥伦比亚[J]. 经济研究参考，2009（43）：14-17.

9.4 印度地方公债概述

与中国相似，印度是人口众多、经济体量大的发展中国家，经济增长也较快。尽管印度各邦从未出现过债务违约的情况，但财政制度的不合理还是让其一度陷入地方公债困境。2005 年，印度在财政体制改革中尝试解决债务困境，并将地方公债的管理与市场规则紧密结合起来。本节将介绍印度财政体制改革和地方公债管理的基本情况。

9.4.1 印度的财政体制概况

印度是联邦制国家，目前的政府构成是：联邦政府、28 个邦政府和 8 个中央直辖区、邦以下的市（或者是县、自治区）。尽管印度具有浓郁的中央集权色彩，但作为联邦制国家，邦一级政府拥有自己的立法议会和不小的财政权力。由于邦政府一般不允许其所属地方政府举债，因此印度的地方公债基本上以邦政府为债务主体。

印度《宪法》对政府间事权和财权的划分做了明确规定。在事权上，联邦政府负责处理国防、外交、铁路和外贸等关键性事务，而地方政府负责提供人民生活必需的基本公共服务，如灌溉、电力、教育和卫生等。在财权上，联邦政府负责征收所得税、货物税和关税等重要税种，而地方政府只能征收土地税、农业所得税和地方商品税等缺乏弹性、税源匮乏的次要税种。由于财政权力划分上的明显不对等，印度《宪法》规定联邦政府需要给予地方政府转移支付，具体方式有税收分成和赠款等。

"二战"后较长一段时期里，印度联邦政府控制了国内主要的财政收入，而地方政府财力严重不足，导致中央和地方财政关系一度紧张。1991年，印度爆发了以财政赤字、国际收支失衡和通货膨胀为特征的经济危机，迫使联邦政府开始推行以自由化和市场化为导向的财政体制改革。在此次改革中，联邦政府下放了大量财权。据统计，1993年起，印度约四分之三的原联邦税逐渐向地方转移。这次改革促使印度的中央和地方财政关系发生了实质性变化，邦政府开始摆脱联邦政府传统的财政控制。

财政体制改革只是给予了印度地方政府更多的财政自主权和市场机遇，但政府间财政关系依然存在着严重的横向和纵向不平衡。从横向看，邦政府之间在行政能力、征税能力、经济和社会劳务开支等方面一直存在较大的差异。在高收入的邦，自有收入占经常支出的比例平均能达到77%，而低收入邦的这一比例只有45.3%。从纵向看，一次改革不可能完全打破在《宪法》基础上形成的高度中央集权与中央和地方财政不平衡。例如2011年，各邦税收收入占全国税收收入的37%，但财政支出占了全国财政支出的55%，而两者间的差额依然通过中央对地方的转移支付解决。若转移支付无法弥补这些差额，邦政府需要通过举债弥补资金缺口。

9.4.2 印度的财政体制改革

1998年，印度各邦财政状况不断恶化，财政预算严重不平衡。2004年，财政赤字占GDP的比重从2.8%上升至4.2%，各邦未偿还债务占GDP的比重从21.7%上升至32.8%，利息支出与财政收入的比例从17.9%上升至26%。财政状况恶化的原因是多重的，印度储备银行指出了其中的五点：① 税收增量不足；② 由于公共事业部门管理不当，来自公共投资的收益太少，甚至出现亏损；③ 大量的财政补贴支出；④ 偿付规则的修改导致工资支出激增；⑤ 过高的津贴补助支出。

面对上述不利局面，印度联邦政府意识到需要做的不仅是扭转财政颓势和降低债务水平，更重要的是要让国家财政保持健康且可持续。2005年，在第十二届财政委员会[①]的建议下，印度开始推行财政体制改革和债务重组。

财政体制改革的主要内容有：① 财政部规定邦政府年度举债上限，以约束其年度举债计划的规模；② 禁止邦政府向联邦政府借款，改用市场化融资方式，由印度储备银行作为28个邦政府的债务管理人，通过招标方式为邦政府发行期限为10~12年的债券，并由市场决定利率；③ 邦政府有权与国内任何一家经授权的金融机构（商业银行除外）协商贷款；④ 通过设置债务减免条件，迫使各邦制定财政责任法进行自我约束，要求邦政府制订中期财政计划及年度预算。

债务重组有利于邦政府卸下过重的债务包袱，降低借款费用，是配合财政体制改

---

① 印度财政委员会是一个每隔至多五年时间授权一次的宪法机构，它主要是为了审查联邦和地方政府的财政状况，将税收和其他收入从联邦政府转移到地方政府，或者在各地方政府之间转移。转移数量依据特定公式，包括人口、收入差距、地区特征和税收等要素，但各要素的权重随时间变化。

革的重要举措。此次债务重组的主要内容仍是债务减免,形式包括免除还款和应付利息、改变还款条款、降低利率和合并贷款等。20 世纪八九十年代,财政委员会经常无条件地给各邦政府减免债务。1974—2005 年共七次减免债务,具体情况如表 9-4 所示。但对于此次债务减免,财政委员会建议只针对那些建立了财政责任法的邦政府,这为达到财政目标并改善邦政府收入平衡起到了至关重要的作用。

表 9-4 印度财政委员会的七次债务减免

财政委员会	报告年份	债务减免/10 亿卢比	GDP/10 亿卢比	占 GDP 比例/%
第六届	1974	20	667	2.95
第七届	1979	22	1025	2.11
第八届	1984	23	2223	1.03
第九届	1989	10	4357	0.22
第十届	1995	5	10 672	0.05
第十一届	2000	34	20 050	0.17
第十二届	2005	535	31 494	1.7

资料来源:印度财政委员会第十三次报告,2009。

2005 年,财政体制改革和债务重组实施后,印度的地方公债管理取得了不小的进步,主要表现如下:① 多个邦成立了债务管理办公室,职能包括制订中期和长期举债计划、确定债务结构和期限、审查债务组合以界定风险等;② 14 个邦建立了统一的偿债基金,由印度储备银行作为偿债基金的管理人;③ 地方公债融资走向市场化,市场借款额大幅增加,在财政体制改革后的 3 年里其占比从不到 40%提高到 60%以上;④ 邦政府开始使用招标方式发行债券;⑤ 17 个邦规定了担保上限,8 个邦建立了担保偿债准备金。

9.4.3 印度的地方公债管理概况

印度对地方公债的管理以制度约束为主,并带有行政控制的特征。法律对邦及邦以下的地方政府举债有明确的规定。印度《宪法》第 293 条第 1 款规定,在印度领土范围内,邦政府在一定限制条件下可以借款或提供担保,而这种限制条件可由邦立法机构通过法律固定;[①]第 293 条第 2 款规定,在符合第 1 款的限制条件下,联邦政府可向任一邦政府提供贷款或担保;第 293 条第 3 款规定,在邦政府向联邦政府举借的债务尚未还清的情况下,未经联邦政府同意,邦政府不得举借新债;第 293 条第 4 款规定,在第 3 款的条件下,如果征得联邦政府同意,邦政府可以举借新债。此外,印度《宪法》禁止各邦擅自从国外借款,因此所有的国外借贷都必须经联邦政府转贷或担保。[②]邦以下地方政府只有得到邦政府的许可,方可发行债券。

在 2005 年推行财政体制改革之前,联邦政府每年下达各邦的拨款计划和借贷计划。各邦往往会争取更高的计划指标以达到预算最大化的目标,导致各邦债务规模不

[①] 目前为止,这种限制仍没有固定下来。
[②] 国外贷款一般用于某个特定项目,这些贷款通常是来自多边发展银行的优惠贷款。

断膨胀。自 2006 年起，联邦政府、各邦政府、计划委员会①和印度储备银行（印度央行）共同协商，②确定各邦借贷的年度性限额。财政体制改革之后出台的财政责任法正式规定了各邦借贷的上限。

邦政府的债务形式包括邦政府公债、从印度储备银行等金融机构获得的再贷款或透支、公共账户债等。债务资金一般用于公共项目建设和偿还旧债。邦政府公债包括通过发行定期债券获得公开市场借款、由各邦定向发行给国家小额储蓄基金的特别证券、从联邦储备金借款及从联邦政府借款（用于资助实施由邦政府和联邦政府共同出资的项目及外部援助的项目）等。再贷款或透支是各邦拥有的法定权利。根据1934 年印度储备银行法案，印度储备银行自 1937 年起开始向各邦政府提供再贷款和透支，以弥补收支短期不平衡。借款方式根据年度收支情况确定，并定期调整，当超过借款额度时，邦政府有 14 天的透支期。公共账户债主要包括邦政府公积金和养老基金，其资金由邦政府作为受托人掌管。

专栏 9-3

印度邦政府的借款渠道

印度各邦的借款渠道多种多样，且借款程序复杂。部分借款渠道由联邦政府掌控，并有所限制；有些渠道则不受控制，邦政府可以通过这些渠道自主举债。

1. 由联邦政府掌控的借款渠道

（1）市场借贷。联邦政府控制了市场借贷，并由印度储备银行负责具体管理。通过这条渠道发行的各邦债务符合银行的法定流动性要求，由国库账户做支持，所以投资者将这种借贷视为基于国家主权的担保。市场借贷也确实从未出现过违约或是债务重组的情况。由图 9-3 可知，2007 年以来，市场借贷成为邦政府举债的主要渠道。

（2）来自联邦政府的贷款。历史上，联邦政府曾向各邦发放贷款或提供国债转贷。结合图 9-3，1999 年之前，该渠道一度是邦政府举债的主要方式。随着金融市场的发展和各邦财政能力的提升，2005 年 5 月之后，联邦政府不再向邦政府提供国债转贷，但后续的国外贷款仍可由联邦政府向邦政府转贷。

（3）来自银行和其他金融机构的贷款。联邦政府设定了各邦从银行和金融机构借款的上限，但利率由各邦和金融机构协商。最终利率取决于各邦的信用记录和财政地位。

（4）国外贷款。邦政府所有的国外借贷都必须经联邦政府转贷或担保，并且邦政府还需承担国外借贷中发生的货币流通风险和再融资风险。

---

① 印度计划委员会于 1950 年成立，是负责制订印度的五年计划和其他经济任务、协调政府部门间资金分配的机构。2015 年年初，莫迪政府将该机构撤销。

② 技术委员会在得到联邦、地方政府和印度储备银行授权之后，会推算政府年度借款的需求量。推算要综合考虑多项因素，包括宏观经济与财政状况、债务可持续性、财政责任法的规定及财政担保风险等。

2. 不受联邦政府控制的借款渠道

（1）国家小额储蓄贷款和各邦公积金。对于这些贷款，邦政府不需要得到联邦政府的同意就可使用。以小额储蓄贷款为例，开展小额储蓄计划是为了鼓励家庭储蓄，从而保持社会安定。为了充分利用小额储蓄计划积累的闲置资金，邦政府可向各邦管辖范围内的国家小额储蓄基金借款，并支付一定的利息率（固定在 9.5%的年利率）。这类借款要求在 25 年内偿还，但有 5 年的宽限期。

（2）专用车辆担保贷款。各邦以其专用车辆为担保物在市场上筹借资金，发行担保贷款。

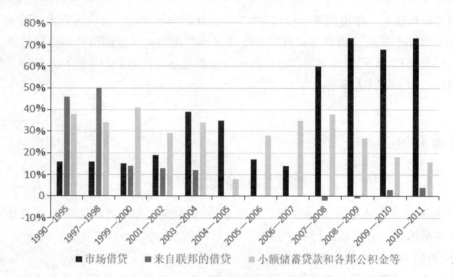

图 9-3　印度各邦债务融资渠道的占比

资料来源：印度储备银行。

资料来源：奥塔维亚诺·卡努托，刘珊珊. 地方政府债务应急处置的国际比较：世界银行专家谈地方政府债务[M]. 北京：中国财政经济出版社，2015：80.

9.4.4　印度地方公债的风险控制

第一，实施财政责任法。2003 年之前，一些邦政府已经制定了财政责任法，但直到 2005 年财政体制改革后，财政责任法才在印度全国范围内普遍施行。财政责任法对各邦的债务管理提出了明确要求，包括规定担保上限和要求披露重大会计政策变动等。部分邦的财政责任法还要求邦政府披露或有负债和其他借款等。

第二，控制或有负债。各邦除直接负债之外，或有负债的规模也不小。这些或有负债几乎都是各邦为当地国有企业提供担保形成的。由于不少邦一级的国有企业发生亏损，其拖欠贷款的风险相当大，因此或有负债同样加剧了邦政府的债务负担和偿还压力。世界银行将上述或有负债的三分之一与直接债务加总，称之为"延伸性债务"。

1992—2009 年印度地方政府的延伸性债务占 GDP 的份额如图 9-4 所示。在 2005 年实施财政体制改革和债务重组之后，该份额持续下降。这是因为印度的第十二届财政委员会采取了以下措施控制或有负债：① 邦政府在担保前必须进行风险评估，且需要建立担保赎回基金和债务赎回基金；② 商业银行对地方政府担保债券的投资必须规范化，同时也需要进行风险评估；③ 努力推进地方政府债务数据的收集；④ 加大对国有企业财务风险的监测。

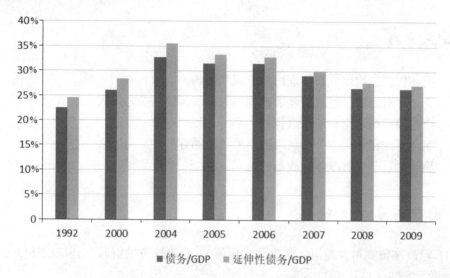

图 9-4　1992—2009 年印度地方政府延伸性债务占 GDP 的份额

资料来源：印度储备银行。

第三，其他措施。债务减免是财政委员会控制地方政府债务风险的一种常用手段，在 2005 年的财政体制改革中也起到了对地方政府的激励作用。此外，印度还先后制定了针对地方政府融资的财务报告会计准则、信息披露制度和信用评级制度，加强了对邦政府债务融资的监管，同样起到了风险控制的作用。

本章拓展

随着经济全球化不断深化，某一国家的经济动荡必然会对其他国家的经济发展产生影响。西方媒体惯以找一种象征该国的特色产物命名其经济影响，如墨西哥经济危机造成的影响被称为"龙舌兰酒危机"、巴西金融危机造成的影响被称为"桑巴效应"等。拉美国家深受此类危机或效应之害，典型的影响包括外国投资者纷纷撤资，本国货币迅速贬值，股票和债券（包括公债）遭到抛售，外汇储备和全国存款总额下降，经济增长停滞或负增长，并催生财政危机。对发展中国家地方公债管理和危机应对感兴趣的读者可参阅奥塔维亚诺·卡努托和刘琍琍（2014）。

小结

> 20 世纪最后二十多年里，巴西经历了三次地方公债危机，从中得到的经验教训尤为值得关注。
> 在一些发展中国家（墨西哥和哥伦比亚等），地方公债的规模并不大，但由于

管理制度相对落后，加上经济形势不稳定对债务市场产生的负面影响，这些国家的中央或联邦政府需要经常对地方公债进行干预。
- 印度的财政体制改革帮助其提高地方公债管理的成效。

思考题

1. 简述巴西三次地方公债危机的原因和影响。
2. 论述你对巴西《财政责任法》与地方公债风险防控之间关系的看法。
3. 简述墨西哥地方公债重组计划。
4. 简述哥伦比亚地方公债风险控制的"交通灯"法。
5. 简述你对印度财政体制改革的认识。

阅读与参考文献

[1] 财政部预算司课题组（张志华，周娅）. 约束地方的财政责任法综述[J]. 经济研究参考，2009（43）：9-11.

[2] 财政部预算司课题组（张志华，周娅）. 约束地方的财政责任法：巴西[J]. 经济研究参考，2009（43）：11-14.

[3] 财政部预算司课题组（张志华，周娅）. 约束地方的财政责任法：哥伦比亚[J]. 经济研究参考，2009（43）：14-17.

[4] 财政部预算司课题组（张志华，周娅）. 约束地方的财政责任法：墨西哥[J]. 经济研究参考，2009（43）：19-21.

[5] 奥塔维亚诺·卡努托，刘琍琍. 地方政府债务应急处置的国际比较：世界银行专家谈地方政府债务[M]. 北京：中国财政经济出版社，2014.

[6] 李萍. 地方政府债务管理：国际比较与借鉴[M]. 北京：中国财政经济出版社，2009.

[7] 李忠尚，王建华. 墨西哥金融危机的影响及启示[J]. 金融研究，1995（4）：42-47.

[8] 谭道明. 巴西化解和防控地方债务危机的启示[J]. 法学，2014（4）：118-125.

[9] 王绪苓. 80年代墨西哥债务危机考略[J]. 拉丁美洲研究，1990（6）：48-52+35.

[10] 殷晓峰. 对拉美地方政府债务问题的剖析[J]. 上海金融，2001（4）：45-47.

[11] 由新伟. 印度九十年代初经济危机原因探析[J]. 南亚研究，2005（2）：44-47.

[12] 张志华，周娅. 哥伦比亚的地方政府债务管理[J]. 经济研究参考，2008（22）：20-23.

热点专题

10　地方公债与区域经济发展

11　地方公债增长的制度分析

12　地方公债的结构分析

13　地方公债的风险分析

14　地方融资平台公司的市场化转型

10 地方公债与区域经济发展

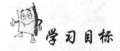学习目标

- ▶▶ 了解地方公债影响区域经济发展的理论争论；
- ▶▶ 了解地方公债影响区域经济发展的现实机理。

引例

2020 年 5 月 26 日，海南省财政厅代表省政府成功发行海南省政府债券 173.5 亿元，这是为海南省加快自由贸易港建设、有效地应对疫情冲击成功募集的第三批政府债券资金。本次共发行十期海南省政府债券，其中，再融资债券两期，合计 63.5 亿元，募集资金主要用于偿还 2020 年到期的地方政府债券本金；新增债券八期，合计 110 亿元，募集资金主要用于海南省交通基础设施、医疗卫生、重点产业园区、生态环保、市政基础设施建设等公益性和准公益性项目。地方公债的发行有力地推动了海南省基础设施建设，为海南省经济社会发展注入了强劲动力。

政府举债能否促进经济发展是学术界长期关注的话题，研究的焦点是债务规模与经济增长之间究竟呈现何种关系。本章延续第 8 章对中国地方公债政策实践的介绍，结合中国经济制度环境，阐述地方公债影响区域经济发展的理论演进与现实机制。本章 10.1 节将按历史沿革，依次介绍不同时期经济学家对公债与经济发展内在关联的理论思考；10.2 节分析中国地方公债规模与区域经济增长之间的整体关系；10.3 节阐述地方公债影响区域经济发展的作用渠道和现实机理。

10.1 经济学家眼中的公债与经济发展

理解地方公债如何影响区域经济发展，离不开对公债与经济发展内在关联的理论溯源。不同时期的经济学家对公债与经济发展的关系持不同见解。威廉·斯塔福、托马斯·孟等早期信奉重商主义的经济学家宣称，公债不会增加人民负担，支付公债的利息犹如右手支付给左手，因为所有的货币财产都未流往国外。英国早期古典经济学

家威廉·配第也赞同上述观点，认为政府举债可以增补国内现有资本，促进农业、工业和商业的发展。上述观点遭到亚当·斯密的严厉批判。亚当·斯密认为公债是对国内现有资本的扣除，并不追加资本，不仅不会促进农业、工业和商业发展，反而会使原有的工业和商业资本被政府吸收，是对社会劳动和物质财富的非生产性耗费。因此，亚当·斯密认为公债对经济发展有害。英国古典经济学的集大成者大卫·李嘉图继承并发展了亚当·斯密的公债理论，对公债的经济发展作用也持否定态度。大卫·李嘉图对英国的公债制度进行了严厉批判，主张立即废除公债。此外，他还提出当政府面临赤字时，应采取税收方式筹资，而不是举债。他的这一观点主要考虑了政治和经济两方面因素。在政治方面，当时英国发行公债主要用于支持战争，他认为当利用税收手段弥补军事支出时，人民会很快感受到战争痛苦而力图结束战争，而利用公债融资时人民对战争的反抗相对较小，所以国家会轻易卷入战争冲突。在经济方面，税收来自国民收入，而公债会侵蚀部分国民生产资本，因此公债对投资和经济发展的负面影响更大。与此同时，大卫·李嘉图还进一步阐述了债务中性理论，即公债不是政府的净财富，政府无论是以税收的形式，还是以公债的形式取得公共收入，其对个人的经济选择具有相同影响。他的上述观点又被称为"李嘉图等价定理"，该理论在本书前述章节已有介绍。

概括而言，古典经济学家普遍认为公债对经济发展起负面作用，不妨称之为"公债有害论"。其主要观点可概括如下：第一，政府举债使民间资本流出生产领域，妨碍工商业发展；第二，政府往往通过债务弥补预算赤字，而不是努力实现预算平衡，所以公债制度会助长政府不负责任的开支风气；第三，公债发行引起利率上升，排挤民间的生产投资。

亚当·斯密和大卫·李嘉图等古典经济学家反对政府举债的立场有其特定的历史背景。在资本主义自由竞争时代，经济快速发展，投融资活跃，社会闲散资本较少，而政府举债往往用于战争等非生产性支出，因此公债往往导致社会资本从生产领域流出。因此，在当时的社会经济条件下，古典经济学家的"公债有害论"有其时代合理性。

随着自由资本主义向垄断资本主义过渡，社会闲置资本逐渐充裕，同时资本主义经济危机频发，政府不得不加强对经济的干预。由于政府职能发生变化，古典经济学的"公债有害论"由于其历史局限性逐渐退出历史舞台。学者们对于政府举债的态度也发生了明显变化，对公债的研究不断增多。公债促进经济发展这一观点在20世纪30年代经济大萧条后被众多经济学家所推崇，此类观点被称为"公债扩张论"。"公债扩张论"认为：短期内产出由需求决定，财政赤字及较大规模的公债对可支配收入、总需求乃至整体经济产出都有正面影响，且在经济处于非充分就业的条件下，财政赤字或公债的正向效应会更明显。

虽然公债在一定程度上能刺激经济增长，但随着债务规模扩大，公债对经济发展的负面作用引起了经济学家的重视。第一，较大规模的公债会限制政府实行反周期财政政策的潜力，容易导致经济的高波动性。第二，政府高负债会增加居民对未来税负上升的预期，降低公共支出效率，增加财政政策的不确定性，对资本积累和经济增长产生负面影响。第三，巨额公债伴随经济运行的不确定性，潜在的金融风险和财政风险会引发居民对政府偿债能力的担忧，进而影响经济发展。

10.2 地方公债与区域经济发展的整体关系

通过以上内容的学习,我们发现公债对经济发展的影响不是非利即弊。当规模适度时,公债有助于经济增长。一旦规模过大,公债对经济增长会有负向作用。这意味着公债规模与经济增长之间存在"先扬后抑"或倒 U 形的关系。那么,作为公债的重要组成部分,地方公债对区域经济发展的影响是否也遵循上述关系?本节将借助"债务阈值"这一概念,阐述地方公债与区域经济发展的整体关系。

10.2.1 公债的"债务阈值"

2010 年,美国经济学家 Reinhart 和 Rogoff 发现[1],不同的债务水平对不同国家或地区的经济增长产生了不同的影响。Reinhart 和 Rogoff 认为,公债规模与经济增长的关系是非线性的,存在"债务阈值"。当公债规模低于"债务阈值"时,公债对经济增长起积极作用或至少不起明显的消极作用,而当公债规模超出"债务阈值"时,公债对经济增长产生显著的负面影响。

"债务阈值"的提出

Reinhart 和 Rogoff 收集了 20 个发达经济体[2]自 1946 年到 2009 年的经济增长、公债规模及通货膨胀的数据,并将每年的观测值按照负债率——公债余额占国内生产总值的比重——分为四类:负债率低于 30%(低债务水平组);负债率为 30%~60%(中等债务水平组);负债率为 60%~90%(较高债务水平组);负债率超过 90%(高债务水平组)。图 10-1 显示了上述四个组别下 GDP 增长的平均值及中位数值。前三组 GDP 增长的平均数及中位数不存在较大的组间差异,但是第四组的相应数值却较前三组有明显的降低。高债务水平组的 GDP 增长中位数值比债务负担较轻的国家低约 1 个百分点,平均值低近 4 个百分点。这表明公债一旦达到或超过"债务阈值"(负债率=90%),公债将对经济增长产生明显的抑制效应。

Reinhart 和 Rogoff 用上述方法对 25 个新兴经济体[3]予以观测,发现新兴市场国家的情况很大程度上与之前分析的发达经济体的结论一致。结合图 10-2,从 1900 年到

---

[1] 相关内容见 Reinhart 和 Rogoff(2010)。
[2] 20 个发达经济体包括澳大利亚、奥地利、比利时、加拿大、丹麦、芬兰、法国、德国、希腊、爱尔兰、意大利、日本、荷兰、新西兰、挪威、葡萄牙、西班牙、瑞典、英国和美国。
[3] 25 个新兴经济体包括:阿根廷、玻利维亚、巴西、智利、哥伦比亚、哥斯达黎加、厄瓜多尔、萨尔瓦多、加纳、印度、印度尼西亚、肯尼亚、韩国、马来西亚、墨西哥、尼日利亚、秘鲁、菲律宾、新加坡、南非、斯里兰卡、泰国、土耳其、乌拉圭和委内瑞拉。

2009 年，当公债余额占 GDP 的比值低于 90% 时，GDP 增长的中位数和平均值徘徊在 4%~4.5%，而高债务水平组的 GDP 增长中位数显著下降至 2.9%，GDP 增长的平均值降幅更大，下降至 1%。

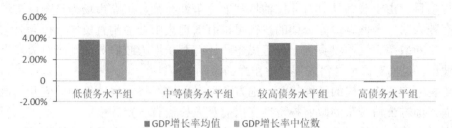

图 10-1　不同负债率下发达经济体的经济增长水平

资料来源：Reinhart 和 Rogoff（2010）。

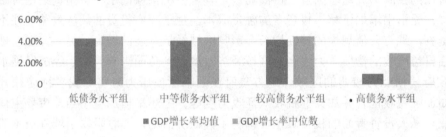

图 10-2　不同负债率下新兴经济体的经济增长水平

资料来源：Reinhart 和 Rogoff（2010）。

基于以上发现，Reinhart 和 Rogoff 认为，由于存在"债务阈值"，公债对经济增长存在明显的"门槛效应"。Reinhart 和 Rogoff 的上述研究成果成为 2008 年金融危机后美国政府缩减公共支出的理论依据，并激发了众多学者检验"债务阈值"及门槛效应的存在性。公债规模与经济增长之间整体上不是简单的线性关系，已成为目前经济学界的共识。当然，"债务阈值"是否就是 90%（负债率），需要进一步量化研究以提供更为充分的证据。

资料来源：REINHART C M, ROGOFF K S. Growth in a Time of Debt[J]. American Economic Review, 2010, 100(2): 573-578.

10.2.2　中国地方公债与区域经济发展的非线性关系

近年来的研究表明，[①]在中国，地方公债与区域经济增长存在明显的倒 U 形关系。这与公债的"债务阈值"相符。正是由于存在"债务阈值"，一旦地方公债超过"债务阈值"，地方公债与区域经济增长之间的平衡点将被打破，地方公债对区域经济增长的作用方向也将随之发生逆转。这本质上是由地方政府投融资对区域经济发展的复杂作用决定的。

在地方公债发展的早期，地方公债对区域经济增长的促进作用占优。地方公债使

---

① 如毛捷和黄春元（2018）。

得各省（市）得以突破预算内财力的限制，提高公共品（尤其是公共基础设施等）的供给能力，促进区域经济更好地发展。根据国家审计署发布的《2013 年第 23 号公告：全国政府性债务审计结果》，中国地方公债的资金投向主要集中于基础设施建设等公益性项目。由于公共品具有非排他性和非竞争性特征，依靠市场力量难以实现公共品的有效供给，因此，地方公债的发行可以有效地集中社会闲置资本，提高公共品的供给水平和效率。这不仅有利于改善民生，还有利于地方政府灵活地应对突发事件和经济波动，进而对区域经济发展产生正面的激励效应。

随着地方公债规模的持续扩大，地方公债对区域经济发展的抑制效应开始显现。一方面，地方公债带来的政府投资性支出对私人投资有一定程度的挤出效应。商业银行等金融机构往往认为地方政府与地方融资平台公司之间存在预算软约束关系，当融资平台公司出现财务困难时，地方政府会予以救助。同时，地方政府对当地金融机构具有潜在的控制力。这些因素使得商业银行等金融机构偏向于将资金贷给地方融资平台公司，无形中增加了私人投资者的融资成本。由于政府投资的经济效益往往不及私人投资高，地方公债规模的持续增长会影响区域经济发展的潜力。另一方面，地方政府面临日益严峻的偿债压力也会对区域经济发展起到负面影响。对于经济发展水平较低、政府偿债能力较弱的区域，地方政府在面临偿债压力时将寻找多种途径开源节流，如加强税收征管并加大非税收入征收力度等。上述举措加重了当地市场主体（包括企业和私人投资者）的税费负担，抑制了其经济活动，同时阻碍了域外资本流入，不利于招商引资。

地方公债既可通过补充地方政府财力促进区域经济增长，又可通过挤出私人投资或增加政府偿债压力对区域经济发展起阻碍作用。当债务水平合理时，地方公债对私人投资的挤出效应有限，政府偿债压力也适中，有利于提高公共品供给效率，促进区域经济增长。当债务水平超出合理范围时，地方公债的负面作用开始凸显，主要表现为：越来越多的私人投资被挤出；政府偿债压力不断增大；债务资金用于政府投资的边际产出递减，地方公债纠正市场失灵的正面效应也减弱。正面作用的减弱和负面作用的凸显共同导致地方公债对区域经济发展的影响由正变负。

10.3 地方公债影响区域经济发展的传导路径

10.2 节阐述了地方公债与区域经济发展之间存在倒 U 形关系，并简要说明了相关机理。本节将延续 10.2 节的内容，进一步阐述地方公债在不同领域影响区域经济发展的传导路径。

10.3.1 地方公债与工业生产——地方公债的双重引资作用

所谓地方公债的双重引资作用，是指地方公债在直接支持当地基础设施建设以促进区域资本积累的同时，还通过间接压低当地工业用地价格的渠道进一步吸引工业投资，对当地经济增长起到促进作用。地方公债的双重引资作用是"吃饭财政"、"土地财政"和城市土地供给制度等多种体制因素共同作用的产物，近年来受到社会各界的重视。

长期以来，中国地方政府进行基础设施建设和土地储备开发的资金主要依靠地方债务和土地出让金收入，而非一般公共预算收入。原因如下：第一，地方政府普遍存在"吃饭财政"的现象，其一般公共预算收入主要用于维持政府部门和相关行政事业单位的工资发放和基本功能运转，难以有力地支持公共项目建设和部分民生支出；第二，中国的城乡二元土地结构赋予了地方政府垄断城镇建设用地供给的权力，因此地方政府可以通过出让土地直接获取城市基础设施建设资金，可以借助土地抵押获得银行贷款，同时将土地收入作为地方举债的主要还款来源。以上两个方面决定了地方公债的增加。一方面对应基础设施建设支出的增加，可以吸引更多的工业投资；另一方面意味着政府土地储备增多，地方政府降低工业用地价格以吸引更多工业投资的空间变得更大。

在地方公债的双重引资作用影响下，中国地方公债对当地工业产出和经济增长的影响主要包括以下三个方面：一是地方公债对基础设施建设投资的推动。公债可以直接转化为政府的基础设施投资，进而提升当地产出水平，这是地方公债促进经济增长一条直观的传导链条。二是地方公债对工业用地价格的影响。地方公债与城市土地供给存在紧密联系，而债务扩张刺激城市工业用地数量增加和工业用地价格下降，便利当地招商引资和提高工业产出水平。三是在资本完全流动下，地方公债通过基础设施投资和工业用地价格双重渠道同时吸引域外工业资本投资，增加经济产出。

10.3.2　地方公债与企业投资——地方公债的信贷挤出效应

所谓地方公债的信贷挤出效应，是指地方政府的举债行为对银行信贷资源的过度挤占，从而对企业融资产生不利影响。地方公债通过价格竞争渠道和资金竞争渠道对企业融资产生挤出效应。

地方公债和企业债务作为两种不同类型的风险资产，会以价格（或收益率）的形式在资本市场上产生竞争关系。地方公债的过度发行导致公债价格下降和到期收益率上升，此时作为资金供给方的金融机构会将更多的资金配置给公债，或者要求企业发债时提供更高的债务收益率，从而抬高企业的融资成本。同时，由于公债收益率经常被视为无风险收益率的替代指标，银行等金融机构发放贷款时也往往参考公债收益率，因此在资产定价过程中，地方公债会通过价格竞争渠道直接影响企业债券价格。

地方公债还会通过资金竞争渠道对企业投融资产生挤出。政策性银行、国有商业银行和股份制商业银行在中国的信贷市场中占据主导地位。出于应对银行业监管的要求，上述银行往往偏向持有公债等安全资产。随着地方公债规模持续增长，银行往往会减少对私人部门的信贷资源配置，进一步增强企业的外部融资约束，促使企业削减资本性投资支出，抑制企业投资增长。

10.3.3　地方公债与期限错配——地方公债的微观风险效应

投融资期限错配是指企业在融资约束限制下，将短期借款用于长期在建工程、固定资产等方面的投资，出现"短贷长投"现象。债务期限和投资期限不匹配，一方面会增加企业的经营风险，弱化债务对企业的治理效应，给企业带来信用违约风险；另一方面还会向市场传递企业经营高风险的信号,给企业带来负面的市场反应。

研究发现,中国地方公债的快速增长是企业发生投融资期限错配现象的重要原因。地方公债通过不同传导路径分别对国有企业和民营企业的投融资期限结构产生影响。一方面,由于经济下行压力持续存在,尤其是在"去杠杆"过程中民营企业投资规模逐步缩减,地方政府为弥补民营企业投资下降带来的区域"增长缺口",往往采取财政补贴、干预商业贷款等方式向国有企业提供融资便利和资金支持,以维持投资等重要经济指标稳定。由于银行对短期贷款的监管相对宽松,国有企业往往选择短期融资来支持自身投资行为,从而产生投融资期限错配。另一方面,结合 10.3.2 节,地方公债对民营企业债务融资成本产生不利影响,增加民营企业获得中长期信贷融资的难度,诱发民营企业更依赖短期贷款,进而产生投融资期限错配问题。

10.3.4 地方公债与科技创新——地方公债的技术进步效应

科技创新是技术进步的主要方式,也是推动经济发展的重要驱动力。作为一种特殊形式的商品,科技创新与普通商品相比有较大的差异。第一,科技创新不确定性大,需要大量资金投入,且研发周期往往较长,难以在短期内获得回报。第二,相比较固定资产投资,科技创新对应的项目、技术专利等具有保密性和专业性强的特征,抵押价值不易评估,因此企业难以利用科技创新获得银行等金融机构的融资支持。上述两个方面的特点意味着如果缺乏稳定可靠的外部融资渠道,企业开展科技创新活动将受限。

一方面,根据 10.3.2 节,地方公债的快速增长导致银行等金融机构流向企业的信贷资源减少,使得企业开展创新活动面临更加严峻的融资形势。另一方面,结合 10.3.1 节,由地方公债支持的高新技术开发区、高新产业园区等基础设施的建设为企业自主创新提供了良好的环境,对企业开展科技创新起到促进作用。因此,地方公债的技术进步效应究竟如何,取决于上述两个方面的作用孰强孰弱,这也意味着地方公债通过影响技术进步进而影响区域经济发展的作用是不确定的。

本章拓展

地方公债的"债务阈值"与国债的"债务阈值"存在明显差异,因此不能简单套用 Reinhart 和 Rogoff 的分析方法来识别地方公债的"债务阈值"。影响某一地区债务平衡点的因素多样且多变,既包括经济发展水平、人口密度、工业化程度、城镇化水平等,财政分权程度、金融发展水平、房地产业发展水平等因素也不可忽视。有兴趣的读者可参阅毛捷和黄春元(2018)。

小结

> 不同历史时期的经济学家对公债与经济发展的关系有不同理解。早期的"公

债有害论"与彼时公债资金多用于支持战争密不可分,而随着社会闲置资本逐渐充裕和政府职能发生变化,"公债有害论"被"公债扩张论"取而代之。
- 作为公债的一种重要形式,地方公债对区域经济发展具有复杂作用。中国地方公债规模与区域经济增长整体上呈现倒 U 形关系,地方政府适度举债有利于促进区域经济增长,而地方公债的过度积累会对区域经济发展产生不利影响。
- 地方公债影响区域经济发展的传导路径包括工业生产、企业投资、期限错配和科技创新等。

思考题

1. 简述古典经济学家对于公债与经济发展关系的主要看法。
2. 简述"公债扩张论"的主要观点。
3. 简述你对"债务阈值"的理解。
4. 简述中国地方公债与区域经济增长的整体关系。
5. 论述地方公债影响区域经济发展的传导路径。

阅读与参考文献

[1] 范剑勇,莫家伟. 地方债务、土地市场与地区工业增长[J]. 经济研究,2014,49(1):41-55.

[2] 范小云,方才,何青. 谁在推高企业债务融资成本:兼对政府融资的"资产组合效应"的检验[J]. 财贸经济,2017,38(1):51-65.

[3] 胡玉梅,范剑勇. 地方政府债务对企业融资的影响:基于"基建挤入效应"和"信贷挤出效应"的视角[J]. 江海学刊,2019(5):86-92.

[4] 胡奕明,顾祎雯. 地方政府债务与经济增长:基于审计署 2010—2013 年地方政府性债务审计结果[J]. 审计研究,2016(5):104-112.

[5] 毛捷,黄春元. 地方债务、区域差异与经济增长:基于中国地级市数据的验证[J]. 金融研究,2018(5):1-19.

[6] 沈红波,华凌昊,郎宁. 地方国有企业的投融资期限错配:成因与治理[J]. 财贸经济,2019,40(1):70-82.

[7] 唐东波. 挤入还是挤出:中国基础设施投资对私人投资的影响研究[J]. 金融研究,2015(8):31-45.

[8] 熊虎,沈坤荣. 地方政府债务对创新的挤出效应研究[J]. 经济科学,2019(4):5-17.

[9] 易玄,刘诗若. 地方政府债务与企业投融资期限错配[J]. 财会月刊,2020(12):34-42.

[10] 张海星. 公共债务[M]. 大连:东北财经大学出版社,2016.

[11] 朱文蔚. 中国地方政府性债务与区域经济增长的关系研究[M]. 北京：中国社会科学出版社，2015.

[12] COCHRANE J H. Understanding policy in the great recession:Some unpleasant fiscal arithmetic[J]. European Economic Review, 2011, 55(1): 2-30.

[13] REINHART C M, ROGOFF K S.Growth in a Time of Debt[J]. American Economic Review, 2010, 100(2): 573-578.

[14] KUMAR M S, BALDACCI E.Fiscal Deficits, Public Debt, and Sovereign Bond Yields[J]. IMF Working Papers, 2010, 10(184): 1-28.

11 地方公债增长的制度分析

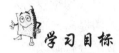学习目标

- ▶▶▶ 了解地方公债增长与财政金融制度的关联;
- ▶▶▶ 了解间接金融分权的形成机制;
- ▶▶▶ 了解地方公债增长与体制压力的关联。

引例

位于我国东部某省份的某县级市下辖某镇 2018 年可支配财力 5000 万元,上级转移支付 8000 万元,刚性支出(保运转、保工资和保基本民生等)共计 8000 万元。一般情况下,该镇可余下不少资金用于市政建设等,财政压力并不大。然而,上级政府为该镇安排了小城镇综合治理等各类项目,并对这些投资项目进行考核,若连续三个月在市里下属的镇中排于末位,将问责镇负责人。这些项目使得该镇财政支出责任不断增大,面临 1.7 亿元的财政缺口,最终该镇选择大量举债以完成项目任务。

地方公债的形成、快速增长与中国的财政金融制度和体制压力密切相关。本章将介绍我国地方公债规模持续增长的制度原因,便于读者更好地了解地方公债增长的制度环境。

11.1 财政分权的延伸与间接金融分权

社会各界习惯性地认为在不合理的政府间财政关系(包括事权划分不合理、预算软约束、隐性担保等)下,地方政府承担较多事权而财力不足是地方公债不断扩张的原因。然而,这种看法忽视了金融制度的影响。地方政府即使有强烈的举债愿望,若没有金融制度配合,也无法从市场获得应债资金。因此,必须兼顾财政和金融制度,才能全面认识地方公债规模增长的内在机制。

11.1.1 中国的财政分权

财政分权即中央政府将财政控制、管理、决策的权力部分下放给地方政府,决定了地方政府举债的意愿和能力。改革开放前,中国采取"统收统支"的财政制度,财

政管理高度集中于中央政府。地方政府没有自己的预算，中央政府集中所有的财政收入并制定包括所有下级政府在内的统一预算。国有企业也被纳入财政安排中，其利润需上缴国家，资金需求由财政拨款满足。1980—1993 年，中国采取的是财政包干制。中央与地方"分灶吃饭"，确定双方的收支范围（主要按企业隶属关系划分收入）和包干基数后，地方包干上缴收入（或中央给予补助），自行决定收入和支出，并自求收支平衡。

财政包干制是财政分权改革的初步探索，但在此制度下，"两个比重"（即财政收入占 GDP 的比重和中央政府收入占全部财政收入的比重）不断下降，导致国家财力不足、中央政府宏观调控能力变弱。同时，地方政府过度追求自身收入的提高，造成了市场分割、低效投资等不良后果。面对此种局面，1994 年，中国进行了分税制改革，重新划分了中央和地方的收入关系。此时的收入划分不再以行政隶属关系为依据，而是按市场经济逻辑依照税种进行划分，改"行政性分权"为"经济性分权"。此后，中国进一步完善分税制体制，调整税权和支出责任的划分，改进转移支付制度。分税制改革后，"两个比重"下降的问题得到妥善解决，中央的宏观调控能力也得以恢复并增强。税种的合理划分抑制了地方"分割市场"的做法，既保证要素与商品的自由流动，促进统一市场的形成，又保留地方政府发展经济的积极性。而转移支付制度的完善为缓解地区发展不平衡问题提供了财政资金。

然而，分税制改革对于事权和支出责任的划分并不完善，造成一系列负面效应。首先，政府职能定位不清，政府与市场的界限不明。政府"越位"承担了部分本应由市场调节的事务，如参与当地企业的转型与技术升级、承担一些本应由社会资本提供的设施建设。但同时，地方政府在教育、文化、医疗、环境保护等公共服务上"缺位"，在上述领域公共投入不足。其次，中央政府和地方政府的事权与支出责任划分不合理，如跨地区污染防治和食品安全等本应由中央承担的责任被放到地方、中央垂直管理机构的经费有时由所在地补贴等。其原因主要是上级政府将自己的支出责任压给下级政府，如支出事项由上级决策但由下级执行。再次，上下级政府的事权在社会保障、义务教育、公共卫生等方面存在交叉重叠的情况，导致事后难以认定责任。最后，省以下事权和支出责任的划分仍不规范，缺乏统一的法律规定。因而，分税制改革后，我国出现了"财权上收，事权下移"的局面，导致地方政府寄希望于举债以弥补财政收支缺口。

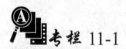 专栏 11-1

财政分权下的地方财政缺口

图 11-1 反映了 1980—2019 年中国地方财政缺口（财政支出与财政收入之差）的情况。总体来看，1994 年分税制改革前，地方财政缺口并不严重；在不少年份，地方甚至有财政盈余。1994 年后，财政缺口凸显，地方财政缺口与财政收入之比骤升至 74%，并在之后二十余年中呈波动上升状态。2019 年，地方财政缺口更是超过了地方财政收入。

11 地方公债增长的制度分析

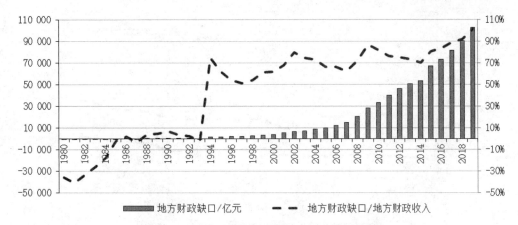

图 11-1　1980—2019 年中国地方财政缺口的情况

资料来源：国家统计局①。

中国各区域的财政缺口具有较大的差异。图 11-2 与图 11-3 分别反映了 2000—2019 年中国东部、中部、西部地方财政缺口与地方财政收入之比的平均值和地方财政缺口与 GDP 之比的平均值，西部地区的财政缺口明显高于东部、中部地区。由图 11-2 可知，东部地区的财政缺口占财政收入的比例较为稳定，在 50%左右波动；西部地区的该比例变动幅度较大，财政缺口最高可达财政收入的约 3.5 倍；中部地区居中，但财政缺口在绝大多数年份中仍高于财政收入。2008 年，三地区财政缺口占财政收入的比例均有所上升，这是我国采取积极财政措施以应对金融危机所致。2010—2014 年，该比例持续下降。2015 年以来，这一比例再次上升。由图 11-3 可知，2008 年以来各地区财政缺口占 GDP 的比例呈持续上升趋势，且地区差异逐年增大。2015 年之后，西部地区的财政缺口已达 GDP 的 30%以上。

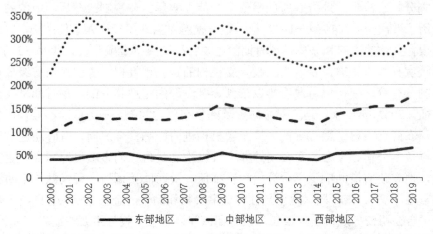

图 11-2　2000—2019 年中国东部、中部、西部地方财政缺口与地方财政收入之比的平均值

资料来源：国家统计局。

---

① 图 11-1 中，地方财政缺口=地方财政本级支出-地方财政本级收入；图 11-2 和图 11-3 中，地方财政缺口=地方财政一般预算支出-地方财政一般预算收入。此处项目名称的差异是我国政府预算体系曾发生变动所致，项目口径是一致的。

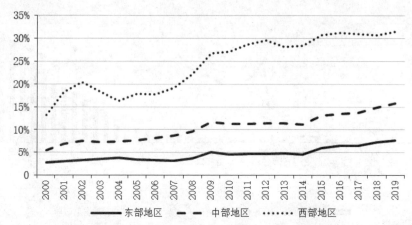

图 11-3　2000—2019 年中国东部、中部、西部地方财政缺口与 GDP 之比的平均值

资料来源：国家统计局。

尽管中央采取转移支付和税收返还等方式对地方财政进行补助，但地方仍面临不小的财政压力，往往需要采取土地出让、积极发展房地产业（土地相关税收多归于地方财政）、举借债务等方式弥补资金缺口。

资料来源：黄少安，陈斌开，刘姿彤."租税替代"、财政收入与政府的房地产政策[J]. 经济研究，2012, 47（8）: 93-106+160; 杨继东，赵文哲，刘凯. 刺激计划、国企渠道与土地出让[J]. 经济学（季刊），2016, 15（3）: 1225-1252.

11.1.2　间接金融分权

1. 金融分权的沿革

金融分权即一国将金融资源的控制、监管等权力在中央政府、地方政府与市场之间进行划分，它决定了地方政府的举债意图能否实现。分税制改革后，中国的金融体制也经历了数次变革。1994—1997 年，地方政府对当地银行有人事任命权，因而能直接干预银行贷款的流向和规模，该时期的主要特征是直接金融分权。1998—2002 年，银行系统实行垂直管理，表现为上收分支机构的贷款审批权、央行撤销省级分行而设立大区制分行等，使得地方政府难以干预金融资源的管理和分配，该时期呈现出金融集权特征。2003 年以来，地方对金融资源的争夺更为隐蔽。地方政府参股控股城市商业银行、农商行、村镇银行等地方性金融机构进而影响资金流向，有时还通过证券公司、小额贷款公司、金融租赁公司等非银行机构满足自己的金融资源需求。更突出的特点是，地方政府借助融资平台公司大量举债，进而间接调控金融资源，不妨将其称为间接金融分权[①]。该时期呈现出显性的金融集权和隐性的金融分权共存的特征，且由于融资平台公司债务规模快速增长，该时期以间接金融分权为主要特征。

[①] 根据毛捷和徐军伟（2019），间接金融分权与 20 世纪 90 年代初的直接金融分权存在以下差异：直接金融分权是指地方政府对当地的金融机构具有直接的人事任命权和管理权，直接支配当地的金融资源；间接金融分权是指地方政府通过融资平台公司（或其自身），创造出地方政府可控的金融资产端，利用金融市场的力量源源不断地吸引来自各类金融机构的资金，实现间接支配各类金融资源。

2. 间接金融分权的特征及成因

从实践目的看，间接金融分权是为了突破现有财政规则下的融资约束，是财政分权的延伸。"财政分权延伸"意味着所得资金被用于地方政府在现行财政体制下承担的事权和支出责任。

从操作方式看，间接金融分权下，地方政府通过融资平台公司创造出为自己所控制的金融资产端，在金融市场上吸收资金，间接支配金融资源。在这一模式下，地方政府主要通过市场手段实现融资，这导致相关市场主体为追逐利益而配合地方政府以各种方式（包括某些违背法律或行政法规规定的手段）进行举债。

从形成机制看，间接金融分权是财政正式制度与社会非正式制度相互作用的结果。制度是人为设定的社会博弈规则，是塑造人们互动关系的约束。正式制度是为实现特定目的而被人们有意识地创设的、被正式确认的制度的总称，其实施以权力机关为后盾。正式制度包括法律、法规、规章、政策、契约等。非正式制度是人们在长期交往中逐步形成的、被一致认同并遵守的行为准则，有时甚至构成文化的一部分。非正式制度包括价值信念、伦理规范、道德观念、风俗习惯和意识形态等。正式制度具有刚性约束，而非正式制度的约束是柔性的，但由于某些政治或社会因素，地方政府面临的一些非正式制度也具有刚性约束。在地方公债问题上，财政分权是正式制度，非正式制度主要包括政治刚性约束和社会责任刚性约束。在政治刚性约束方面，虽然《预算法》明确规定各级政府的支出必须以预算为依据，但上级政府有时会指令性地下达投资任务或要求完成某些社会事务，而处于服从地位的下级政府无法拒绝，且要提供相应资金。这种投融资决策层级的不匹配最终导致地方非自主性支出层层加码。在社会责任刚性约束方面，地方政府是政策的实际执行者、公共服务的直接提供者，面临着道德和民生上的舆论压力，导致相关支出刚性扩大。此外，一些支出责任在划分时强调属地原则，弱化了职能部门责任，增加了乡镇一级基层政府的支出压力。在正式制度与非正式制度的互动下，财政分权这一正式制度赋予地方政府的财权无法满足地方由于非正式制度而承担的刚性支出，导致地方政府采用间接金融分权的方式满足自己的资金需求。

专栏 11-2

中国的非正式制度

本专栏进一步介绍非正式制度，并探讨非正式制度在中国的影响。非正式制度先于正式制度出现，其本质是一种价值观念体系。在一个社会群体中，人们面临的社会环境相同、受到的教育相似，形成了共同的价值观念体系，并基于此分辨善恶。在特定的社会发展阶段，如生产力水平低、社会结构简单、剩余财产少时，非正式制度往往能对人们的行为产生有效约束。当社会生产力不断发展时，非正式制度的约束力便减弱了，此时正式制度开始形成，但这并不意味着非正式制度的消亡。正式制度往往成本更高，而且某些领域并不适合采用正式制度进行约束。对于一些新兴领域，正式制度也难以做出合理的规范。因此，现代社会中正式制度和非正式制度并存，共同约束人们的行为。

非正式制度并不像正式制度那样以国家强制力作为后盾、具有强制性约束。但违反非正式制度同样会遭受惩罚，这种惩罚具有弹性（不同的人对他人触犯非正式制度的评价不同），而且一般是一种心理压力。社会还往往采用对话和谈判等方式对违规者进行教育。

非正式制度在中国的改革与建设及人们的生活中发挥着重要作用。中国的民间传统富含非正式制度，如姻亲关系和宗族制度。改革开放初期，乡镇企业的"异军突起"离不开民间传统的支撑：乡镇企业的集资大多为家族式集资，较成功的乡镇企业也几乎都是家族企业或类家族企业。某些地方的外资引进也依靠于"族亲"，吸引侨民投资建设故乡。

"君子协定"也具有非正式制度的特征，往往表现为熟人之间的口头协议。相较于合同、契约这类以书面形式签订并具有法律效力的安排，"君子协定"能大大减少交易成本（如协商条款、签订合同等所需的时间和资源），但同时也面临较高的违约风险。因此，"君子协定"一般发生在会进行多次博弈的熟人之间——为了最大化长期利益，人们一般会恪守约定。

"人情"或"关系"也是长期演化而来的一类非正式制度。一开始，"人情"仅存在于一个稳定的小圈子中，每当圈内的其他人有喜事或逢年过节时，会送上礼物或给予礼金；当自家遇事时，其他人也会进行回礼。这种机制满足了人们与他人交往的情感需求，也构建了互助圈。然而，"人情"慢慢地不再强调感情，转为强调利益，"人情往来"变成了利益交换。加强社会主义法治建设，用法治替代"人情"和"关系"，有利于消除非正式制度对经济社会发展的负面影响。

资料来源：贺培育，黄海."人情面子"下的权力寻租及其矫治[J]. 湖南师范大学社会科学学报，2009，38（3）：57-60+76；唐绍欣. 非正式制度经济学[M]. 济南：山东大学出版社，2010；伍装. 非正式制度论[M]. 上海：上海财经大学出版社，2011.

11.2 地方公债与体制压力

地方公债规模的持续增长不仅与财政分权和金融分权等制度因素有关，也与现行体制下客观存在的一些压力密不可分。这些体制压力包括但不限于晋升压力和发展压力。

11.2.1 晋升压力

晋升压力被认为是导致地方公债超常规增长的一个重要原因，其作用机制主要包括晋升激励和举债与偿债的责任分离。

1. 晋升激励

从20世纪80年代开始，各地围绕GDP增长进行"晋升锦标赛"已成为社会各界共识。根据本书第 4 章的介绍，"晋升锦标赛"是一种行政治理模式，是指上级政府对多个下级政府部门的领导干部设计的一种晋升竞赛。竞赛优胜者将获得晋升，而竞赛标准则由上级政府决定。

改革开放后，中国的发展重心转到经济建设上，经济体制改革和发展市场经济成为各级政府的头等大事，因此经济绩效成为政府领导干部晋升的主要指标。一些现象可以说明地方政府对经济绩效的重视。例如，中央政府发布的"十一五"规划中，GDP 增速的预期目标是 7.5%，而 31 个省市公布的"十一五"规划 GDP 平均增速却为 10.1%，最低也有 8.5%，明显高于中央的目标。对于地方领导干部个人，中央对每一级别的行政干部有任职的最高年龄限制，加之近年来政府官员任职年龄越来越趋于年轻化，导致"晋升锦标赛"加剧。

在此背景下，地方领导干部表现出强烈的政绩需求和 GDP 追求，需要在较短的任期内做出突出业绩。由于"资源密集型"项目便于用量化指标衡量，因此地方一般倾向于借助投入大、规模大、难度大和回收期长的项目，向上级政府传达积极的政绩信号。但有限的预算内资金难以满足地方政府巨大的投资需求，而增加税费又会损害政府声誉，因此，地方政府更愿意通过举债筹措建设资金。

2. 举债与偿债的责任分离

权责关系可以表现为"权责一致"或"权责分离"。前者是指权力与责任相适应，从政府部门角度看，政府被赋予公共权力的同时，也需要履行实现公共利益的公共责任。后者是指权力与责任的脱节，而严重的权责分离会对公共利益产生危害。

2017 年之前，中国地方公债客观上存在举债与偿债权责分离的现象。具体表现为本届地方政府与下届地方政府在时间上的权责分离，即本届地方政府拥有举债权，但由于领导任期与地方公债期限不一致，导致地方公债的偿还责任延至下届地方政府。上述情况下，地方领导干部可以不对举债行为负责，只关心能否举借债务，较少考虑债务规模与结构，以及在偿债过程中可能出现的债务风险等问题。就我国现实情况而言，有 50%以上的地方政府债务期限大于 5 年，而地方政府及相关部门领导任期平均不超过 5 年，[①] 即本届地方政府及部门领导举借的债务大部分需要由下届政府偿还。由于存在举债与偿债的责任分离，加之晋升激励的刺激作用，地方公债规模持续增长。

习近平总书记在 2017 年 7 月全国金融工作会议上指出，"各级地方党委和政府要树立正确政绩观，严控地方政府债务增量，终身问责，倒查责任"。上述会议精神从制度层面遏制了晋升激励和举债偿债权责分离对地方公债无序增长的负面影响。

11.2.2 发展压力

发展压力反映地区间经济发展的差距，主要指标包括人均经济增速、产业结构、城镇化率及固定资产投资增速等的地区差距。由于发展压力与晋升压力密不可分，因此发展压力也与地方公债增长紧密相关。"晋升锦标赛"可以发生在中央以下的任何一级地方政府之间。各地为了提高绩效而寻找各种方法推动地区经济增长，在基础设施

[①] 参见缪小林和伏润民（2015）。

建设严重依赖政府投资的地区（一般也是经济发展相对落后的地区）更是如此。

由于基础设施建设等项目的资金需求量巨大，而经济发展相对落后地区往往又缺乏融资渠道和能力，发展压力促使地方政府通过政府信用金融化等方式融资，具体体现为地方政府按照金融规则对其资源禀赋和动能禀赋的综合利用。资源禀赋主要包括经济总量、综合财力、建设类土地资产规模、土地价格、房地产市场、规划定位和城镇人口等；动能禀赋主要包括预算安排、政府回购、政府购买服务、财政担保、财政专项返还、财政补贴、财政奖励和政府表态等。具体内容如表11-1所示。

表11-1 地方政府信用金融化的禀赋内容

	经济总量	综合财力	建设类土地资产规模	土地价格	房地产市场	规划定位	城镇人口
资源禀赋	GDP	一般预算收入+政府性基金收入+转移支付收入	工业用地、商业用地比例		房价，每年建设面积、销售面积等	国家级或省级经济新区、高新区或经开区等	规模及人均收入
动能禀赋	预算安排	政府回购	政府购买服务	财政担保	财政专项返还	财政补贴	财政奖励	政府表态
	纳入一般预算或纳入政府性基金预算	约定价格回购或约定利润率回购		直接担保或间接担保（财政所属担保公司、国有企业担保）				人大决议、政府支持函等

资料来源：毛捷，徐军伟. 中国地方政府债务问题研究的现实基础：制度变迁、统计方法与重要事实[J]. 财政研究，2019（1）：3-23.

资源禀赋和动能禀赋的综合利用是地方政府借助融资平台公司进行债务融资的基础，同时也与地方政府举债的规模、成本等有直接关系。其中，资源禀赋是地方政府举债的重要资本；在资源禀赋不足的地区，地方政府会尽力发挥其动能禀赋进行举债。例如，帮助当地融资平台公司向贷款方出具《承诺函》、将相关款项纳入财政预算安排的人大决议等。由于动能禀赋的使用往往引发违法违规举债行为，发展压力在使地方政府有更强的动机扩大债务规模的同时，也增加了地方政府的债务风险。

除此之外，在发展压力下，为了实现本地区经济增长目标，地方政府在制定本地区的举债融资策略时，不仅考虑自身债务规模和经济条件等因素，还会关注其他地区的举债行为，即存在举债的地区关联性。例如，地方政府在制定本地区举债策略时，会关注那些与本地区有空间关系或经济关系（即空间相邻、地理相近和经济发展水平相仿）的地区的举债情况。

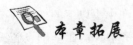

对非正式制度如何影响公共产品供给感兴趣的读者，可参阅王芳（2018）。由于本

地出身的领导干部会面临道德上的潜在问责,该文以地方领导干部是否出身于本地作为衡量非正式制度的变量,发现与外地官员相比,本地官员会将更多的财政支出用于教育、公共医疗和环保,相应地减少基础设施建设支出。另外,有关财政缺口是否导致地方公债增长这一问题,仍存在争议。例如,曹婧等(2019)认为财政缺口在刺激地方政府增加债务以缓解收支矛盾的同时,增加了地方融资平台公司发行城投债的难度,因此财政缺口对城投债扩张的影响具有不确定性。而根据毛捷等(2020)的研究,2008年企业所得税改革后地方财政压力增大,刺激了(全口径)地方政府债务的扩张。感兴趣的读者可查阅相关文献。

小结

- 财政分权、金融分权及二者之间的相互作用(表现为间接金融分权)为地方公债持续增长创造了制度环境。
- 在上述制度环境下,晋升压力和发展压力等体制压力进一步促使地方政府加大举债力度。
- 要有效地控制地方公债规模,离不开制度层面的深化改革,包括完善中央与地方财政关系、重视财政金融协同发展、优化地方领导干部政绩考核体制等。

思考题

1. 为什么要进行分税制改革?分税制改革后,我国为何出现"财权上收,事权下移"的局面?
2. 简述地方政府实现间接金融分权的方式。
3. 简述晋升压力如何影响地方公债增长。
4. 简述发展压力如何影响地方公债增长。

阅读与参考文献

[1] 陈宝东,邓晓兰.财政分权、金融分权与地方政府债务增长[J].财政研究,2017(5):38-53.

[2] 财政部财政科学研究所课题组(贾康,赵全厚).政府间财政体制变革[J].经济研究参考,2009(2):35-49.

[3] 曹婧,毛捷,薛熠.城投债为何持续增长:基于新口径的实证分析[J].财贸经济,2019,40(5):5-22.

[4] 付勇.中国的金融分权与经济波动[M].北京:中国金融出版社,2016.

[5] 龚强,王俊,贾珅.财政分权视角下的地方政府债务研究:一个综述[J].经济研究,2011,46(7):144-156.

[6] 贺培育,黄海."人情面子"下的权力寻租及其矫治[J].湖南师范大学社会科

学学报, 2009, 38 (3): 57-60+76.

[7] 洪正, 胡勇锋. 中国式金融分权[J]. 经济学（季刊), 2017, 16 (2): 545-576.

[8] 黄春元, 毛捷. 财政状况与地方债务规模：基于转移支付视角的新发现[J]. 财贸经济, 2015 (6): 18-31.

[9] 黄少安, 陈斌开, 刘姿彤. "租税替代"、财政收入与政府的房地产政策[J]. 经济研究, 2012, 47 (8): 93-106+160.

[10] 何德旭, 苗文龙. 财政分权是否影响金融分权：基于省际分权数据空间效应的比较分析[J]. 经济研究, 2016, 51 (2): 42-55.

[11] 贾俊雪, 张晓颖, 宁静. 多维晋升激励对地方政府举债行为的影响[J]. 中国工业经济, 2017 (7): 5-23.

[12] 李苗, 崔军. 政府间事权与支出责任划分：从错配到适配：兼论事权责任层次和权力要素的双重属性[J]. 公共管理与政策评论, 2018, 7 (4): 41-56.

[13] 陆铭, 李爽. 社会资本、非正式制度与经济发展[J]. 管理世界, 2008 (9): 161-165+179.

[14] 林毅夫, 刘志强. 中国的财政分权与经济增长[J]. 北京大学学报（哲学社会科学版), 2000 (4): 5-17.

[15] 吕冰洋, 台航. 从财政包干到分税制：发挥两个积极性[J]. 财贸经济, 2018, 39 (10): 17-29.

[16] 缪小林, 伏润民. 权责分离、政绩利益环境与地方政府债务超常规增长[J]. 财贸经济, 2015 (4): 17-31.

[17] 缪小林, 王婷, 高跃光. 转移支付对城乡公共服务差距的影响：不同经济赶超省份的分组比较[J]. 经济研究, 2017, 52 (2): 52-66.

[18] 毛捷, 韩瑞雪, 徐军伟. 财政压力与地方政府债务扩张：基于北京市全口径政府债务数据的准自然实验分析[J]. 经济社会体制比较, 2020 (1): 22-33.

[19] 毛捷, 刘潘, 吕冰洋. 地方公共债务增长的制度基础：兼顾财政和金融的视角[J]. 中国社会科学, 2019 (9): 45-67+205.

[20] 毛捷, 徐军伟. 中国地方政府债务问题研究的现实基础：制度变迁、统计方法与重要事实[J]. 财政研究, 2019 (1): 3-23.

[21] 毛捷, 徐军伟. 新时代地方财政治理：地方债实地调研和间接金融分权视角[J]. 财经智库, 2019 (6): 80-103+143.

[22] 庞保庆, 陈硕. 央地财政格局下的地方政府债务成因、规模及风险[J]. 经济社会体制比较, 2015 (5): 45-57.

[23] 孙开, 张磊. 政府竞争、财政压力及其调节作用研究：以地方政府财政支出偏向为视角[J]. 经济理论与经济管理, 2020 (5): 22-34.

[24] 唐绍欣. 非正式制度经济学[M]. 济南：山东大学出版社, 2010.

[25] 伍装. 非正式制度论[M]. 上海：上海财经大学出版社, 2011.

[26] 王芳. 正式制度、非正式制度与公共品供给：来自地级市的证据[J]. 世界经济文汇, 2018 (4): 53-65.

[27] 周黎安. 中国地方官员的晋升锦标赛模式研究[J]. 经济研究, 2007 (7): 36-50.

12 地方公债的结构分析

- 掌握地方政府债券的整体构成和发行种类；
- 掌握地方融资平台公司债务的分类；
- 了解地方政府债券的发行方式和投资者类型；
- 了解地方融资平台公司非标准化债务包含的融资方式。

2020年5月25日至29日，各地发行地方政府债券7701.08亿元，继2020年1月13日至17日的4839.38亿元后，刷新了单周地方政府债券发行新高。其中，专项债券发行6341.96亿元，占比为82%。专项债券募集资金重点用于支持促消费、惠民生、调结构、增后劲的"两新一重"建设。2020年5月新增专项债券绝大部分投向基础设施相关领域，也有部分投向老旧小区改造。广东于5月12日在全国首发新基建专项债券，选取重点实验室、智能停车场等33个"新基建"项目，4只"新基建专项债券"合计筹资86.6亿元。

根据本书第8章的介绍，地方政府债券和地方融资平台公司债务是中国地方公债的主要构成。本章将进一步介绍这两类地方公债的构成情况。

12.1 地方政府债券的构成

地方政府债券是地方政府为筹集资金而向出资者出具并承诺在一定时期支付利息和偿还本金的债务凭证。地方政府债券具有安全性高、流通性强和收益稳定等特征，并享受免税待遇。

12.1.1 地方政府债券构成概述

2009—2011年是地方政府债券"代发代还"试点阶段。这一时期，地方政府债券总体发行规模有限，全国平均每年发行2000亿元。2011年开始试点地方政府债券

"自发代还"，且试点范围不断扩大。2014 年，在前期 6 个试点地区[①]基础上，增加北京、青岛、江西和宁夏，开展"自发自还"试点，即由地方自行发行债券并自行办理还本付息。2012—2014 年，随着试点地区数量不断增加，地方政府债券发行额度分别增加至 2500 亿元、3500 亿元和 4000 亿元。

2015 年 1 月 1 日起，新《预算法》[②]明确地方政府必须以预算约束下自发自还政府债券的方式举债。至此，地方政府举债的"正门"完全打开。2015 年以来，地方政府债券总体规模呈上升态势。2015—2019 年，债券平均发行额达 45 533.20 亿元。由图 12-1 可知，2016 年地方政府债券发行规模高达 60 458.00 亿元，是新《预算法》施行以来发行地方政府债券的一个高峰。其中，置换债券占比超八成。发行地方政府债券置换存量债务，是依法规范存量债务管理的重要措施，对经济下行压力下避免地方公债领域出现系统性风险起到了关键作用。

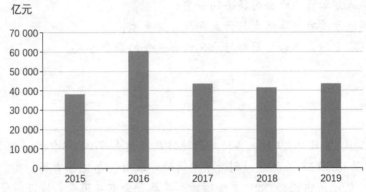

图 12-1　2015—2019 年中国地方政府债券发行额

资料来源：中国地方政府债券信息公开平台（http://www.celma.org.cn/）。

12.1.2　地方政府债券的类型构成

《国务院关于加强地方政府性债务管理的意见》（国发〔2014〕43 号）将地方政府债券按照项目资金投向和偿还资金来源，分为一般债券和专项债券。本书 8.2.1 节已就一般债券和专项债券的概念做了详细介绍，本节将进一步介绍上述债券的发行规模和结构变化。

图 12-2 反映了 2015—2019 年中国地方政府一般债券和专项债券的发行情况。以 2019 年为例，一般债券发行 17 742.00 亿元，专项债券发行额达到 25 882.00 亿元。2015—2019 年，专项债券占比逐年上升，2019 年专项债券占比高达 59%，首次超过一般债券的发行规模，成为支持地方建设的重要支柱。这与财政部不断加强地方政府债券管理，逐步建立专项债券与项目资产、收益对应的相关制度这一发展方向相适应。2017 年 8 月，财政部出台《关于试点发展项目收益与融资自求平衡的地方政府专项债券品种的通知》（财预〔2017〕89 号），指导地方政府按照本地区政府性基金收入

[①] "自发代还"试点地区包括上海、浙江、广东、深圳、江苏和山东。
[②] 《中华人民共和国预算法》（2014 年修正）。

分类发行专项债券,着力发展实现项目收益与融资自求平衡的专项债券品种(即本书导论中专栏 0-2 提到的项目收益专项债)。为规范地方政府项目收益专项债的发行管理,财政部先后推出了土地储备、收费公路、棚户区改造三大标准类型专项债,并出台了具体管理办法,包括《地方政府土地储备专项债券管理办法(试行)》(财预〔2017〕62 号)、《关于印发〈地方政府收费公路专项债券管理办法(试行)〉的通知》(财预〔2017〕97 号)、《试点发行地方政府棚户区改造专项债券管理办法》(财预〔2018〕28 号)。此外,地方政府也积极在轨道交通、医疗服务、高等教育和文化旅游等其他公益性领域探索专项债券。为区别于土地储备、收费公路、棚户区改造三大标准类型专项债券,上述领域的专项债券被称为创新型专项债。例如,2019 年 7 月 4 日,江西省九江市长江航运中心核心功能区建设专项债券在上海证券交易所成功发行,这是九江市发行的第一支创新型专项债。

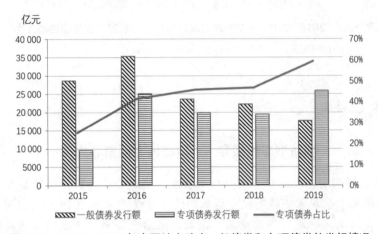

图 12-2 2015—2019 年中国地方政府一般债券和专项债券的发行情况

资料来源:中国地方政府债券信息公开平台(http://www.celma.org.cn/)。

按照债券性质,地方政府债券又可分为新增债券、置换债券和再融资债券。图 12-3 反映了 2015—2019 年上述三类债券的发行情况。新增债券是根据当前地方政府资金需求发行的,用于建设新项目的债券。新增债券发行额逐年增长,2019 年新增债券发行额达 30 561.00 亿元。置换债券用于置换 2015 年之前的地方政府性债务。2014 年,国务院发布《关于加强地方政府性债务管理的意见》(国发〔2014〕43 号),明确地方政府债券筹集的资金可以适度归还存量债务,置换债券由此登上历史舞台。自 2015 年 8 月至 2019 年年末,我国通过发行置换债券的方式累计偿还存量政府性债务 123 590.00 亿元。再融资债券用于偿还部分到期的地方政府债券本金。在 2018 年 4 月财政部公布的地方政府债券发行和债务余额情况中,首次提到地方"再融资债券"。之所以出现这一新提法,是因为此前年份发行的部分政府债券到了归还本金阶段。再融资债券的出现也意味着地方公债借新还旧显性化。借助发行新债偿还旧债的"延时"方法,全国范围内地方公债的偿债压力在短期内得到了一定程度的缓解。

此外,随着地方政府债务置换工作接近尾声,为填补地方政府新增资金缺口的新增债券及偿还到期债务本金的再融资债券将成为地方政府债券的主体。由图 12-3 可知,2015—2019 年,置换债券占比由 84.58%下降至 3.62%,新增债券占比最高,超过七成,再融资债券约占四分之一。

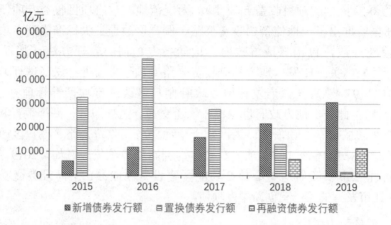

图12-3 2015—2019年中国地方政府债券发行情况(按债券性质分类)

资料来源:中国地方政府债券信息公开平台(http://www.celma.org.cn/)。

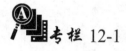 专栏12-1

创新型专项债券——以高校专项债券为例

2019年,河南省在上海证券交易所成功发行省属公办高校专项债券8亿元,用于支持河南师范大学等6家省属高校大型基础设施建设,拿下2019年全国同类专项债券首单。同时,河南省也成为继云南省、陕西省之后全国第三个成功发行高校专项债券的省份。

目前,中央政府对于地方举债的政策导向是"修明渠,堵暗道"。一方面,在新《预算法》及《国务院关于加强地方政府性债务管理的意见》(国发〔2014〕43号)等一系列法律法规的约束下,严禁地方政府违规举债,并对地方公债实施限额管理,从严整治无序举债乱象;另一方面,通过管理创新依法开好"前门",明确发行地方政府债券是地方政府举借债务的合法形式。在此背景下,发行高校专项债券成为支持高校基础设施建设的合规合法的重要融资手段。

以省属高校为例,高校专项债券发行大致分为以下几个步骤:第一,各省属高校根据自身项目的投资计划,结合项目收益与融资平衡情况等因素,基于合理测算提出下一年度高校专项债券资金需求,编制项目实施方案,报送省教育厅。第二,省教育厅汇总审核各省属高校专项债券的融资需求,根据本省高校建设发展规划及中央和地方相关财政资金的投入情况,并结合项目收益与融资平衡情况等因素,测算下一年度本省高校专项债券资金需求,报省财政厅审核。第三,省财政厅按照项目收益专项债券发行标准进行项目筛选,组建项目库。第四,省财政厅审核后,提出全省高校专项债券额度建议和安排公益性资本支出项目建议,报省人民政府批准后按要求报送国家财政部。第五,省财政厅组织实施专项债券信用评级和信息披露工作,明确债券发行方案并制作《政府债券招标发行兑付办法》和《政府债券招标发行规则》,出具债券披露文件和评级报告。第六，发行。省财政厅在专项债券发行后，及时将发行情况报国家财政部备案。第七，资金监管。省教育厅和财政厅依据国家法律法规和管理制度，对高校专项债券的发行、使用和偿还实施监督。

河南省此次申请发行的高校专项债券属于项目收益专项债，纳入政府性基金预算管理，项目收益稳定，发行周期短，操作方便。发行省属公办高校专项债券，对于拓展高校融资渠道，支持高等教育内涵式发展具有重要意义。

资料来源：郭甲男. 高校专项债券发行探究及对策建议[J]. 财会学习，2019（12）：221-222.

12.1.3 地方政府债券的期限构成

2018年5月8日，财政部发布《关于做好2018年地方政府债券发行工作的意见》（财库〔2018〕61号，以下简称61号文）规定对于公开发行的一般债券增加2年、15年、20年期限，对于公开发行的普通专项债券增加15年、20年期限。在61号文出台前，我国一般债券期限包括1年、3年、5年、7年和10年；普通专项债券期限包括1年、2年、3年、5年、7年和10年。61号文的出台意味着地方政府一般债券和普通专项债券的期限类型实现了统一。此外，2019年4月财政部发布《关于做好地方政府债券发行工作的意见》（财库〔2019〕23号），要求地方财政部门科学确定地方政府债券期限结构，满足更多类型的投资者的期限偏好，逐步提高长期债券发行占比。2019年6月3日，四川省30年期地方政府债券在深圳证券交易所成功招标发行。这是深圳证券交易所发行的首只30年期超长期限的地方政府债券，是深圳证券交易所配合地方财政部门推进地方政府债券期限结构创新的积极尝试。

根据财政部公布的数据，2015年地方政府债券的平均期限为6.4年，2019年地方政府债券的平均期限增至10.26年。由图12-4可知，5年期地方政府债券占比最大。以2018年为例，5年期地方政府债券比重高达43.05%。此外，在3～10年期地方政府债券中，3年期地方政府债券占比最低，且从2016年开始，呈持续下降趋势。由此可知，我国地方政府债券期限结构的短期化问题已得到改善。

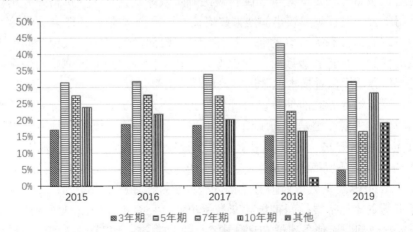

图12-4 2015—2019年中国地方政府债券发行期限结构

注：图例中"其他"包括1年期、2年期、15年期、20年期和30年期。
资料来源：中国财政部官网（http://www.mof.gov.cn/index.htm）。

图 12-4 展示的期限结构在 2020 年发生了明显变化。结合图 12-5，根据财政部发布的数据，2020 年 1—4 月，5 年期地方政府债券的占比迅速下降，取而代之的是 10 年期地方政府债券，同时，15 年期及以上期限（尤其是 30 年期）的地方政府债券发行规模大幅增长。因此，地方政府债券发行期限进一步拉长，平均期限达到 15.49 年，相比 2019 年延长 5.23 年。地方政府债券期限结构进一步优化，有助于缓解地方政府还本付息压力，降低系统性财政金融风险。

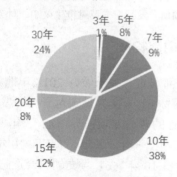

图 12-5　2020 年 1—4 月中国地方政府债券发行期限结构

资料来源：中国财政部政府债务研究和评估中心（http://www.governbond.org.cn/）。

12.1.4　地方政府债券的发行方式和发行市场构成

地方政府债券的发行方式包括公开发行和定向承销。公开发行包括公开招标和公开承销。采用公开招标发行方式的地方政府债券由金融机构根据自身需求参与招标，并对主承销商和副主承销商有相应的最低承销额要求，可以在全国银行间债券市场和证券交易所债券市场流通。根据《地方政府债券公开承销发行业务规程》（财库〔2018〕68 号），公开承销是指各省（自治区、直辖市、计划单列市）财政部门与主承销商确定利率（价格）区间后，由簿记管理人组织承销团成员发送申购利率（价格）和数量意愿，按事先确定的定价和配售规则确定最终发行利率（价格）并进行配售的行为，适用于公开发行规模较小的地方政府债券。根据《关于 2015 年采用定向承销方式发行地方政府债券有关事宜的通知》（财库〔2015〕102 号），采用定向承销方式发行地方政府债券，是指省级政府面向地方政府存量债务中的特定债权人，采取簿记建档方式发行债券，用以置换本地区地方政府相应的存量债务。

目前，我国的地方政府债券以公开发行为主，采用定向承销发行方式的地方政府债券占比较低，主要原因是定向承销方式的发行利率较高，不利于地方政府控制融资成本，且定向承销方式一般只适用于置换银行贷款存量债务，适用范围较为有限。2018 年地方政府债务置换进程基本结束，2019 年置换债券发行金额同比显著下降至较小规模，因此 2019 年地方政府债券全部为公开发行，如图 12-6 所示。

发行市场主要包括银行间市场和交易所市场，还有少部分政府债券在自贸区市场发行。根据财政部政府债务研究和评估中心公布的数据，如图 12-7 所示，通过银行间市场发行债券的比重持续下降，2019 年银行间市场发行占比降至 35%；通过交易所市场发行债券的比例则不断增长，2018 年起地方政府债券主要在交易所市场发行。此外，2016 年通过自贸区市场发行的地方政府债券占比很小，仅为 0.05%。2016 年 12 月，上海市政府通过财政部政府债券发行系统，成功面向自贸区及境外机构投资者发行 30 亿元地方政府债券，期限 3 年，票面利率 2.85%，标志着自贸区债券发行业务的正式开展。

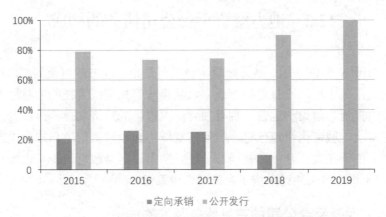

图 12-6　2015—2019 年中国地方政府债券的发行方式

资料来源：中国财政部官网（http://www.mof.gov.cn/index.htm）。

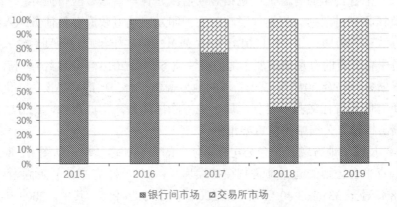

图 12-7　2015—2019 年中国地方政府债券发行市场的情况

资料来源：中国财政部政府债务研究和评估中心（http://www.governbond.org.cn/）。

12.1.5　地方政府债券的投资者类型

截至 2017 年 6 月末，我国地方政府债券的投资者以商业银行为主（持有量占 77.50%），远超其他投资者。特殊结算成员、交易所与保险机构在投资者结构中占比分别为 7.10%、7.70% 和 6.40%，非金融机构与个人投资者持有较少。2019 年，中共中央办公厅、国务院办公厅印发《关于做好地方政府专项债券发行及项目配套融资工作的通知》（厅字〔2019〕33 号），要求推动地方政府债券通过商业银行柜台在本地区范围内向个人和中小机构投资者发售，扩大对个人投资者的发售量，提高商业银行柜台发售比例，鼓励和引导商业银行、保险公司、基金公司、社会保险基金等机构投资者和个人投资者参与投资地方政府债券。2019 年 3 月，正式启动地方政府债券柜台发行工作。浙江省和广东省等 12 个省区（市）先后通过商业银行柜台发行地方债券 111.30 亿元，对此个人和中小机构认购踊跃，其中个人投资者占比约 37%，标志着投资者多元化程度进一步提高。

12.2 地方融资平台公司债务的构成

根据本书第 8 章的介绍，地方融资平台公司是指由地方政府及其部门和机构等通过财政拨款或注入土地、股权等资产设立，从事政府指定或委托的公益性或准公益性项目的融资、投资、建设和运营，拥有独立法人资格的经济实体。改革开放以来，中国经济高速发展，城镇化快速推进，如何拓宽城市建设融资渠道已成为地方政府面临的重要问题。由于在改革开放后相当长一段时期里，地方政府缺少从市场直接获得资金的方式，①不得不转而通过融资平台公司变相筹资。

12.2.1 地方融资平台公司的有息债务及其构成

地方融资平台公司的有息债务包括短期借款、长期借款、应付债券、一年内到期的非流动负债和应付票据。根据《财政部关于印发〈地方政府存量债务纳入预算管理清理甄别办法〉的通知》（财预〔2014〕351 号），2014 年年底经甄别后纳入预算管理的地方融资平台公司的有息债务属于地方显性债务；而 2014 年年底经甄别后未纳入地方政府存量债务，以及 2015 年以来新增的地方融资平台公司的有息债务，仍有可能由地方政府负有偿还责任或救助责任，属于地方隐性债务。由此可知，地方融资平台公司的有息债务在地方公债中扮演重要角色。

图 12-8 反映了地方融资平台公司有息债务的余额和增长率。从图 12-8 中可以看出，地方融资平台公司的有息债务规模持续增长，2007 年有息债务余额为 23 916.53 亿元，2018 年升至 331 163.40 亿元，是 2007 年的 13.85 倍。②其中，2009 年地方融资平台公司的有息债务的增长率为 76.98%，达到峰值。这主要是因为随着"4 万亿"经济刺激计划的实施，地方融资平台公司迎来前所未有的黄金发展期（详见本书第 8 章）。《关于进一步加强信贷结构调整促进国民经济平稳较快发展的指导意见》（银发〔2009〕92 号）首次提出要支持地方融资平台公司发展，以扩展基础设施项目的融资渠道。

从增长率看，自 2015 年开始，有息债务增长率呈下降趋势。2015 年，随着新《预算法》的实施，《国务院关于加强地方政府性债务管理的意见》（国发〔2014〕43 号）明确划清了地方政府与地方融资平台公司的界限，政府部门不得通过企事业单

---

① 在《中华人民共和国预算法》（2014 年修正）实施前，地方政府不得发行地方政府债券（除法律和国务院另有规定外）；中国人民银行制定的《中华人民共和国贷款通则》严格限制地方政府直接向商业银行贷款；《中华人民共和国担保法》规定国家机关不得为保证人。

② 2019 年地方融资平台公司的有息债务在编著本书时难以准确统计，因此本节有息债务的数据截至 2018 年。

位等举债。相应地,国务院、财政部和银保监会(原银监会)发布一系列文件[①],严格限制地方政府通过企业举债,管控地方融资平台公司的债务风险。有息债务增长率的下降印证了上述政策落实到位,切实起到了防止隐性债务快速膨胀的作用。

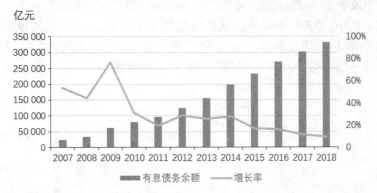

图 12-8　2007—2018 年中国地方融资平台公司有息债务余额及增长情况

资料来源:徐军伟,毛捷,管星华. 地方政府隐性债务再认识:基于融资平台公司的精准界定和金融势能的视角[J]. 管理世界,2020,36(9):37-59;Wind 数据库。

有息债务又可分为标准化债务(即城投债)和非标准化债务两类。图 12-9 反映了 2007—2018 年地方融资平台公司城投债与非标准化债务的占比情况。由图 12-9 可知,城投债占比逐年上升,由 2007 年的 4.14%升至 2018 年的 29.40%。非标准化债务占比虽有所下降,但仍是有息债务的主要组成部分。

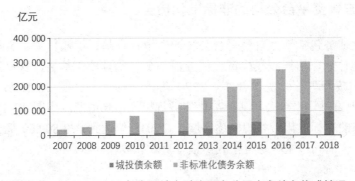

图 12-9　2007—2018 年中国地方融资平台公司有息债务构成情况

资料来源:徐军伟,毛捷,管星华. 地方政府隐性债务再认识:基于融资平台公司的精准界定和金融势能的视角[J]. 管理世界,2020,36(9):37-59;Wind 数据库。

12.2.2　城投债

城投债是指资质较好(即符合标准化业务条件)的地方融资平台公司发行的标准化债务,具体包括企业债、银行间债券市场非金融企业债务融资工具(包括中期票据、短期票据、资产支持票据和非公开定向债务融资工具(PPN)等)、公司债、私募

[①] 相关文件包括国办发〔2015〕40 号、财预〔2015〕225 号、财预〔2017〕50 号、财预〔2017〕87 号、银监发〔2017〕6 号、财金〔2018〕23 号、保监发〔2018〕6 号等。

债和资产证券化等。其中，企业债、银行间债券市场非金融企业债务融资工具和公司债是城投债的重要表现形式，其审批（或审核）部门分别是国家发改委、银行间交易商协会和证券交易所。

图 12-10 反映了 2007—2018 年中国地方融资平台公司发行城投债的余额及增长情况。根据图 12-10，2009 年以来，城投债余额逐年扩大，2018 年城投债规模已达到 97 362.73 亿元。但从增长率看，2013 年以来，城投债告别了 50%以上的快速增长阶段，增速呈现下降态势，2018 年城投债余额增长率降为 14.26%。

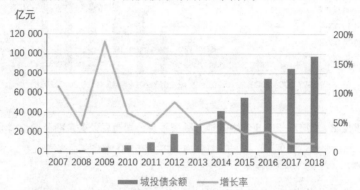

图 12-10　2007—2018 年中国地方融资平台公司发行城投债的余额及增长情况

资料来源：徐军伟，毛捷，管星华. 地方政府隐性债务再认识：基于融资平台公司的精准界定和金融势能的视角[J]. 管理世界，2020，36（9）：37-59；Wind 数据库。

12.2.3　地方融资平台公司的非标准化债务

非标准化债务包括地方融资平台公司通过银行贷款、信托贷款、金融（商业）租赁、资产管理计划、信托股权投资、债券性基金、私募投资基金，以及基于债务逻辑的产业基金和政府与社会资本合作（PPP）等形成的债务。图 12-11 反映了 2007—2018 年中国地方融资平台公司非标准化债务规模及增长情况。由图 12-11 可知，地方融资平台公司的非标准化债务规模逐年增长，2018 年达到 233 800.60 亿元。以下介绍非标准化债务中的两种主要融资模式：银行贷款和股权融资。

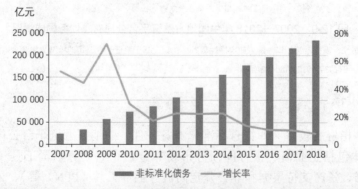

图 12-11　2007—2018 年中国地方融资平台公司非标准化债务规模及增长情况

资料来源：徐军伟，毛捷，管星华. 地方政府隐性债务再认识：基于融资平台公司的精准界定和金融势能的视角[J]. 管理世界，2020，36（9）：37-59；Wind 数据库。

银行贷款一直是地方融资平台公司重要的融资方式。为应对2008年次贷危机产生的不利影响，我国实行积极财政政策和宽松货币政策，以支持基础设施建设、推动经济增长，地方融资平台公司的银行贷款数额由此出现大规模增长。地方融资平台公司的银行贷款具有以下优点：一是地方融资平台公司一般以地方政府财政收入作担保，信用相对较高，容易获得银行青睐，贷款利率相对较低；二是相比债券发行，银行贷款审批程序灵活、周期较短，能够为项目建设及时提供周转资金。但银行贷款也存在缺点：一是由于这部分债务未纳入地方政府预算，信息不透明，缺乏有效监管；二是银行贷款的发放在审批环节有十分严格的要求，普遍需要提供相关抵押物或者担保，助长了地方政府对地方融资平台公司的不规范注资或隐性担保等。

随着资金需求量及融资难度增大，地方融资平台公司不断开拓新的融资渠道。近年来，股权融资成为地方融资平台公司筹集资金的一个重要选择，具体方式包括整体上市、借壳上市等。地方融资平台公司利用股权融资具有以下优势：一是由于我国资本市场对上市公司的股利分配政策限制不严格，股权融资的成本较低，地方融资平台公司可以根据自身盈利状况决定股利分配，没有固定的股利负担；二是股本没有到期日，无须偿还，只要维持正常经营，上市募集资金即成为公司永久性资本，不存在还本的压力和风险；三是有利于完善地方融资平台公司的公司治理，通过信息披露和投资者"用脚投票"等机制，规范公司组织结构，监督公司资金运用。股权融资也有不利影响：一是《中华人民共和国证券法》对公司上市有严格要求，上市门槛过高；二是公司上市运作周期长，且竞争激烈，而城市建设发展融资需求往往十分紧迫，借助上市可能难以及时、充分地满足融资需求；三是股权融资以出让融资平台产权为代价，会降低地方政府对融资平台公司的控制能力。

专栏 12-2

信托是地方融资平台公司融资的重要渠道

信托是一种间接融资，是以金融机构为中介，由信托公司向借款人开展的融资活动。按照银行是否参与其中，地方政府的信托融资可分为银信合作和集合信托两大类。银信合作是指银行发行理财产品，购买信托公司的信托产品，旨在对地方融资平台公司的股权、债权进行投资。2017年12月22日，原银监会（现银保监会）发布《关于规范银信类业务的通知》（银监发〔2017〕55号），明确提出不得将信托资金违规投向房地产、地方政府融资平台、股票市场、产能过剩等限制或禁止领域。地方融资平台公司通过银信合作进行融资的渠道收紧。

集合信托是受托人集中管理、运用多个委托人提供的信托财产，如动产、不动产及知识产权等。信托公司与地方政府通过集合信托的合作主要有三种方式：一是信托公司以股权投资的方式对地方政府指定的项目进行投资，即信托公司先发行信托产品，然后入股地方融资平台公司，最后由地方政府指定机构按照约定的价格，待阶段性持股期满后，溢价回购股权。二是信托贷款方式，即信托公司将从社会上募集的资金借贷给地方政府项目投资公司，而地方政府作为第三方在贷款过程中提供信托担保。三是结构化方式，即综合以上两种操作方式，信托计划中兼具债权设计和股权设计。

信托融资的优点包括：① 信托融资用作地方融资平台公司的资本金，能够充分发挥资金杠杆作用，撬动更多的银行贷款；② 信托产品的投资回报较高，集合信托产品一般可超过银行同期存款利率的2倍。同时，信托融资也存在缺点：① 信托融资的潜在风险较高，通常只有市县一级的地方政府和市级公益类基础设施由于无法采用城投债、银行贷款等融资方式，才会通过信托方式获得资金，但市县一级的财政收入相对有限且不稳定、还款渠道单一，因此信托公司需要借助产品设计和控制项目现金流等手段来防控其潜在风险；② 高杠杆率和"短债长还"是信托融资类产品的突出特点，会增大银行的利率风险和信用风险。

资料来源：张平. 地方融资平台融资渠道的比较研究：基于雷达图分析法的视角[J]. 现代经济探讨，2014（8）：64-68.

本章拓展

为应对2020年新冠肺炎疫情对经济的不利影响，中央政府批准2020年新增专项债券规模为3.75万亿元，旨在通过积极有效地扩大投资实现"六稳"和"六保"，并以项目建设拉动整体社会投资规模的跟进与扩大，牵引带动经济尽快进入正常发展轨道。在多项政策配合下，疫情防控专项债券在多地接连落地。专项债的持续推进，为进一步完善疫情防控工作、提高复产复工质量提供了强有力的资金保障。

小结

> 地方政府债券的类型构成包括一般债券和专项债券。发行初期，一般债券占比较高；2019年以来，专项债券发行占比超过一般债券，成为地方政府债券的主要构成。按项目类型，专项债券又分为标准类型和创新型，近期创新型专项债券得到了快速发展。

> 按债券性质，地方政府债券可分为新增债券、置换债券和再融资债券。发行初期，置换债券占据主要份额；2018年以来，新增债券和再融资债券替代置换债券，成为地方政府债券的主要构成。

> 地方政府债券的发行期限逐步延长，改善了地方政府债券期限结构短期化的问题。地方政府债券的发行方式以公开发行为主，定向承销为辅。地方政府债券的发行市场主要是银行间市场和交易所市场，而且2018年以来交易所市场发行的地方政府债券占比超过了银行间市场。投资者类型日益多元化，个人投资者和中小机构认购地方政府债券踊跃。

> 地方融资平台公司债务由城投债和非标准化债务两大类构成，债务规模总体

呈增长态势，但增速自 2015 年逐年下降。虽然在规模上非标准化债务仍占主体，但城投债的占比持续上升。

思考题

1. 简述地方政府债券的类型构成及其变化。
2. 简述地方政府债券期限构成的变化趋势。
3. 简述地方政府债券发行市场和投资者的构成。
4. 简述地方融资平台公司债务的构成。
5. 论述你对地方融资平台公司发行的城投债和举借的非标准化债务的优缺点的认识。

阅读与参考文献

[1] 曹婧，毛捷，薛熠. 城投债为何持续增长：基于新口径的实证分析[J]. 财贸经济，2019，40（5）：5-22.

[2] 徐军伟，毛捷，管星华. 地方政府隐性债务再认识：基于融资平台公司的精准界定和金融势能的视角[J]. 管理世界，2020，36（9）：37-59.

[3] 戎天美. 地方政府融资平台模式研究[J]. 合作经济与科技，2019（6）：60-61.

[4] 郭甲男. 高校专项债券发行探究及对策建议[J]. 财会学习，2019（12）：221-222.

[5] 张平. 地方融资平台融资渠道的比较研究：基于雷达图分析法的视角[J]. 现代经济探讨，2014（8）：64-68.

[6] BRIXI, H P. Contingent Government Liabilities: A Hidden Risk for Fiscal Stability[A]. World Bank Policy Research Working Paper, 1998: 1-32.

13 地方公债的风险分析

- ▶▶ 熟悉地方公债的风险分类;
- ▶▶ 熟悉地方公债的风险指标;
- ▶▶ 了解专项债券的风险;
- ▶▶ 了解城投债的风险。

2019年11月20日,四川省都江堰市兴堰投资有限公司(简称兴堰投资)在天府股交中心(天府(四川)联合股权交易中心股份有限公司的简称)举办挂牌路演仪式与可转债发行仪式。本次发行可转债1.5亿元,将用于优化公司债务结构、补充流动性资金和促进公司可持续发展。2019年1月1日—10月10日,全国共有4家城投债发行人主体评级或展望被下调,其中包括兴堰投资。兴堰投资评级展望被下调的主要原因包括:2019—2020年兴堰投资到期债务规模较大,存在一定的集中偿付压力;兴堰投资因借款纠纷被列为失信被执行人,对公司后续融资产生不利影响;兴堰投资的担保对象均为都江堰市国有企业,区域风险较高,存在一定代偿风险。为了纾解地方公债风险,兴堰投资发挥天府股交中心债券发行平台的作用,成功发行1.5亿元可转债。"兴堰投资可转债"的成功发行探索建立了发行人担保(自担)、第三方机构担保(商担)、债务违约风险分担相结合的三层担保体系,确保还本付息,切实保障投资者的合法权益。

本书第4章从理论层面阐述了地方公债风险的表现形式、地方公债风险的经济学分析及地方公债风险的管理理论。本章内容是第4章的延续,不同之处在于本章侧重于从实务层面阐述地方公债的风险。从实务角度看,地方公债风险主要是指地方政府无法清偿到期债务的偿债风险,及其引发的其他风险。其中,前者(即偿债风险)可称为直接风险,既包括偿还现有存量债务的风险,也需要进一步考虑影响地方政府偿债能力的现有或未来潜在因素。后者(即其他风险)可称为间接风险,包括偿债风险引发的金融风险及对宏观经济与政策调控的负面效应等。本章首先介绍地方公债的风险指标及总体风险情况，然后从债务的直接风险和间接风险两个层面，分别对一般债券、专项债券、城投债和非标准化隐性债务的风险进行说明。

13.1 地方公债风险指标和我国地方公债风险概况

明确地方公债的统计口径是准确衡量债务风险的先决条件。由于政策实践中地方公债存在多个口径，为综合反映地方公债风险水平，本节采用以下两类口径：一是地方政府显性债务，包括 2014 年年底经甄别后的地方政府存量债务，以及 2015 年以来地方政府自发自还的债券；二是地方政府隐性债务，包括 2014 年年底经甄别后未纳入地方政府存量债务，以及 2015 年以来新增的国有企事业单位（包括融资平台公司）举借的仍有可能由地方政府负有偿还责任或救助责任的债务。根据本书第 12 章的介绍，2015 年以来地方融资平台公司的有息债务（包括城投债和非标准化债务）是隐性债务的主要构成，因此本章采用地方融资平台公司的有息债务衡量地方政府的隐性债务风险。

根据第 4 章的理论分析，地方公债的可持续性是指在既定的融资成本条件下，能够维持一种未来任何时期经济与债务同步增长且地方政府按时偿还到期债务本金和利息的状态。由此可见，科学衡量地方公债风险的关键在于识别地方政府的偿债能力。在风险指标的选择上，由于 GDP 通常被认为是地方政府偿还债务的物质基础，而综合财力是地方政府可直接动用的资金，因此本节采用 GDP 和综合财力等变量[①]，构建静态和动态两类风险指标，综合衡量我国地方公债的风险。

13.1.1 静态风险指标

静态风险指标包括负债率和债务率。负债率=当年公债余额/当年 GDP。计算某地的负债率时，分子、分母分别为该地的地方公债余额和地方生产总值。该指标反映经济总规模对地方公债的承载能力，数值越小，说明国民经济对地方公债的承载能力越高，发生债务风险的可能性越小。由表 13-1 可知，2015—2019 年，我国的地方政府显性债务负债率的平均水平为 20.67%，广义口径下（显性+隐性）负债率的平均水平为 56.12%。虽然地方融资平台公司的有息债务明显降低了国民经济的债务承载能力，但两种口径下的负债率均未超过 60%的国际警戒线水平[②]，因此债务风险在可控范围内。

债务率=当年公债余额/当年综合财力。计算某地的债务率时，分子、分母分别为该地的地方公债余额和地方综合财力。2017 年 3 月 23 日，财政部发布了《新增地方政府债务限额分配管理暂行办法》（财预〔2017〕35 号），明确规定地区政府财力包括一般公共预算收入和政府性基金预算收入，因此本节采用的地方综合财力=地方一般公共预算收入+地方政府性基金收入。此外，由于地方政府隐性债务依法不属于政府

---

① 参见刘骅和卢亚娟（2016）。
② 参见欧盟《马斯特里赫特条约》规定，一国的公共债务余额不应超过其 GDP 的 60%。

债务,其直接偿债来源并非综合财力,因此本节只对地方政府显性债务的债务率进行分析。该指标的数值越小,说明我国综合财力对地方公债偿还的保障能力越强,地方公债的可持续性越强。由表 13-1 可知,2015—2019 年,我国地方政府显性债务的债务率平均水平为 80.44%,未超过 100%的国际警戒线水平。[①]

表 13-1 2015—2019 年中国地方公债静态风险指标的情况[②]

年 份	负债率（显性）	负债率（显性+隐性）	债务率（显性）
2015	21.42%	55.32%	83.66%
2016	20.52%	56.89%	80.99%
2017	19.84%	56.17%	77.04%
2018	20.08%	56.11%	77.26%
2019	21.50%	—	83.24%
2015—2019 平均	20.67%		80.44%

资料来源：徐军伟,毛捷,管星华. 地方政府隐性债务再认识：基于融资平台公司的精准界定和金融势能的视角[J]. 管理世界,2020,36（9）：37-59；Wind 数据库；国家统计局；财政部公布的 2015—2019 年全国财政决算。

13.1.2 动态风险指标

动态风险指标包括长期负债能力指标和长期偿债能力指标,这类风险指标能更直观地反映地方公债的可持续性。

长期负债能力指标=(1+公债增长率)/(1+GDP 增长率)

如果该指标的数值小于 1（或 100%）,说明地方公债增长速度低于地区生产总值增长速度；反之则反。该指标的数值越小,表明经济发展越能够为长期偿还地方公债提供更为坚实的物质基础,地方公债增长速度在地区经济发展能力的可承载范围内。

长期偿债能力指标=(1+公债增长率)/(1+综合财力增长率)

该指标小于 100%,说明地方公债增长速度低于地区综合财力增长速度。与长期负债能力指标相似,该指标的数值越小,表明地方财力对地方公债的承载能力越强,地方公债的可持续性也越强。

表 13-2 反映了 2015—2019 年中国地方公债动态风险指标情况。由表 13-2 可知,2015—2019 年,地方政府显性债务的长期负债能力指标和长期偿债能力指标基本呈逐年增长趋势（2017 年地方政府显性债务的长期偿债能力指标出现小幅下降,但不影响总体上升趋势）,尤其是 2018 年以来,两类动态风险指标的数值均超过了 100%。这表明地方政府显性债务的可持续性不断减弱,债务风险逐渐增大。此外,2016—2018 年广义地方公债（显性债务+隐性债务）的长期负债能力指标平均水平为 100.49%,高于同期地方政府显性债务的平均水平（97.9%）,所以隐性债务对地方公债可持续性的负面影响不容忽视。但考虑隐性债务后,动态风险指标的数值有下降趋势,说明 2017

[①] 参见何德旭和王学凯（2020）。
[②] 由于 2019 年地方融资平台公司有息债务目前难以准确统计,因此,2019 年广义地方公债（显性债务+隐性债务）风险指标数据缺失。

年以来我国对地方政府隐性债务的严格控制卓有成效。

表 13-2　2015—2019 年中国地方公债动态风险指标情况[①]

年份	长期负债能力（显性）	长期负债能力（显性+隐性）	长期偿债能力（显性）
2015	89.48%	—	97.10%
2016	95.79%	102.84%	96.80%
2017	96.70%	98.74%	95.13%
2018	101.21%	99.88%	100.29%
2019	107.07%	—	107.74%
2015—2019 平均	98.05%	—	99.41%

资料来源：徐军伟，毛捷，管星华．地方政府隐性债务再认识：基于融资平台公司的精准界定和金融势能的视角[J]．管理世界，2020，36（9）：37-59；Wind 数据库；国家统计局；财政部公布的 2015—2019 年全国财政决算。

13.1.3　我国地方公债的总体风险

本节从静态和动态两个层面，采用负债率、债务率、长期负债能力和长期偿债能力四类指标评估我国地方公债风险。从负债率看，无论采用显性债务统计口径或广义地方公债（显性债务+隐性债务）统计口径，负债率均处于国际通常使用的控制标准参考值范围内；从债务率看，地方政府显性债务的债务率也未超过 100%的国际警戒线水平。因此，从静态角度看，当前我国地方公债的风险总体可控。但是，动态风险指标（即长期负债能力指标和长期偿债能力指标）水平偏高，且近两年有加速上升态势，所以地方公债的可持续性令人担忧。

13.2　地方政府一般债券的风险分析

13.2.1　一般债券的直接风险

直接风险主要是指偿债风险，重点考察影响地方政府按期偿还一般债券的现有或潜在因素。财政部出台的《地方政府一般债券发行管理暂行办法》（财库〔2015〕64号）规定，地方政府一般债券主要以一般公共预算收入还本付息。由此可见，一般公共预算收入是一般债券的第一还款来源，因此，本节采用一般公共预算收入构造债务率和长期偿债能力两项指标来量化分析地方政府一般债券的直接风险。

一般债券债务率=地方政府一般债券余额/地方政府一般公共预算收入

一般债券长期偿债能力指标=(1+地方政府一般债券余额增长率)/
(1+地方政府一般公共预算收入增长率)

由图 13-1 可知，2015—2019 年，一般债券债务率逐年提高，2019 年债务率增至 66.75%，存量债务带来的直接风险增大；长期偿债能力指标[②]虽超过 100%，但呈逐年

[①] 表 13-2 未报告广义地方公债（显性债务+隐性债务）的长期偿债能力指标，理由同表 13-1。
[②] 由于 2014 年及以前年份不区分一般债券与专项债券，无法计算 2015 年一般债券的余额增长率，因此图 13-1 中长期偿债能力指标的时间跨度为 2016—2019 年。

下降趋势，表明一般公共预算收入对一般债券的长期承债能力逐年提高。因此，从可持续性看，地方政府一般债券的直接风险整体可控。

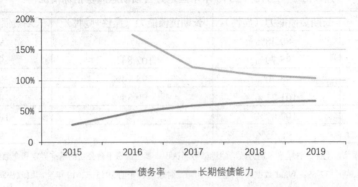

图 13-1　2015—2019 年中国地方政府一般债券的债务率和长期偿债能力

资料来源：财政部公布的 2015—2019 年全国财政决算；中国地方政府债券信息公开平台（http://www.celma.org.cn/ndsj/index.jhtml）。

13.2.2　一般债券的间接风险

一般债券中有相当一部分用于置换新《预算法》实施之前各地借助融资平台公司举借的债务，而地方政府的债务置换[①]会在一定程度上产生宏观经济风险，主要表现为降低财政政策有效性，使得短期内经济波动加剧，中长期内产出下降。[②]一般而言，短期的高息债务会迫使地方政府在短时间内紧缩支出或增大征税以应对偿债压力，确保财政收支能够对债务规模保持迅速反应。地方置换债券的发行将大量的短期债务置换为中长期债务，使地方政府的还款压力骤降，财政收支对债务规模的反应出现延迟，进而降低了财政扩张政策在期初的刺激效果，同时加剧了经济的周期性波动。因此，相比于直接风险，一般债券的间接风险更值得关注。

13.3　地方政府专项债券的风险分析

自 2015 年以来，中国的地方政府专项债券从无到有，新增限额不断提高，使用范围持续扩大，为支持地方基础设施建设和民生事业发展发挥了重要作用。但受品种有限、偿债压力持续增大等因素影响，地方政府专项债券的发展面临诸多挑战。

13.3.1　专项债券的直接风险

财政部出台的《地方政府专项债券发行管理暂行办法》（财库〔2015〕83 号）规

[①] 根据本书第 12 章的介绍，《国务院关于加强地方政府性债务管理的意见》（国发〔2014〕43 号）提出，可通过发行置换债券化解地方公债的存量风险。2015 年，置换债券正式登上历史舞台。置换债券按照偿债资金来源可分为一般债券与专项债券，因此为了避免重复，本书 13.3 节对置换债券的宏观经济风险不赘述。
[②] 参见梁琪和郝毅（2019）。

定，地方政府专项债券以公益性项目对应的政府性基金或专项收入还本付息。鉴于此，本节采用地方政府性基金收入构造债务率和长期偿债能力指标来综合衡量专项债券的直接风险。

专项债券债务率=地方政府专项债券余额/地方政府性基金收入

专项债券长期偿债能力指标=(1+地方政府专项债券余额增长率)/
(1+地方政府性基金收入增长率)

由图 13-2 可知，2015—2019 年，专项债券债务率逐年增长，2018 年突破 100%，这表明专项债券存量债务规模带来的偿债风险增大。专项债券长期偿债能力指标偏高，2016—2019 年的平均水平为 165.30%，且 2019 年长期偿债能力指标又有反弹，这表明专项债券的快速增长已经威胁到地方政府性基金的长期偿债能力。因此，无论是从存量风险还是从可持续性看，专项债券的直接风险都不容忽视。

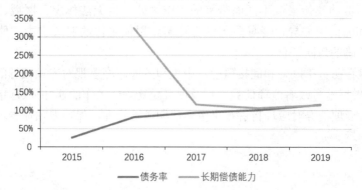

图 13-2　2015—2019 年中国地方政府专项债券的债务率和长期偿债能力

资料来源：财政部公布的 2015—2019 年全国财政决算；中国地方政府债券信息公开平台（http://www.celma.org.cn/ndsj/index.jhtml）。

13.3.2　专项债券的间接风险

第一，发行规模与发行节奏受财政政策调控，需防范对其他债券形成"挤出"进而加大金融市场波动的风险。2019 年 4 月，财政部发布《关于做好地方政府债券发行工作的意见》（财库〔2019〕23 号），要求加快专项债券发行进度。当年 6 月的专项债券新规[①]再提加快专项债券发行和使用进度，力争 9 月底发行完毕，这意味着 2019 年 6—9 月新增专项债券发行量将是 1—5 月发行量的 1.5 倍，月均发行量较前 5 个月提高 87.5%。[②]不断加快的地方政府专项债券发行节奏影响了债券市场整体的流动性，对城投债、产业债和民营企业债券等不同市场主体的债务融资产生干扰，甚至对部分债券发行形成"挤出"效应。

第二，项目收益专项债券发行条件较为苛刻，大量准公益类项目难以满足收支平衡的发债要求，为未来债务风险的防控留下隐患。项目收益专项债券作为专项债券重点推进的品种，是地方政府按照本地区政府性基金收入项目分类发行的、以债券对应

[①] 2019 年 6 月专项债券新规是指《关于做好地方政府专项债券发行及项目配套融资工作的通知》（厅字〔2019〕33 号）。
[②] 参见袁彦娟和程肖宁（2019）。

项目产生的政府性基金收入或专项收入作为还本付息资金来源的地方政府专项债券品种。其特点在于项目收益与融资自求平衡，专项债券与项目资产、收益相对应。[①]因此，市场对项目收益专项债券最大的担忧在于项目自身是否能够产生持续、可靠的收益，以及收益能否覆盖债务本息。然而，地方政府投资的项目大多具有公益性强、收益性差的特点，能满足项目收益专项债券发行要求、收益大于成本的优质项目储备较少。政府择优选择发行项目收益专项债券融资，虽然在一定程度上有助于遏制地方政府的投资冲动，但大量准公益类项目投资仍难以得到资金支持，导致一些地方政府可能会因此违法违规举债，形成隐性债务。

第三，专项债券信用评级制度有待完善，不利于防范化解信用风险。专项债券的信用评级体系缺乏专业性，评级结果区分度不高，难以引导投资者对项目投资和经营风险形成合理预期。目前，地方政府债券全部为 AAA 级信用评级，既不能体现一般债券与专项债券的偿债来源不同而带来的信用区分，也无法体现各区域、各层级政府及各类项目间的信用差异，易导致无法真实衡量用债主体的财政实力和偿债能力，市场难以做出准确的风险评估。

由于同时存在直接风险和间接风险，中央和各地高度重视对专项债券的风险分析和管理。《关于做好地方政府专项债券发行及项目配套融资工作的通知》（厅字〔2019〕33号）提出，对专项债券对应项目进行全生命周期风险管理，保障专项债券项目融资与偿债能力相匹配。

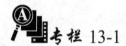 专栏 13-1

全国首个地方政府专项债券全生命周期风险管理办法在四川成都出台并实施

2019 年 7 月，成都高新区管委会出台《成都高新区专项债券项目全生命周期风险管理办法》（以下简称"管理办法"），对专项债券从发行前准备到运营管理、资产管理再到信息披露等，制定了涵盖其全生命周期的风险管理机制，是中国地方政府全面打造地方债风险管理"全链条"体制的首个实践样本。

"管理办法"的核心内容包括：一是覆盖项目全生命周期各个阶段主要事项和要素，对专项债券发行、建设、运营、资产管理、资金管理等阶段的不同主体的责权利、关键风险等做了较为全面的规定；二是基本形成了各阶段的操作细则，具有较强的操作指引性；三是将基建项目投资（含 PPP）的一些运作经验引入专项债券管理，包括前期工作、建设、运营阶段的监管与市场化手段等。

为保障"管理办法"顺利实施，成都高新区在"管理办法"出台前（2019 年 6 月）先行试运行专项债券项目及资金管理系统。该系统严格按照"管理办法"的各项管理要求，对专项债券项目的全生命周期实行了"智慧"监管。该系统接入了政府、

[①] 相关政策包括：《关于试点发展项目收益与融资自求平衡的地方政府专项债券品种的通知》（财预〔2017〕89 号）、《关于做好 2018 年地方政府债务管理工作的通知》（财预〔2018〕34 号）等。

项目实施单位、项目主管单位和银行等多个主体，由各方将各阶段的进度流程和细节等信息录入并披露，实现了项目涉及的所有流程都"可视""可溯源""可监管"，并对重大风险点进行智能监管提醒。该系统的运行依法合规地规范了政府债务资金使用，切实提高了政府债券的资金使用效益，有效地避免了因债券发行与资金需求不匹配出现的资金闲置、挪用、混发或混用等问题。

中央党校教授、东北财经大学中国战略与政策研究中心主任周天勇指出，"管理办法"的出台是地方政府专项债券制度的一次重要创新，标志着地方政府专项债券全生命周期风险管理已从理论探讨开始进入实质操作阶段。只有实现全生命周期风险管理，才能做到风险的事先、事中和事后控制，真正把专项债券的项目管好、资金用好并取得实效，最终实现债券本息的按时偿还，从而使得专项债券这一重大财政金融创新得以健康有序发展。

资料来源：成都高新区官网（http://www.cdht.gov.cn/cdhtz/c142980/2019-07/31/content_52854c3b41e14740ab844d8be08fefb8.shtml）。

13.4 城投债的风险分析

13.4.1 城投债的直接风险

城投债的债务滚动主要是通过金融市场再融资实现，如果再融资中断，城投债的兑付很容易出现问题。由此可见，分析城投债的直接风险，关键是判断该地区的再融资是否畅通、是否会发生影响再融资的风险事件。具体影响因素如下。

第一，发行主体的财务风险。城投债发行主体（即地方融资平台公司）的财务风险主要体现在资金周转和债务管理两个方面。一方面，地方融资平台公司自身经营获得的收益是其偿还债务的重要来源，但地方融资平台公司承担的大多是城市基础设施建设及公益事业，即公司主营业务常常处于不产生收益或者收益难抵支出的状态，这为地方融资平台公司的正常运营及资金周转带来了隐患。而且，地方融资平台公司受当地政府影响较大，项目严格按照投资—经营—回收—还贷—再投资这一循环模式进行，资金回收周期长，降低了资金周转率。资金周转困难可能造成资金链断裂，进而影响城投债的还本付息。另一方面，地方融资平台公司在债务管理工作中存在的不规范行为也会增加城投债的偿付风险。首先，不少平台公司在举债前缺乏对项目的合理性评估，投资一些低效率、重复建设项目，导致项目回报率低，项目收入受到影响。其次，举债后缺乏对已有债务的有效管理。例如，一些地方融资平台公司对自身债务的规模和结构掌握不及时、不准确，导致下次举债时对已有债务和自身偿债能力估计不足，造成过度举债。此外，缺乏债务管理也可能会使债务资金使用方向发生变更。例如，一些地方融资平台公司将募集的债务资金挪用于公司日常开支或无法产生效益的其他用途，降低了资金回报率，进一步加重了城投债的还款压力。

第二，不规范的增信行为加大城投债偿付风险。为了满足发债要求，同时降低发行费用，地方融资平台公司会采取增信措施提高城投债的信用评级。但增信过程往往存在不规范或虚假担保等行为，反而增加了城投债的偿付风险。目前，发行方普遍采用外部增信和内部增信两类方式提高债务的信用评级。外部增信是在公司外部寻找机构为城投债进行担保，并由担保方承担无限连带责任。利用外部担保进行增信时，受限于业务范围，地方融资平台公司通常会在本地区内寻找信用度较高的国有企业进行担保，然而在同一地区开展业务的公司会受到相同或相似的区域经济因素的影响，造成双方的风险相关性增强。一旦地区经济出现波动，二者的收入都会受影响，从而增大城投债的偿付风险。内部增信的方式主要有利用土地出让金抵押担保和应收账款抵质押担保，然而这两种内部增信方式并不规范。首先，土地出让金抵押担保易受土地价格波动影响，并且由于土地资产价值高而贷款数额相对较小，常会出现利用一块土地资产为多个建设项目抵押贷款的现象，造成还款责任和还款来源不清晰，干扰了担保的增信力度。其次，在利用应收账款担保时也存在诸多问题。应收账款可分为基于未来预期收益的应收账款和现时应收账款，这两种形式都有各自的局限性。地方融资平台公司的未来应收账款产生于由政府授予其特许经营权而享有的对项目的未来收益，如对公共汽车运营收费权、景区门票收费权等。但是项目具体收益金额受季节、假期和其他社会因素等诸多因素影响，存在不确定性，因此这种增信方式对城投债风险的保障程度相对较低。相比之下，现时应收账款是通过提供产品及劳务等方式而产生的，它的付款方、期限以及价值均可准确计量，具有确定性。但由于这种账款变现能力强，且应收账款的转让具有隐蔽性，因此容易出现质押人提供虚假账龄、虚构应收账款或者应收账款在抵押后又将其转让等情况，给债权人带来利益损失，所以这种增信方式对城投债偿付风险的保障作用也有限。

第三，隐性担保产生的债务风险。城投债的偿付能力一定程度上取决于地方融资平台公司再融资政策、地方政府融资政策和外部支持政策。尽管不少城投债在合同上并无任何形式的担保条款，但考虑其发行人（地方融资平台公司）与地方政府之间的紧密联系，以及城投债发行的初衷（如缓解财政压力或为市政建设募资等），市场普遍认为无担保的城投债实际上存在着政府的隐性担保。隐性担保的存在导致城投债的市场定价偏离了其实际收益和风险状况，从而滋生了债务风险。

针对上述问题，监管部门出台了多项措施强化城投债的科学管理。代表性文件为2014年国务院发布的《关于加强地方政府性债务管理的意见》（国发〔2014〕43号），要求剥离融资平台公司的政府融资职能。后续一系列政策措施[①]的出台均有助于逐步实现城投债的政企分离，打破地方政府对城投债的隐性担保。

13.4.2 城投债的间接风险

由于城投债与国有资产存在紧密、交织的关联，风险传导机制错综复杂，一旦发生城投债违约，很可能造成国有资产流失，这是城投债主要的间接风险。城投债作为地方融资平台公司的重要筹资方式，与国有资产存在紧密联系，主要表现在如下三个

---

① 相关政策如《关于进一步规范地方政府举债融资行为的通知》（财预〔2017〕50号）、《关于坚决制止地方以政府购买服务名义违法违规融资的通知》（财政〔2017〕87号）等。

方面：其一，国有资产增加了地方融资平台公司的总资产。由于资产规模是地方融资平台公司获取发债额度的重要依据，地方政府通过将其控制的大量土地资产和地方国有企业股权注入地方融资平台公司，"做大"平台公司的净资产规模，以增强地方融资平台公司的融资能力。其二，国有资产可为地方融资平台公司举债提供增信。例如，土地资产可抵押给金融机构，基础设施和棚户区资产能以在建工程或应收政府部门账款的形式抵押、质押给金融机构。其三，国有资产是地方政府与地方融资平台公司建立资金往来的主要渠道。例如，地方政府委托地方融资平台公司开发土地、代建基础设施或改造棚户区，并以综合成本加核定利润等方式回购上述资产，所以来自政府部门的资金构成了地方融资平台公司重要的还款来源。

13.5 地方融资平台公司非标准化债务的风险分析

13.5.1 非标准化债务的直接风险

标准化债务（如城投债）的优势是融资成本较低，但标准化债务的监管约束明显强于非标准化债务。一些不符合发行标准化债务的地方融资平台公司只能退而求其次，通过信托、资产管理计划等渠道获得高息资金。这种融资方式是资本市场多元融资工具的重要组成部分。地方融资平台公司作为独立的企业法人主体利用非标准化债务发掘融资潜力合理合法。之所以非标准化债务被贴上高风险的标签，一方面是因为高融资成本的非标准化融资已经成为一些市、县（区）融资平台公司主要的融资渠道，而不是必要补充；另一方面是因为非标准化债务一般不需要对外公开相关信息，绝大多数的地方融资平台公司又不属于上市公司，这使得地方融资平台公司的非标准化债务具有较强的隐蔽性，债务风险防控难度大。

近几年不断爆出的地方融资平台公司非标准化债务违约现象，正是非标准化债务直接风险的集中体现。截至 2019 年 6 月，公开披露数据[①]显示：2018 年之前，地方融资平台公司的非标准化债务违约事件鲜有发生；2018 年以来，情况发生明显变化，仅 2018 年一年就发生了 21 起违约事件。从涉险债务的产品结构看，信托与资产管理计划占比高，约占违约事件总数的一半；从融资主体的行政级别看，县级融资平台公司占一半，原因在于县级政府财政能力较弱且项目收益不确定性较大。表 13-3 整理了 2018 年中国地方融资平台公司非标准化债务违约事件（部分案例）。

表 13-3 2018 年中国地方融资平台公司非标准化债务违约事件（部分案例）

时间	城投平台	角色	所属地区	项目名称	事件概述
2018-03-28	武穴市城市建设投资开发有限公司	融资人	湖北省武穴市	嘉泰 301-黄冈武穴火车站工业园工程资产管理计划	该融资计划到期未完成兑付，武穴世联由于承建该项目投入大量资金，暂时无法偿还嘉泰 301 项目的资金

---

① 数据来源：中国经济导报（https://www.sohu.com/a/321899852_739558）。

续表

时间	城投平台	角色	所属地区	项目名称	事件概述
2018-04-27	天津市市政建设开发有限责任公司	融资人	天津市	方正东亚-天津市政开发流动资金贷款集合资金信托计划	4月27日，中电投先融（上海）资产管理有限公司宣告旗下两款产品出现延期兑付
2018-05-29	天长市城市建设投资有限公司	担保人	安徽省天长市	中江国际-金海马6号安徽蓝德集团贷款集合资金信托计划	2018年5月29日，借款人及担保人向中江信托提出申请2018年6月1日到期的信托本金17 215万元及6月7日到期的信托本金2785万元延期三个月，构成违约
2018-06-25	内蒙古科尔沁城市建设投资集团有限公司	融资人	内蒙古科尔沁区	联储证券-政融1号集合资产管理计划	该资产管理计划第3期产品到期日未完成兑付，已构成实质违约
2018-07-09	黔东南州凯宏资产运营有限责任公司	融资人	贵州黔东南州	首誉光控黔东南州凯宏资产专项资产管理计划1号	中邮基金发起设立的首誉光控管理的"首誉光控黔东南州凯宏资产专项资产管理计划1号"逾期违约
2018-07-24	十堰茅箭区城市基础设施建设投资有限公司	担保人	湖北十堰市茅箭区	东方华盛政信1号-十堰棚改专项私募投资基金	7月24日，东方华盛官网发布公告称，"因经营方面投入过大，资金回笼较慢，公司资金链趋紧，导致逾期付息情况"
2018-07-29	贵州铜仁市武陵山投资经营（集团）有限公司	融资人	贵州松桃苗族自治县	金诚铜仁城市化发展2号私募基金	贵州铜仁棚改项目一、二期均已到期，但截至7月29日第三期还款日，产品本息未能完成兑付，已构成逾期
2018-08-02	四川安岳县兴安城市建设投资开发有限公司	融资人	四川安岳县	国盛资管神鹰78号集合资产管理计划	第一期已于2018年7月10日完成兑付，而第二期本应于7月29日到期，但目前由于底层资产出现问题，已构成实质逾期
2018-10-03	三都水族自治县城镇建设投资有限公司	融资人	贵州三都水族自治县	三都城投无锡金融资产交易中心发行产品	三都城投的产品逾期是由于资金调拨困难。计划从2018年10月17日以后到期的产品，延期约半年，在2019年5月31日前按成立先后日期逐步归还
2018-10-18	贵州独山喀斯特生态旅游开发有限责任公司	融资人	贵州独山县	2017黔南特旅1号-古韵布依特色旅游区建设定向融资计划	虽有诸多担保措施，但一年到期后该产品仍出现违约，违约总规模在3000万~4000万元

续表

时间	城投平台	角色	所属地区	项目名称	事件概述
2018-10-30	呼和浩特经济技术开发区投资开发集团有限责任公司	担保人	呼和浩特经济技术开发区	中江信托-金马430号呼和浩特市国家级经济技术开发区基础建设项目贷款集合资金信托计划	金马430号期限为两年，分六期共发放贷款4.3亿元。2018年9月，融资方惠则恒集团未能按照合同约定及时偿还到期信托贷款本息，形成逾期
2018-11-15	榕江县新城开发有限公司	融资人	贵州榕江县	中江国际-金马382号榕江县基础设施建设投资集合资金信托计划	第一期于2018年9月29日到期，仅偿还资金2000万元，第二期、第三期分别是10月14日和10月20日到期，融资人陆续分批偿还了1700万元
2018-11-20	四川金财金鑫投资有限公司	融资人	四川平昌县	中电投-平昌系列资产管理计划	该项目一至四期，统一延期9个月，至2019年7月20日到期。延期原因是四川平昌县政府资金紧张
2018-12-08	韩城市城市投资（集团）有限公司	融资人	陕西韩城市	方正东亚-方兴309号韩城城投集合资金信托计划	到期未完成兑付，已构成实质性违约

资料来源：Wind数据库；兴业证券研究报告（2018年12月24日）。

结合表13-3还可发现，发生非标准化债务违约的地方融资平台公司主要集中于内蒙古与西南三省（贵州、四川和云南）等地。原因是这些地区的经济发展水平有限、财政实力不强，而且地方政府的偿债负担较重。此外，从平台属性来看，2017年以前，违约主体多以省级和地级市融资平台公司为主，而2018年至今，违约主体多为县级融资平台公司，这与地方融资平台公司自身的发展历程相关。2009—2018年，地方基建以省级和地级市融资平台公司为主，项目类型主要是省级、地级市公共产品，基建投资项目尚未大规模下沉至县级。近几年，棚改货币化进程加快，同时随着脱贫攻坚战、新型城镇化等一系列政策的推出，县级融资平台公司基建任务逐渐加重，融资需求也进一步提升。由于县级融资平台公司实力较弱，满足不了银行间市场或交易所的发债要求，更倾向于通过非标准化债务方式进行融资，因此2018年以来县级融资平台公司的非标准化债务违约事件频发。

13.5.2 非标准化债务的间接风险

非标准化债务的举债过程和资金使用往往不规范，风险传导机制也较为复杂，已成为影响中国经济社会平稳发展的重大风险隐患。随着地方融资平台公司的债务规模不断扩张，其间接风险也在持续增大。

第一，非标准化债务容易引发财政风险。首先，由于地方融资平台公司在转型过程中与地方政府的关系尚未厘清，在股权构成、融资投向、债务偿还等方面都与地方政府保持着相对密切的关联，一旦非标准化债务出现风险，极有可能恶化地方政府的财政状况，引发财政风险。其次，非标准化债务还会向上级政府传导财政风险。非标准化债务多在市县级融资平台公司积累，而且债务资金大部分投向不以盈利为目的、收益率低、回收期较长的基础设施建设项目，所以债务人偿还债务的能力不强。一旦出现本级政府无法偿还债务的情况，极有可能层层上移至各级政府，引发上级政府的财政风险。

以本书第 4 章（专栏 4-1）介绍的江苏省镇江市债务风波为例，镇江市的地方公债风险主要来自地方融资平台公司的非标准化债务。根据国盛证券 2018 年 8 月的研究报告，镇江市的债务率（融资平台公司有息债务/一般公共预算收入）高达 1383.62%，居江苏省所有地级市首位。庞大的非标准化债务威胁镇江市甚至江苏省的财政可持续性。

第二，非标准化债务容易诱发金融风险。一方面，从资金来源和资产质量看，非标准化债务蕴藏不小的金融风险。根据 2010—2011 年的数据，非标准化债务引致的金融风险主要集中在银行系统。中国金融市场以银行的间接融资为主，直接融资的规模相对较小，而且由于存在地方政府的隐性担保，银行等金融机构乐意向地方融资平台公司提供贷款。2011 年不断爆出的贷款违约事件提醒市场时刻警惕非标准化债务引致的金融风险。表 13-4 整理了 2011 年发生的两起典型的地方融资平台公司贷款违约事件。另一方面，由于非标准化债务往往借助复杂、不易受监管的金融创新工具，推动了金融风险的扩张。地方融资平台公司除通过商业银行获取贷款资金，还通过政府和金融机构的创新工具从各种隐蔽的影子银行融入资金，其导致的金融风险更加复杂和难以追踪。

表 13-4　中国地方融资平台公司贷款违约的典型案例

贷款人名称	贷款人基本情况	违约过程	违约原因
上海申虹投资发展有限公司（简称申虹投资）	成立于 2006 年 7 月，是上海市为虹桥综合交通枢纽建设成立的多元投资的国有股份制企业，股东为上海机场、上海久事公司和上海市土地储备中心，注册资本 50 亿元	申虹投资涉及的是一笔上海浦东发展银行空港支行发放的 1 亿元委托贷款合同。该笔贷款的期限是自 2011 年 1 月 20 日至 2011 年 6 月 27 日，资金用于虹桥枢纽子项目市政道路配套建设项目。然而，2011 年 6 月 29 日，申虹投资停止向银行偿还贷款，并向银行要求延长还款期限	大量流动资金贷款用于基础设施建设，出现贷款使用期限错配，导致还款困难
云南省公路开发投资有限公司（简称滇公路）	成立于 2006 年，负责云南省二级以上高等级公路的建设、运营、投融资及相关产业经营开发	2011 年 4 月，滇公路向债权银行发函，表示"即日起，只付息不还本"。当时，滇公路在中国建设银行、国家开发银行、中国工商银行等十余家银行的贷款余额近千亿元	2010 年下半年滇公路需要筹措资金 193.8 亿元，而实际到位资金仅 59.54 亿元，资金缺口高达 134.26 亿元。2010 年，原银监会严格实施了贷款的实收实付制度，滇公路贷款腾挪之路也日益狭窄，且短期内很难开辟新的融资渠道

资料来源：张立承. 地方融资平台债务违约风险：从企业显性到政府隐性[J]. 财政监督，2019（13）：12-17.

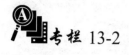

"资管新规"下地方政府融资的新要求

为了规范资产管理市场秩序、防范金融风险,2018年4月27日,中国人民银行、中国银行保险监督管理委员会、中国证券监督管理委员会、国家外汇管理局联合印发《关于规范金融机构资产管理业务的指导意见》(以下简称"资管新规")。

"资管新规"的核心内容包括以下几个方面。

第一,统一监管。在统一监管的理念下,监管部门将逐步实现功能性监管、实质性监管和穿透性监管,引导资产管理行业进入规范、有序发展的阶段,避免资金在金融体系内部的自我循环和空转,这有助于扭转金融"脱实向虚"的倾向,使金融更好地服务实体经济。此外,"资管新规"统一定义产品类型、明确监管标准和准入门槛,能够有效地避免监管套利,阻止收益和风险的跨市场转移,这对于净化金融市场、降低杠杆水平和风险水平都具有积极作用。

第二,打破刚性兑付。从收益兑付上要求资产管理产品实现净值化管理,不允许保本保收益,做到投资自理、风险自担,使投资的风险及时反映到产品的价值变化中,让投资者清楚地了解和认识投资需要承担的风险。从组织机构上要求开展资产管理业务的金融机构设立资产管理子公司,实行风险隔离,防止资产管理业务的风险向银行表内传递,同时避免银行采取调节资产负债表和相关财务指标等操作对资产管理业务产生干扰,实现资产管理业务的独立运作。

第三,防范风险。建立投资风险与投资者承受能力相匹配的机制。主要通过以下几点实现:一是对产品进行分类,明确不同种类的投资产品的比例构成。产品分类的目的在于实现风险区分,为投资者风险决策提供更充分的依据。二是明示产品类型,即资产管理机构在销售产品时,需要向客户明确说明产品类型,让客户对投资品种的风险有基本认识,引导客户根据自身的风险偏好,选择合适的投资产品类型。三是通过投资品种和客户类型的分类,达到区分客户的目的,使客户的投资风险与其风险承受能力相匹配。

除此之外,"资管新规"还对非标准化债权类资产投资提出了更为严格的要求,包括:禁止资金池,防范影子银行风险和流动性风险;分类统一负债和分级杠杆要求,消除多层嵌套,抑制通道业务。

从短期来看,"资管新规"的实施会对资产管理业务的发展速度和规模带来一定影响,不符合监管要求的产品和投资将被终止,而且产品结构和投资结构的转型必然会带来行业的阵痛。但从长期来看,"资管新规"将从根本上纠正资产管理业务的违规操作、清除灰色地带,促使资产管理行业由以往的粗放式增长逐步转向规范化发展。

资料来源:卜振兴. 资管新规的要点分析与影响前瞻[J]. 南方金融,2018(6):66-72.

本章拓展

近年来,财政部不断加强专项债券信息披露管理,坚定不移地打造阳光债券、透明债券,以更科学有效地防控地方公债风险。按照《国务院办公厅关于印发 2018 年政务公开工作要点的通知》(国办发〔2018〕23 号)要求,财政部于 2018 年 12 月 20 日发布《关于印发〈地方政府债务信息公开办法(试行)〉的通知》(财预〔2018〕209 号),从公开原则、公开渠道、预决算公开、发行安排公开、存续期公开、违法违规情形公开、重大事项公开、资金调整用途公开、财政经济信息等多个方面,对做好地方政府债务信息公开工作、增强地方政府债务信息透明度、防范地方政府债务风险做出明确规定。后续的《关于启用地方政府新增专项债券项目信息披露模板的通知》(财办库〔2019〕364 号)要求,2020 年 4 月 1 日起,各地发行地方政府新增专项债券时,须增加披露地方政府新增专项债券项目信息披露模板,以表格形式展现项目核心信息。

小结

- ➢ 深刻理解和把握中国地方公债的风险水平及风险类型,是防范与化解地方公债风险的首要任务。
- ➢ 从静态和动态层面,构造负债率、债务率、长期负债能力和长期偿债能力四类指标,综合衡量我国地方公债风险水平,发现当前我国地方公债风险总体可控,但债务规模过快增长拖累经济的长期负债能力和综合财力的长期偿债能力。同时,应高度警惕隐性债务风险。
- ➢ 以债务的直接风险和间接风险为主线,分别阐述了一般债券、专项债券、城投债及地方融资平台公司非标准化债务的风险状况。地方公债的类型不同,风险水平及其特征也不尽相同。

思考题

1. 简述地方公债静态风险指标与动态风险指标的区别。
2. 分别阐述地方公债的直接风险和间接风险的含义。
3. 简述专项债券的直接风险和间接风险。
4. 简述城投债的直接风险和间接风险。
5. 分析地方融资平台公司非标准化债务的风险。

阅读与参考文献

[1] 卜振兴. 资管新规的要点分析与影响前瞻[J]. 南方金融, 2018 (6): 66-72.

[2] 刁伟涛. 债务率、偿债压力与地方债务的经济增长效应[J]. 数量经济技术经济研究[J], 2017, 34（3）：59-77.

[3] 何德旭, 王学凯. 地方政府债务违约风险降低了吗？：基于31个省区市的研究[J]. 财政研究, 2020（2）：9-26.

[4] 梁琪, 郝毅. 地方政府债务置换与宏观经济风险缓释研究[J]. 经济研究, 2019, 54（4）：18-32.

[5] 刘昊, 刘志彪. 地方债务风险有多高？：基于现实、潜在及引致风险的分析[J]. 上海财经大学学报, 2013, 15（6）：72-79.

[6] 刘骅, 卢亚娟. 转型期地方政府投融资平台债务风险分析与评价[J]. 财贸经济, 2016（5）：48-59.

[7] 罗荣华, 刘劲劲. 地方政府的隐性担保真的有效吗？[J]. 金融研究, 2016（4）：83-98.

[8] 王博森, 吕元稹, 叶永新. 政府隐性担保风险定价：基于我国债券交易市场的探讨[J]. 经济研究, 2016, 51（10）：155-167.

[9] 韦小泉. 优化我国地方政府专项债券偿债机制的建议[J]. 中国财政, 2019（24）：54-56.

[10] 武彦民, 竹志奇. 地方政府债务置换的宏观效应分析[J]. 财贸经济, 2017, 38（3）：21-37.

[11] 袁彦娟, 程肖宁. 我国地方政府专项债券发展现状、问题及建议[J]. 金融观察, 2019（11）：41-45.

[12] 张立承. 地方融资平台债务违约风险：从企业显性到政府隐性[J]. 财政监督, 2019（13）：12-17.

[13] 张怡亮. 关于地方政府项目发行收益与融资自求平衡专项债券的思考[J]. 预算管理与会计, 2019（6）：46-48.

14 地方融资平台公司的市场化转型

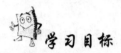学习目标

- ▶▶ 掌握地方融资平台公司的定义;
- ▶▶ 了解我国地方融资平台公司的债务构成;
- ▶▶ 了解我国地方融资平台公司的功能和风险;
- ▶▶ 了解我国地方融资平台公司实现市场化转型的难点和方向。

引例

上海城投(集团)有限公司(简称上海城投)是我国地方融资平台公司成功转型的典范。近年来,上海城投围绕金融和地产主线,以产融结合、以产带融、以融促产为发展模式,借助重组契机,转型发展成为专注于城市基础设施投融资及城市更新综合开发的投资控股集团公司。一方面,充分利用市场化方式打造多元业务,在资产、现金流等方面摆脱对政府的依赖。上海城投将其持有的城投控股(上海城投控股股份有限公司)、上海环境(上海环境集团股份有限公司)两大产业板块实现分立上市,是城市污水治理、固体废弃物处置和土壤修复等公共事业领域市场化运营的典范。另一方面,通过企业自身信用建立股债贯通式的市场化融资渠道:一是发行与其业务板块相匹配、依赖企业自身信用和项目信用的各类标准化债券;二是在实现相关板块上市融资的同时,通过引入战略投资者弘毅投资,设立诚鼎创拓股权投资基金,促使公司在经营模式、治理结构和体制机制等方面不断市场化和规范化。

近年来,我国深入推进政府投融资体制改革,要求地方融资平台公司逐步剥离政府融资职能,加快市场化转型进程。本章延续第 8 章对中国地方公债政策实践的介绍,阐述地方融资平台公司的科学界定、债务构成、功能与风险,以及市场化转型的难点与方向。

14.1 地方融资平台公司的科学界定和债务构成

本节首先科学界定什么样的公司是地方融资平台公司,然后依据已发债(发行过城投债)融资平台公司的相关财务数据,简述我国地方融资平台公司的债务构成。

14.1.1 地方融资平台公司的定义

表 14-1 梳理了政府不同部门对地方融资平台公司的几种定义。不同部门对地方融资平台公司的界定侧重点有所不同。国发〔2010〕19 号文件①将地方融资平台公司定义为：由地方政府及其部门和机构等通过财政拨款或注入土地、股权等资产设立，承担政府投资项目融资功能，并拥有独立法人资格的经济实体。这是国家有关文件第一次对地方融资平台公司进行界定。财预〔2010〕412 号文件②对地方融资平台公司的定义中，强调需"具有公益性投融资功能"。2011 年，原银监会对地方融资平台公司的定义强调必须是"由地方政府承担连带偿还责任"的法人机构。③国家审计署分别于 2010 年、2013 年 6 月和 2018 年对地方政府债务进行了数次审计，其统计口径主要按照来源法则，重点关注地方融资平台公司债务是否引致地方政府未来的支出责任，审计过程要求见账、见物和见人。

表 14-1 地方融资平台公司各类定义的比较

内 容	国家层面	财 政 部	（原）银监会	国家审计署
基本含义	由地方政府及其部门和机构等通过财政拨款或注入土地、股权等资产设立，承担政府投资项目融资功能，并拥有独立法人资格的经济实体（国发〔2010〕19 号文）	由地方政府及其部门和机构、所属事业单位等通过财政拨款或注入土地、股权等资产设立，具有政府公益性项目投融资功能，并拥有独立企业法人资格的经济实体（财预〔2010〕412 号文）	由地方政府出资设立并承担连带还款责任的机关、事业、企业三类法人（2011 年，原银监会《关于地方政府融资平台贷款监管有关问题的说明》）	按照来源法则纳入审计范围的融资平台公司
核心特征	地方政府及其部门设立；承担政府投资项目；独立法人；国家有关正式文件中第一次定义地方政府融资平台	强调融资平台公司具有政府公益性项目投融资功能	强调实质偿还责任；于 2010 年第三季度实施平台公司名单制管理（截至 2018 年年底，名单内有 11 736 家）	强调还款来源，即关注是否引致政府未来的支出责任；要求见账、见物、见人

资料来源：徐军伟，毛捷，管星华. 地方政府隐性债务再认识：基于融资平台公司的精准界定和金融势能的视角[J]. 管理世界，2020，36（9）：37-59.

金融机构对地方融资平台公司的判定方法也有所不同。国海证券股份有限公司研究团队在筛选地方融资平台公司时，主要以公益性业务为衡量标准；中国国际金融有限公司固定收益部研究团队认为，应当从现金流是否足够覆盖债务融资的视角，判定

---

① 2010 年 6 月，国务院发布《关于加强地方政府融资平台公司管理有关问题的通知》（国发〔2010〕19 号）。
② 2010 年 7 月 30 日，财政部联合国家发展和改革委员会、中国人民银行和原中国银行业监督管理委员会发布《关于贯彻〈国务院关于加强地方政府融资平台公司管理有关问题的通知〉相关事项的通知》（财预〔2010〕412 号）。
③ 参见 2011 年原银监会在廊坊召开的地方政府融资平台贷款监管工作会议上通过的《关于地方政府融资平台贷款监管有关问题的说明》。

地方融资平台公司。

通过梳理以上定义，可总结出地方融资平台公司具有以下三个共同点：政府出资、投融资功能、企业法人。以此为基础，基于实质重于形式原则和审慎原则，对地方融资平台公司可做如下界定：在满足政府出资、投融资功能和非公众企业法人三个基本要素的前提下，如果在债券资金使用的前端存在替地方政府融资或（和）投资的行为，或（和）在偿还债券资金的后端存在依赖来自政府部门或其他融资平台公司现金流的行为，那么该公司即为地方融资平台公司。[①]上述定义的示意图如图14-1所示。

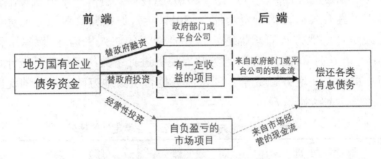

图14-1 地方国有非公众企业判定为地方融资平台公司的基本逻辑图

资料来源：徐军伟，毛捷，管星华. 地方政府隐性债务再认识：基于融资平台公司的精准界定和金融势能的视角[J]. 管理世界，2020, 36（9）: 37-59.

14.1.2 地方融资平台公司的债务

基于14.1.1节对地方融资平台公司的界定，本节对地方融资平台公司债务的规模、类型及近年来的变化情况进行说明。结合本书第8章和第13章的内容，地方融资平台公司的债务来源主要包括城投债、银行贷款、融资租赁和信托等。上述债务可分为两大类：一类是城投债，也称为地方融资平台公司的标准化债务；另一类是除城投债之外的其他债务，也称为地方融资平台公司的非标准化债务。以下延续第8章和第13章，进一步介绍地方融资平台公司上述两类债务的构成及其变化。此外，专栏14-1介绍已发债地方融资平台公司债务的总体趋势，作为补充。

第一，城投债。根据前述章节（第8章和第13章）的介绍，城投债是指地方融资平台公司发行的各类债券的总称，包括企业债、银行间债券市场非金融企业债务融资工具（中期票据、短融、资产支持票据、非公开定向债务融资工具（PPN）等）、公司债、私募债和资产证券化等，同时包括地方融资平台公司发行的海外债（主要是美元债）。截至2018年年底，共有2571家已发债的融资平台公司，城投债余额约为9.77万亿元；2006—2018年期间，上述融资平台公司共计发行国内债券17 191笔（含集合债券），累计发行金额约为15.41万亿元[②]。总体上，城投债违约风险较小，但个别城投债到期偿付压力较大。例如，2020年上半年，由于以债券、银行、信托及交易所融资为主的融资渠道严重受阻，云南城市建设投资有限公司因城投债的偿债压力大，连

[①] 详见徐军伟等（2020）。
[②] 数据参考徐军伟等（2020）。

续 3 个月发新债还旧债。正是由于城投债的市场化程度较高,其发行往往具有信用尺度效应,能够反映某家融资平台公司,甚至包括其所在地区其他融资平台公司的信用水平,有利于推动融资平台公司的市场化转型。

城投债发行规模的变化明显受相关政策影响,体现了城投债的"政策债"特点。[①]2006—2008 年,我国城投债发行规模较小,地方融资平台公司主要以银行贷款等传统融资方式举债。2009 年以来,受相关财政刺激政策影响,地方融资平台公司的举债规模大幅增加。2012 年,发改委和原银监会进一步放松城投债的发债条件,[②]城投债发行额增长再次提速。城投债发行规模的快速增长引起了有关部门高度重视。2014—2015 年,发改委出台了一系列政策[③]加强对地方融资平台公司大规模举债的约束,因此 2015 年城投债增速有所减缓。但随着发改委再次出台一系列政策,[④]放松城投债发行条件,2016 年城投债发行再次提速。城投债的发行深度配合国家各项政策调节措施,是宏观经济调控的组成部分。

第二,非标准化债务。相比于发行城投债,通过银行贷款、融资租赁、信托和不规范的 PPP(政府与社会资本合作)等方式举债,规则不统一、债务信息不公开,故而称之为非标准化债务。银行贷款是融资平台公司非标准化债务的主要构成,而且地方融资平台公司通过土地抵押获得的银行贷款数额庞大。分析其中原因,一方面,在地方政府支持下,地方融资平台公司具有较强的偿债能力,风险相对较小,银行倾向于为其提供贷款;另一方面,地方官员在晋升压力下,有强烈的举债动机,通过干预信贷资源配置使得融资平台公司获得信贷资源的倾斜。[⑤]2014 年以来,在严控地方政府债务的背景下,政府和社会资本合作(PPP)成为地方政府主要的融资方式之一。[⑥]根据财政部 PPP 中心项目库和《中国城乡建设统计年鉴》中的相关资料,2014—2016 年 PPP 融资规模与当年新增基建投资规模之比分别为 17.35%、87.99%和 53.65%。但是,2014—2016 年新增 PPP 项目中有超过七成项目的社会资本方收益率获得了地方政府的担保。此类 PPP 项目被称为"明股实债",实质上是地方政府进行债务融资的渠道,不利于项目运营效率的提高,而且加大了地方政府的债务风险。由于市场化程度较低,非标准化债务的增长不利于推动地方融资平台公司的市场化转型。

地方融资平台公司的债务构成及变化与其市场化转型进程紧密相关。2006—2018

[①] 参见徐军伟等(2020)。

[②] 2012 年 6 月,发改委核准的城投债发行主体须遵循"21111"原则(省会城市可以有两家融资平台申请发债;国家级开发区、保税区、地级市、百强县允许 1 家平台发债;直辖市申报城投项目没有限制,但直辖市所属任一区仅可同时申报 1 家);2012 年 7 月,发改委明确无论是否纳入原银监会"融资平台公司名单",只要有地方银监局出具"非平台证明文件"即可发债;2012 年 7 月,交易商协会放松可发债融资平台公司名单,按"六真"原则(真公司、真资产、真项目、真支持、真偿债、真现金流)放松为四类。

[③] 2014 年 9 月 26 日,发改委下发《关于全面加强企业债券风险防范的若干意见》;2015 年 2 月 17 日,发改委下发《关于进一步改进和规范企业债券发行工作的几点意见》。

[④] 参见《关于简化企业债券审报程序 加强风险防范和改革监管方式的意见》(发改办财金〔2015〕3127 号)和《国家发展改革委办公厅关于充分发挥企业债券融资功能支持重点项目建设 促进经济平稳较快发展的通知》(发改办财金〔2015〕1327 号)。

[⑤] 参见曹春方等(2014)。

[⑥] 参见汪峰等(2020)。

年，我国地方融资平台公司的债务整体而言以非标准化债务为主，但 2015 年以来非标准化债务的增速明显下降，而城投债占地方融资平台公司债务的比重持续上升。以上情况反映了我国地方融资平台公司开展市场化转型虽任重道远，但前景光明。

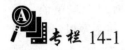

专栏 14-1

已发债地方融资平台公司债务的总体趋势

根据对地方融资平台公司的科学界定，徐军伟等（2020）梳理了截至 2018 年发行过城投债的地方融资平台公司，共计 2571 家。本专栏基于已发债融资平台公司的债务数据对融资平台公司债务的总体趋势进行分析。

图 14-2 为 2004—2019 年中国城投债相关政策实践关键节点脉络图。图 14-3 展示了 2006—2018 年中国城投债发行额、还本付息额和余额的变化情况。对比上述两图可以看出，城投债发行规模的变化明显受相关政策影响，体现了城投债的"政策债"特点。

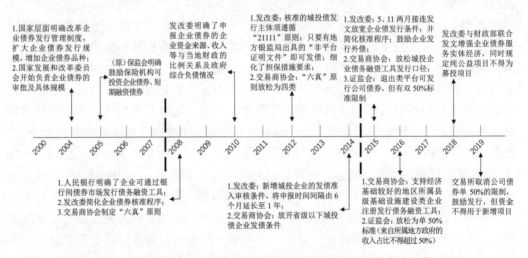

图 14-2　2004—2019 年中国城投债相关政策实践关键节点脉络图

资料来源：徐军伟，毛捷，管星华. 地方政府隐性债务再认识：基于融资平台公司的精准界定和金融势能的视角[J]. 管理世界，2020，36（9）：37-59.

我国地区间发展不平衡，在现有的金融体系和信贷规则下，地方政府债务也呈现明显的区域异质性。[①]图 14-4 为 2006—2018 年中国东部、中部、西部和东北部地区[②]的城投债发行额、还本付息额和余额的变化情况。从图 14-4 可以看出，城投债在发行规模上呈现"东高西低"的特点，在经济比较发达的东部沿海地区城投债的发行规模较大，而在经济比较落后的地区城投债的发行规模较小，因此城投债的发行规模与当地的经济资源禀赋相适应。

[①] 参见毛捷和黄春元（2018）。
[②] 东部地区包括北京、天津、河北、上海、江苏、浙江、福建、山东、广东和海南；中部地区包括山西、安徽、江西、河南、湖北和湖南；西部地区包括内蒙古、广西、重庆、四川、贵州、云南、西藏、陕西、甘肃、青海、宁夏和新疆；东北部地区包括辽宁、吉林和黑龙江。

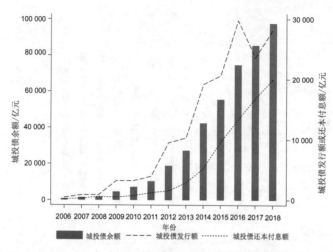

图 14-3　2006—2018 年中国城投债发行额、还本付息额和余额的变化情况

资料来源：徐军伟，毛捷，管星华. 地方政府隐性债务再认识：基于融资平台公司的精准界定和金融势能的视角[J]. 管理世界，2020，36（9）：37-59.

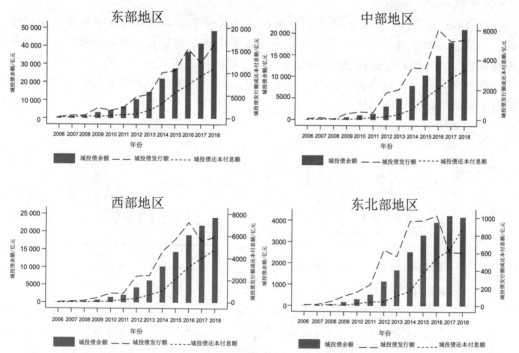

图 14-4　2006—2018 年中国东部、中部、西部和东北部地区的城投债发行额、还本付息额和余额的变化情况

资料来源：徐军伟，毛捷，管星华. 地方政府隐性债务再认识：基于融资平台公司的精准界定和金融势能的视角[J]. 管理世界，2020，36（9）：37-59.

图 14-5 为 2006—2018 年中国地方融资平台公司非标准化债务的变化情况。可以看出，自 2006 年以来，非标准化债务的余额呈现持续增长态势；2008 年，非标准化债务增速加快，随后增速有所回落；2015 年，地方融资平台公司的非标准化债务增速发生明显下降。

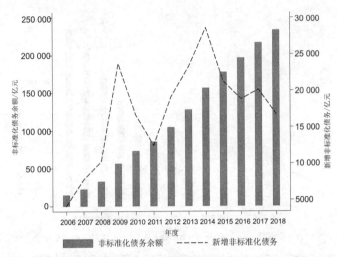

图 14-5　2006—2018 年中国地方融资平台公司非标准化债务的变化情况

资料来源：徐军伟，毛捷，管星华. 地方政府隐性债务再认识：基于融资平台公司的精准界定和金融势能的视角[J]. 管理世界，2020，36（9）：37-59.

图 14-6 为 2006—2018 年中国分地区地方融资平台公司非标准化债务的变化情况。除了东北部地区，其他地区的非标准化债务余额仍有增长，非标准化债务的整体规模不容小觑，但其增速在 2015 年之后普遍下降。这说明地方融资平台公司由非标准化债务为主向标准化债务为主的转变是全国范围的，地方融资平台公司的债务构成整体而言日益市场化、透明化。

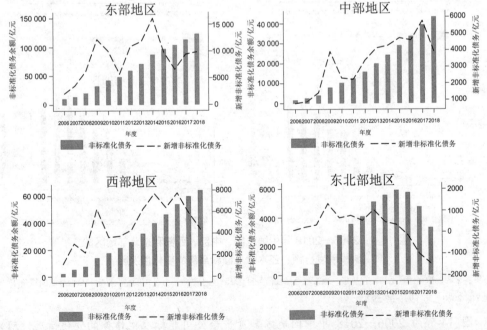

图 14-6　2006—2018 年中国分地区地方融资平台公司非标准化债务的变化情况

资料来源：徐军伟，毛捷，管星华. 地方政府隐性债务再认识：基于融资平台公司的精准界定和金融势能的视角[J]. 管理世界，2020，36（9）：37-59.

14.2 地方融资平台公司的功能与风险

地方政府通过融资平台公司举借债务这种半市场化的方式，实现了资源的优化配置，缓解了基础设施建设的资金压力，但其形成的隐性债务具有天然的风险属性，影响经济社会平稳发展。

14.2.1 地方融资平台公司的功能

地方融资平台公司的功能主要包括以下两个方面：一方面，地方融资平台公司为地方政府的公共建设项目提供了资金支持，并通过对城市发展中一些经营或非经营资产的重新利用，提高了资源配置效率；另一方面，地方融资平台公司以金融负债为纽带，与地方政府、金融机构、产业类公司、基建公司及相关服务机构之间形成一个利益共同体，为推动金融深化和金融创新发挥了重要作用。

上述两个方面的功能具体可细化为以下四点。

首先，地方融资平台公司的核心功能是搭建地方政府与金融市场的"桥梁"，满足地方政府融资需求。2015 年新《预算法》施行之前，法律不允许地方政府直接举借债务，而 2009 年以来的相关财政刺激计划明确要求地方政府负担大部分配套资金，地方政府不得不通过地方融资平台公司举债满足自身建设需求。地方融资平台公司由于得到地方政府的隐性担保，能从银行等金融机构较为容易地获得大量建设资金，发挥着强大的融资功能。

其次，通过地方融资平台公司举债，能够促进金融资源整合，包括金融资源的初次配置和再配置。地方融资平台公司通过城投债、银行贷款、信托贷款等多种方式获得融资，吸引不同类型的资金聚集到某个地区，实现了金融资源的跨域整合，有利于深化金融发展、提高融资效率。此外，地方融资平台公司利用其获得的信贷资源，通过设立投资公司、租赁公司等"类金融公司"，把资金转贷给中小企业获取利差收益，实现了金融资源的再配置。

再次，地方融资平台公司举债有利于提高基础设施建设效率。地方融资平台公司与基础设施相关资产的关联示意图如图 14-7 所示。地方政府委托地方融资平台公司代建基础设施，基础设施在建设完成之前属于地方融资平台公司的资产，而这种资产注入提升了地方融资平台公司的融资能力。地方融资平台公司基于自身强大的融资能力，围绕基础设施项目的建设，将项目施工方、投资方和材料供应方等参与建设的主体聚集起来，促进了基建分工，有利于提高基建效率。

最后，地方融资平台公司举债还具有引导产业布局的作用。地方政府进行招商引资时，往往借助地方融资平台公司实施各类政策，结合当地资源禀赋，引导地方融资平台公司有针对性地配置产业资源，培育和发展特定产业。

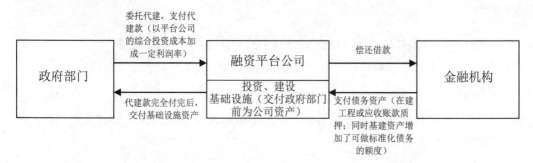

图 14-7 地方融资平台公司与基础设施相关资产的关联示意图

资料来源：毛捷，徐军伟. 中国地方政府债务问题研究的现实基础：制度变迁、统计方法与重要事实[J]. 财政研究, 2019（1）：3-23.

14.2.2 地方融资平台公司的风险

地方融资平台公司虽然有其存在的合理性，但也暗藏较大的债务风险隐患。通过地方融资平台公司举债，由于债务主体分散，隐蔽性较强、透明度低，加大了地方政府债务管理的难度，也加大了地方财政风险。本书第 13 章已经详细介绍了融资平台公司两类债务（城投债和非标准化债务）的直接风险和间接风险，本节主要就融资平台公司债务风险的产生机理进行阐述。

首先，地方政府主要通过注入资产或提供隐性担保等方式，帮助地方融资平台公司发行城投债、获取银行贷款等，而隐性担保使得地方政府的信用与融资平台公司的信用划分不清，不利于地方融资平台公司债务规模的控制，并出现"借新还旧"等现象，加大了债务风险隐患。具体表现为，地方融资平台公司相对于一般市场公司具有不合理的金融势能①，存在资产和风险不对称这一重要事实。一方面，地方政府通过财政补贴、注资（增资）等方式为融资平台公司提供"资产延伸"，使其以低成本甚至零成本的方式快速增加资产；另一方面，地方政府以"风险联保"的方式确保融资平台公司按时履约和正常运转，导致其实质性违约风险较小。收益和风险不对称造成了融资平台公司不合理的金融势能，导致融资平台公司债务规模持续膨胀，债务风险加大。为了加深读者的理解，专栏 14-2 和专栏 14-3 分别介绍了"资产延伸"和"风险联保"的典型案例。

专栏 14-2

"资产延伸"的典型案例

"资产延伸"是指地方政府与融资平台公司边界不清晰导致的预算软约束，具体是

---

① 所谓金融势能，是指金融机构或承担投融资功能的非金融企业在将自身资源禀赋（包括资产增长和风险控等）转化为金融信用过程中的优势（徐军伟等，2020）。

指为支持融资平台公司发展，地方政府调动财政资源（包括资产划拨、资产注入、资产重组和项目注入等）或是在必要时调度周转资金等，以补充融资平台公司资本金或者提高资产质量。例如，在融资平台公司发行城投债之前，地方政府会增加对融资平台公司的注资（增资），以达到快速扩大其资产规模的目的，帮助融资平台公司达到债券发行的门槛，或是提高城投债的外部信用评级。[①]本专栏以山东德州德达城市建设投资运营有限公司（下文简称德州城投）为例，介绍地方政府对地方融资平台公司的"资产延伸"。

2014年，德州城投在发行公司债券（简称为"14德州城投债"）前披露的债券募集说明书中，将地方政府对其的资产支持作为重要的偿债保障措施。募集说明书分别从地方政府给予的土地资产处置权、政策扶持、财政补贴等方面，表明德州城投的偿债能力，主要内容如下：① 德州市人民政府授权该公司可对名下土地进行有序处置，在为公司带来较大收益的同时，为本期债券的还本付息提供重要补充资金；② 德州城投享受德州市政府强有力的政策扶持，如土地开发整理、国有资产运营等多项优惠政策；③ 德州市政府在推动公司资产质量不断改善、运营能力不断提升的同时，也给予公司适当的财政补贴，2011—2013年，公司累计获得财政补贴1.78亿元。可以看出，在德州城投的发展过程中，德州市政府给予资产注入和资金等多方面支持，德州市政府的"资产延伸"成为德州城投债券发行和偿债的有力保障。

资料来源：徐军伟，毛捷，管星华. 地方政府隐性债务再认识：基于融资平台公司的精准界定和金融势能的视角[J]. 管理世界，2020，36（9）：37-59；2014年山东德州德达城市建设投资运营有限公司债券募集说明书。

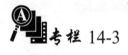
专栏14-3

"风险联保"的典型案例

"风险联保"主要指地方政府与融资平台公司属于风险共同体，融资平台公司的违约或破产风险可延伸到当地政府的政治信誉、金融信誉、财政信用、民生责任和招商引资环境等，一旦融资平台公司运转出现困难，地方政府会通过多种手段（包括引导金融机构参与债务重组等）帮助其平抑和化解风险。具体包括：地方政府向金融机构或者城投债审核部门出具的承诺函、安慰函、支持涵、综合财力证明文件、项目的保障支持文件、发生风险时的保障与支持文件等。本专栏以山西交通控股集团有限公司（以下简称山西交控集团）为例，介绍地方政府和融资平台公司之间的"风险联保"。

近年来，由于持续的基建投入和经济发展相对滞缓，山西省高速公路建设积累了巨额的政府隐性债务。为了避免发生区域性财政金融风险，2017年年底山西省政府通过资产重组优化（将34家高速公路运营公司重新整合为16家）等方式，组建山西交

[①] 参见张路（2020）。

控集团,以该融资平台公司为依托,化解山西高速公路相关的隐性债务。在山西省政府的支持和协调下,2018 年 12 月,山西交控集团与国家开发银行牵头、中国工商银行等国有大型金融机构参与的银团正式签订了关于化解山西交控集团隐性债务的银团贷款协议,债务重组规模达到 2607 亿元,山西交控集团每年将可减少利息支出 30 亿元。借助上述化债方案,山西高速公路建设形成的高融资成本隐性债务基本得以置换,消除了发生区域性财政金融风险的可能。上述措施中,引导国家开发银行等金融机构参与债务重组体现了山西省政府对融资平台公司的"风险联保"。

资料来源:徐军伟,毛捷,管星华. 地方政府隐性债务再认识:基于融资平台公司的精准界定和金融势能的视角[J]. 管理世界,2020,36(9):37-59.

其次,一些地区的地方融资平台公司融资模式单一、内部治理不规范、资产管理效率低下等问题比较突出,为债务风险的滋生提供了温床。一些地区的地方政府对融资平台公司举债行为缺乏严格的债务举借审批、使用监管和偿还约束等规范制度,进一步加大了融资平台公司的债务风险。例如,贵州省独山县持续借助当地县级融资平台公司大量举债,债务资金的使用和管理等存在诸多不规范和不科学,部分资金用于建设"政绩工程",最终酿成债务风波。

最后,互相担保、交叉持股使得地方融资平台公司之间相互联结,极易在由融资平台公司构成的信用网络中产生债务风险传染效应。地方融资平台公司之间建立多方联结,是为了提高自身融资能力和财务灵活性,及时获取与企业发展的相关信息,把握投资机会,在市场环境发生变化时积极应对。然而,随着地方融资平台公司之间联系愈加紧密,相互之间交叉持股或者互相担保[①],在实质上形成了信用网络。随着信用网络的深化,某一家融资平台公司面对的负面冲击很可能殃及网络中其他融资平台公司,从而产生风险传染效应。

14.3 地方融资平台公司市场化转型的难点与方向

本节首先介绍目前地方融资平台公司市场化转型过程中存在的难点,然后说明地方融资平台公司转型的可能方向。

14.3.1 地方融资平台公司市场化转型的难点

2015 年以来,地方融资平台公司尝试突破自身固有经营模式,积极拓展竞争性业务,努力实现由地方政府的投融资平台向市场化主体的转变。但转变过程仍然存在不少困难,以下梳理地方融资平台公司市场化转型的难点。

第一,如何协调地方融资平台公司与地方政府的关系。地方融资平台公司在市场

[①] 在我国,隶属于同一地级市的融资平台公司之间互相担保的现象较为普遍。例如,截至 2016 年年底,湖北大冶市城市建设投资开发有限公司对外担保余额为 35.02 亿元,公司担保对象为大冶市土地收购储备中心和大冶大中城镇化建设投资开发有限公司等国有企业,担保比率为 16.22%。

化转型的过程中,其经营范围从公益性为主向公益性与经营性并重转变。但由于其大股东为地方国资委或地方财政部门等,地方融资平台公司的经营决策往往受到地方政府干预。地方政府从自身利益考虑,偏向于让地方融资平台公司从事更多公益性项目的建设。如何协调好地方融资平台公司与地方政府之间的关系,是地方融资平台公司顺利实现转型的一大难点。

第二,如何建立地方融资平台公司自身信用。市场化转型之前,信用评级机构对地方融资平台公司的信用评级主要依据该公司所在地区的财力状况和经济发展状况。因此,对地方融资平台公司的信用评级往往不能准确反映公司自身的信用水平和风险状况。市场化转型要求地方融资平台公司剥离其政府融资职能,实施政企分开。没有地方政府的隐性担保,地方融资平台公司自身信用的建立是转型过程中的另一大难点。

第三,如何化解地方融资平台公司的存量债务和新增债务。2014年年底的债务甄别在一定程度上缓解了地方融资平台公司的偿债压力,但在实际操作中,地方政府上报债务规模时存在做"减法"的现象,未被甄别的债务需要地方融资平台公司继续偿还,而这部分存量债务给地方融资平台公司带来了不小的资金压力。除存量债务外,新增债务也值得关注。债务甄别后,2015年地方融资平台公司新发行城投债约为2.06万亿元,之后每年城投债的发行额均在2万亿元以上,这部分新增债务的偿还也给平台公司带来不小的挑战。如果不能妥善化解上述债务,地方融资平台公司的市场化转型将"负重前行"。

第四,如何提升地方融资平台公司的经营能力。不少地方融资平台公司习惯于依附地方政府,在剥离其政府融资功能、开拓竞争性业务后,地方融资平台公司经营能力不足的问题日益凸显。目前,地方融资平台公司对市场化项目的管理能力及应对一般经营风险的能力普遍不高,对新的经营模式和业务领域更是缺乏专业人才和相关经验,难以保证其在市场化项目中获得稳定收益。地方融资平台公司如何提升自身经营能力、从行政化管理向市场化运营过渡,是转型过程中的又一大难点。

14.3.2 地方融资平台公司市场化转型的方向

地方融资平台公司的市场化转型虽面临较多困难,但是大势所趋。以下简要介绍地方融资平台公司实现市场化转型的两个可行方向。

第一,分地区推进市场化转型。地方融资平台公司的市场化转型应分类推进,不同地区、不同类型的融资平台公司应采取不同的转型方案。对于经济发展水平较高地区的融资平台公司,在经历了较长时间的城镇化发展之后,大部分平台公司已经转变为投资与经营并重的模式。对于这些平台公司,可以在转型过程中逐渐弱化乃至完全剥离其投融资功能,做强业务经营功能。此类平台公司应充分利用好其在长期基建投资中积累的管理经验和运营优势,实现市场化转型。对于经济发展水平较低的地区,融资平台公司承担的公益性项目占比较高,难以复制诸如上海城投这类平台公司的经营模式。此类融资平台公司短期内剥离投融资功能难度较大,应积极运用政府与社会资本合作（PPP）等更为市场化的投融资模式，主动提升融资端和投资端的市场化水平，为未来的市场化转型创造有利条件。

第二，实施多元化经营战略。地方融资平台公司在市场化转型过程中应采取多元化经营战略，通过打造综合性金融平台，进一步整合金融资源，提高自身抗风险能力。对于资质较好的大型融资平台公司，可布局金融业，通过成立信托公司、投资公司、商业银行和保险公司等方式，实现"产融深化"。对于中小融资平台公司，可通过参股控股金融机构的方式对接资本市场，提高自身的市场化融资能力。专栏14-4以汇丰投资有限公司和河南中原高速公路股份有限公司为例，详细介绍融资平台公司如何通过布局金融业实现金融资源整合，以达到优化资产配置、改善财务状况和提高抗风险能力的目的。

专栏 14-4

地方融资平台公司布局金融业

2012 年，原银监会首次提出严控融资平台贷款总量，并于 2013 年提出"问题控制、分类管理、区别对待、逐步化解"的基本原则。从 2013 年开始，作为江西省萍乡市经济开发区唯一的融资平台公司，汇丰投资有限公司（以下简称汇丰投资）面临资金筹措困境和监管的压力，尝试启动对金融机构的参股，以 8 亿元参股南昌银行（现江西银行），成为其第四大股东，并合作成立了江西金融租赁有限公司。此外，汇丰投资以 5000 万元参股中证机构间报价系统股份有限公司，获得其 0.66%的股份，发挥后者为各类私募产品提供报价、发行、转让、登记、结算服务等功能，为公司及经济开发区企业对接资本市场搭建更加通畅的融资平台。

再以河南中原高速公路股份有限公司为例，其为了提高自身的融资能力，通过参股控股中原银行、新乡银行、开封银行、中原信托、中原农险等金融机构的方式，实施多元化经营战略，形成了"一主多元、多元反哺"的良性循环，推动了产融结合的深层次发展。

通过以上案例可以看出，地方融资平台公司布局金融业，能够减少平台公司对银行贷款和政府信用的依赖，同时降低其融资成本和投融资的不确定性。

资料来源：根据 2016 年 2 月 1 日互联网咨询《民生固收：城投布局金控 机遇还是风险》整理得到。

第三，结合自身优势探索新产业。地方融资平台公司应结合自身优势（包括资产和区位等方面），开拓探索新的投资业务，如投资旅游产业、轨道交通、物流运输、社区服务和文化产业等领域，创造新的增长点，弥补公益性项目收益不足的问题，提高平台公司的经营能力。例如，青岛城市建设投资（集团）有限责任公司根据自身优势，适时介入旅游业，全面推动生态旅游；天津城市基础设施建设投资集团有限公司下属的地铁集团，即天津地下铁道有限责任公司，目前的承建业务范围逐步向周边省份乃至全国扩展。

本章拓展

妥善处置融资平台公司存量债务的一个关键是要严格区分地方政府与地方融资平台公司之间的偿债责任。化解存量债务的方式主要包括：① 安排财政资金偿还；② 通过债务置换、债务展期、债务重组、借新还旧等方式优化债务结构；③ 出让政府持有的股权、土地使用权及经营性国有资产权益偿还债务；④ 存量隐性债务显性化、市场化，部分债务合规转化为企业经营性债务，利用项目结转资金或经营收入偿还债务。

小结

- 地方融资平台公司对促进我国地方经济发展，尤其是基础设施建设发挥了重要作用，但融资平台公司债务的无序扩张蕴含巨大风险。加快地方融资平台公司的市场化转型，是防范和化解地方政府隐性债务风险的关键。
- 对地方融资平台公司进行科学界定，是深刻认识地方融资平台公司市场化转型的难点和方向的前提条件。
- 地方融资平台公司的债务构成与其市场化转型进程关联紧密。近年来，我国地方融资平台公司的债务构成中，城投债占比持续提高，但非标准化债务仍是主要组成。
- 结合地方融资平台公司的功能及风险，应充分认识我国地方融资平台公司实现市场化转型的难点，并从分地区推进、多元化经营和探索新产业等方向积极推动转型过程。

思考题

1. 如何界定地方融资平台公司？
2. 地方融资平台公司发行的城投债有何特点？
3. 简述地方融资平台公司的功能与风险。
4. 论述你对如何实现地方融资平台公司市场化转型的认识。

阅读与参考文献

[1] 曹春方，马连福，沈小秀．财政压力、晋升压力、官员任期与地方国企过度投资[J]．经济学（季刊），2014，13（4）：1415-1436．

[2] 陈思霞，陈志勇．需求回应与地方政府性债务约束机制：经验启示与分析[J]．

财贸经济，2015（2）：16-28．

[3] 郭琳，樊丽明．地方政府债务风险分析[J]．财政研究，2001（5）：64-68．

[4] 郭玉清，何杨，李龙．救助预期、公共池激励与地方政府举债融资的大国治理[J]．经济研究，2016，51（3）：81-95．

[5] 毛捷，黄春元．地方债务、区域差异与经济增长：基于中国地级市数据的验证[J]．金融研究，2018（5）：1-19．

[6] 毛捷，徐军伟．中国地方政府债务问题研究的现实基础：制度变迁、统计方法与重要事实[J]．财政研究，2019（1）：3-23．

[7] 汪峰，熊伟，张牧扬，等．严控地方政府债务背景下的PPP融资异化：基于官员晋升压力的分析[J]．经济学（季刊），2020，19（3）：1103-1122．

[8] 徐军伟，毛捷，管星华．地方政府隐性债务再认识：基于融资平台公司的精准界定和金融势能的视角[J]．管理世界，2020，36（9）：37-59．

[9] 张路．地方债务扩张的政府策略：来自融资平台"城投债"发行的证据[J]．中国工业经济，2020（2）：44-62．

[10] 钟辉勇，钟宁桦，朱小能．城投债的担保可信吗？——来自债券评级和发行定价的证据[J]．金融研究，2016（4）：66-82．

[11] ACEMOGLU D, OZDAGLAR A, TAHBAZ-SALEHI A. Networks, Shocks, and Systemic Risk[J]. NBER Working Papers, 2015(2093): 1-36.

[12] HAUNER D. Public debt and financial development[J]. Journal of Development Economics, 2009, 88(1): 171-183.

[13] REINHART C M, ROGOFF K S. Growth in a Time of Debt[J], American Economic Review, 2010, 100(2): 573-578.

后 记

地方公债学是财政学或公共经济学不可或缺的组成部分,是公债学的延伸和拓展,是地方财政学的重要支撑。学术前辈们呕心沥血完成的论著和教材,为本书的编写提供了巨大帮助和关键指引。由于相关理论研究和政策实践处于快速发展中,所以如何框定地方公债学的整体架构和主要内容,是一件富有挑战性的工作。笔者使用尽可能通俗的语言,结合大量实例,试图从理论和实务两个方面介绍地方公债的基础性知识和实践情况。本书的整体架构保持高度开放,可根据地方公债的理论发展和实践创新不断丰富和更新教材内容。

在本书的编写过程中,笔者指导的研究生们积极参与素材收集和整理(陈毅、董飞、管星华、韩瑞雪、李晋、孙浩和肖添天,按姓名拼音排序),并帮忙检查教材初稿(曹婧、徐军伟)。本书得以顺利完成,他们功不可没。感谢清华大学出版社的编辑的辛勤付出,这是本书得以与读者见面的重要保证。对外经济贸易大学国际经济贸易学院良好的教学科研环境、高素质的本科生和研究生,为笔者完成本书的编写提供了源源不断的动力和激励。

本书的编写建立在大量国内外研究成果的基础之上,主要文献已在每章末尾的阅读与参考文献中列明,在此笔者对在地方公债领域的理论研究和实务工作中做出贡献的专家学者表达崇高敬意和衷心感谢。由于笔者能力有限,对地方公债学的认识和理解难免存在不足甚至错误,恳请读者反馈本书中存在的不足和错误,帮助笔者不断改进本书。

毛 捷

(对外经济贸易大学国际经济贸易学院财税学系 maojie@uibe.edu.cn)

2020 年 9 月 14 日